DIEGO DE SAN PEDRO'S
TRACTADO DE AMORES DE ARNALTE Y LUCENDA

A CRITICAL EDITION

For Charles Foulhaber
with best wishes
from
Luy
24 January 1986

IVY A. CORFIS

DIEGO DE SAN PEDRO'S
TRACTADO DE AMORES DE ARNALTE Y LUCENDA

A CRITICAL EDITION

TAMESIS BOOKS LIMITED
LONDON

Colección Támesis
SERIE B - TEXTOS, XXVIII

© Copyright by Tamesis Books Limited
London, 1985
ISBN 0 7293 0205 9

Depósito legal: M. 18012-1985

Printed in Spain by Talleres Gráficos de SELECCIONES GRÁFICAS
Carretera de Irún, km. 11,500 - Madrid-34

for
TAMESIS BOOKS LIMITED
LONDON

Tractado de amores de
arnalte a luçéda.

(Burgos 1491 edition: Real Academia de la Historia, Incunable 153)

Arnalte y Lucenda.

¶ Tratado de Arnalte: y Lucenda
por elegãte y muy gentil estilo/ hecho por Diego de sant pedro. y endereçado alas damas dela muy alta catolica y muy
esclarescida reyna doña Ysabel. Enel qual hallará cartas y
razonamiétos de amores de mucho primor y gétileza segũ
que por el veran. Impresso en.B.por.A.D.AN.Año.1522.

(Burgos 1522 edition: British Library, C. 63. g. 16)

To My Family

ACKNOWLEDGMENTS

I wish to express my gratitude to the Biblioteca Nacional, Madrid, Biblioteca Universitaria Alessandrina, Rome, Bibliothèque Nationale, Paris, British Library, London, and the Biblioteca de la Real Academia de la Historia, Madrid, for facilitating the study of the texts; and to the British Library and the Real Academia de la Historia for permission to reproduce the title-page woodcuts of the Burgos 1491 and 1522 editions.

TABLE OF CONTENTS

INTRODUCTION

The known works of Diego de San Pedro consist of both prose and poetry. In prose, we find the *Tractado de amores de Arnalte y Lucenda,* the *Sermón,* and the *Cárcel de amor.* In poetry, there are the *Pasión trobada,* the *Desprecio de la Fortuna,* and various minor poetic pieces mostly found in Hernando del Castillo's *Cancionero general* of 1511. Although little is known of the life of the author San Pedro and the chronology of his corpus of works is not certain, Diego de San Pedro's literary activity spanned approximately the last two decades of the fifteenth century and the first of the sixteenth.[1] His prose works experienced wide dissemination not only in Spanish but in French, English, and Italian as well. While it is true that the *Cárcel de amor* underwent many more known Spanish editions than did the earlier *Tractado de amores,* the fact that the *Arnalte y Lucenda* was widely translated is an indicator of the *tratado*'s popularity among the fifteenth and sixteenth-century courtly audience.[2]

Since the time of Menéndez y Pelayo, critics have repeatedly referred to the *Arnalte y Lucenda* as a neophyte sentimental romance: the early production of a youthful author.[3] While this is partially true, the *Arnalte*

---

[1] The little we know of Diego de San Pedro comes mainly from the investigation of Keith Whinnom in Diego de San Pedro, *Obras completas,* I (Madrid: Castalia, 1973), pp. 9-48; Keith Whinnom, *Diego de San Pedro* (New York: Twayne, 1974), pp. 17-34; Keith Whinnom, «Two San Pedros», *BHS,* 43 (1965), 255-288; Keith Whinnom, «Was Diego de San Pedro a *converso*? A Re-examination of Cotarelo's Documentary Evidence», *BHS,* 34 (1957), 187-200; and Keith Whinnom and J. S. Cummins, «An Approximate Date for the Death of Diego de San Pedro», *BHS,* 36 (1959), 226-229. The chronology of San Pedro's corpus which Whinnom established is as follows: *Pasión trobada,* ca. 1474; *Arnalte y Lucenda,* ca. 1481; *Sermón,* ca. 1485; *Cárcel de amor,* ca. 1488; *Desprecio de la Fortuna,* ca. 1498.

[2] For a complete listing of Spanish editions and translations of the *Cárcel de amor,* see the Catalogue of Editions in the forthcoming critical edition (London: Tamesis). For a listing of the editions and translations of the *Arnalte y Lucenda,* see the Catalogue of Witnesses of this study.

[3] Marcelino Menéndez y Pelayo, *Orígenes de la novela,* I (Madrid: NBAE [Librería Editorial de Bailly/Bailliére e Hijos], 1905), pp. cccxvii-cccxviii, stated: «La fábula de esta novelita [*Tractado de amores de Arnalte y Lucenda*], que Diego de San Pedro fingió haber traducido del griego, es muy semejante a la de la *Cárcel de Amor,* y puede considerarse como su primer esbozo.» Samuel Gili Gaya shared the same opinion as he so stated in the introduction to his edition: Diego de San Pedro, *Obras,* ed. Samuel Gili Gaya (1950; rpt. Madrid: Espasa-Calpe, 1967), p. 150. Other critics tempered the view held by Menéndez y Pelayo. Anna Krause, «La novela sentimental: 1440-1513». Diss. University of Chicago 1928, p. 88, described the

y Lucenda is not the «first draft» of the *Cárcel de amor* as critics have heretofore maintained, for in spite of the many similarities between the two romances (e.g., the intrusive Author, letters, love triangles, duels), there are also overwhelming differences in structure, theme, and style (e.g., the use of poetry in the *Arnalte y Lucenda* and the allegory of the *Cárcel de amor*).[4] Nor is the *Arnalte y Lucenda* a less polished prose than that of the *Cárcel*. It is perhaps not the experience of the author which accounts for the differences between the *Arnalte y Lucenda* and *Cárcel de amor* styles but rather the result of changing literary traditions in the early Spanish Renaissance.

The differences between the *Arnalte y Lucenda* and the *Cárcel de amor* have been the object of study for many critics. Most recently, the change in narrator technique was noted by Rey; Severin discussed the change in romance structure; Whinnom, the change in rhetorical acoustic figures and the change in courtly lovers.[5] Diego de San Pedro himself noted the transition of his literary production in the prologue to the *Cárcel de amor:*

> Verdad es que en la obra presente no tengo tanto cargo, pues me puse en ella más por necessidad de obedescer, que con voluntad de escreuir, porque de vuestra merced me fue dicho que deuía hazer alguna obra del estilo de vna oración que enbié a la señora doña Marina Manuel, porque le parescía menos malo que el que puse en otro tractado que vido mío.[6]

Arnalte as incorporating a «rhetorical and harmoniously balanced period, as befitting the aristocratic station of his hearers». She considered the mastery of San Pedro to lie in the stylistic effects secured through the devices of inner rhyme, freedom of word order in imitation of Latin syntax, play on words, antithesis, the repetition of fixed stylistic patterns, and the use of conceits. According to Krause, pp. 106-107, the *Cárcel* represents a more mature narrative with less rhetorical periods; greater ease and flexibility of expression in the language of amorous discourse of letters and speeches; vigorous, epic style of chronicles in the descriptive passages of judicial battle; a sententious and aphoristic manner; lyrical eloquence in the lamentation of the mothers; and scholastic style in the enumeration of the arguments in defense of women. Carmelo Samonà, *Studi sul romanzo sentimentale e cortese nella letteratura spagnola del Quattrocento* (Roma: Facoltà di Magistero dell' Università di Roma, Seminario di letteratura spagnola, 1960), also agreed that the *Cárcel* is a more mature work and stated that it is superior to the *Arnalte*.

[4] Many of the differences between the *Arnalte y Lucenda* and the *Cárcel de amor* have been analyzed by Carmelo Samonà, «Diego de San Pedro: dall' *Arnalte y Lucenda* alla *Cárcel de amor*», *Studi in onore di Pietro Silva* (Firenze: Le Monnier, a cura della Facoltà di Magisterio dell' Università di Roma, 1957), pp. 261-277.

[5] Alfonso Rey, «La primera persona narrativa en Diego de San Pedro», *BHS*, 58 (1981), 95-102; Dorothy S. Severin, «Structure and Thematic Repetitions in Diego de San Pedro's *Cárcel de amor* and *Arnalte y Lucenda*», *HR*, 45 (1977), 165-169; on rhetoric see Keith Whinnom, «Diego de San Pedro's Stylistic Reform», *BHS*, 37 (1960), 1-15; Diego de San Pedro, *Obras completas*, II, ed. Whinnom (Madrid: Castalia, 1971), pp. 44-46; and Whinnom, *Diego de San Pedro*, pp. 65-68, 84-87, 113-116; and on the concept of the lover see San Pedro, I, ed. Whinnom, pp. 57-64; Whinnom, *Diego de San Pedro*, pp. 72-84, 88-91, 108-113.

[6] Passage quoted from the forthcoming critical edition of the *Cárcel de amor* (London: Tamesis), ll. 11-16.

The above-mentioned transitions of style and structure can be traced back to Diego de San Pedro's desire to please his audience. He incorporated what was considered to be good taste in the hopes that the courtly audience would appreciate his talent. This was no easy task since the literary norms were rapidly changing during the last decades of the fifteenth century as more and more Latin and Greek texts were made available and became widely studied. Pre- and post-1475 rhetoric differed drastically as a result of Antonio de Nebrija's antibarbarism campaign.[7] Indeed, the transition of rhetorical models and the change in style between the *Arnalte y Lucenda* and the *Cárcel de amor* may not be coincidental.[8] The accumulation of acoustic figures and measured rhythm and rhyme in prose abounded in the *Arnalte y Lucenda* yet did not form an integral part of the *Cárcel de amor* prose. These same figures were censured by Nebrija and Italianate Ciceronianism.

The structure of the two *libros sentimentales* was determined by literary traditions as well. While both romances include direct representation of the characters and letters (some of which, such as the letters of challenge, are based on formulaic models), the *Cárcel de amor* is more balanced in its *dispositio* —as Severin pointed out— and has a more varied discourse than that of the *Arnalte y Lucenda*.[9] While the *Arnalte y Lucenda* contains letters, narration, direct speech, and friendly orations of a petitionary nature, the *Cárcel de amor* incorporated letters, direct speech, narration, and orations (both friendly orations and formal models of *ratiocinatio, exemplum, confirmatio, refutatio,* and *planctus*). The wider variety of discourse modes in the *Cárcel de amor* could be due to the increasing popularity and study of the *praeexercitamenta* tradition of Hermogenes and Priscian: the forms of *ratiocinatio, exemplum, confirmatio,* and *refutatio* all being prescribed by the *praeexercitamenta* manuals as independent treatise forms.[10]

Although both *libros* of Diego de San Pedro use letters to profess devotion to the beloved, in other areas of courtship the romances differ. Arnalte confronts Lucenda with his love in person and offers her letters at the most inopportune moments. Leriano, on the other hand, would never consider doing anything that could possibly compromise the beloved. Arnalte languishes from his lost love but lives nevertheless. On the contrary,

---

[7] Nebrija's influence on Spanish rhetoric is discussed by Francisco Rico, *Nebrija frente a los bárbaros* (Salamanca: Universidad de Salamanca, 1978).

[8] On the relationship between the change in rhetorical study and the change in San Pedro's style, see Whinnom, «Diego de San Pedro's Stylistic Reform».

[9] On the use of varied and formulaic discourse forms, see Whinnom, *Diego de San Pedro,* pp. 113-116; San Pedro, II, ed. Whinnom, pp. 44-66; and my forthcoming article, «The *Dispositio* of Diego de San Pedro's *Cárcel de amor*», *Ibero-romania.*

[10] Priscianus. *Opera minora,* ed. Friedericus Lindemannus (Lugduni Batavorum: apud S. et J. Luchtmansios, 1828), pp. 254-279.

3

Leriano battles the king's armies to save Laureola and reinstate her honor. In the end, rather than compromise Laureola, Leriano dies of his passion.

The change in the concept of the lover, as discussed by Whinnom, could be the result of different classical sources.[11] Whinnom, as well as Schevill before him, suggested the *Arnalte y Lucenda*'s dependence on Ovid's *Ars amatoria*.[12] San Pedro possibly understood Ovid's jokes seriously and thus created a comic lover in the *Tractado de amores*. By taking the tongue-in-cheek Ovidian advice to heart, the Arnalte figure became a buffoonish lover in the eyes of the modern reader.[13] Yet, Arnalte did succeed in temporarily winning the affection of Lucenda, which is more than what the genteel lover, Leriano, accomplished. Indeed, the *Arnalte y Lucenda* followed the Ovidian love code and succeeded in two of the three steps Ovid outlined in his *Ars amatoria,* Book I. Arnalte did choose the women on whom to set his heart; he secured her submission, at least in word; but Arnalte failed to perpetuate the beloved's attachment. Arnalte obeyed Ovid's advice in choosing the woman in a public place, for he spied his beloved at the funeral of her father, a nobleman of Thebes. He succeeded in conquering Lucenda's affection by visits and letters, just as Ovid prescribed. As critics have already noted, Arnalte's dressing as a woman so that he might talk to Lucenda during mass was a device found in Ovid's *Ars amatoria,* Book I, as seen in the story of Achilles and Deidamia. Moreover, Arnalte followed Ovid's prescriptions when he depended on the effects of pity to help him win Lucenda's love: for example,

> Luçenda, antes quisiera que conocieras mi fe que vieras mi carta, lo qual assý ouiera sydo sy vysto me ouieras, porque en mis señales la conocieras. E pudiera ser que con mi vista ganara lo que con mi carta espero perder; porque en mi carta leerás mi mala rrazón, y en mis lágrimas mi mala vida vieras, y con el mucho dolor tenplara el poco saber, e esperança de lo que agora estarás dudosa cierta hazerte; y havnque los males como se saben sentir, querellar no se pueden, mi pasión y tu conoscimiento te dieran dellos fe.[14]

Where Arnalte breaks the code, and therefore fails to perpetuate the love of Lucenda, is in his dependence on friendship. Ovid advised to place no reliance upon friendship (Book I). The description of the beloved's charms may incite the dearest friend to straightway seek out the beloved. Arnalte's confidence in Elierso was his undoing. The Ovidian code thus

---

[11] Whinnom, *Diego de San Pedro,* pp. 72-84; San Pedro, I, ed. Whinnom, pp. 57-64.

[12] Rudolph Schevill, *Ovid and the Renaissance in Spain* (Berkeley: The University of California Publications in Modern Philology, 1913), pp. 117-118.

[13] Regula Langbehn-Rohland, *Zur Interpretation der Romane des Diego de San Pedro* (Heidelberg: Carl Winter Universitätsverlag, 1970), p. 128, was one of the first to point out what she considered incongruent comic elements in the *Arnalte y Lucenda.*

[14] Passage quoted from the critical edition, ll. 472-480.

broken, the love affair of Arnalte and Lucenda was doomed. Whether or not San Pedro meant these reminiscences of Ovid to be read seriously or paradoxically is not certain. As Whinnom noted, although Aeneas Sylvius knew the text of Ovid and was aware of the comic elements of the Ovidian conceits,

> the case of Diego de San Pedro is less unequivocal. And there is, perhaps, no way of demonstrating conclusively that he was fully conscious of what he was doing when he inserted the episodes, motifs, and remarks which can strike modern readers as incongruous or comic. But it is perhaps significant not only that his «burlesque» *Sermon* matches Ovid's *Ars amatoria* very well in tone—there is a distinct tongue-in-cheek element about it—but that he should have chosen for the *exemplum,* the elevating anecdote which rounds it off, precisely the tale of Pyramus and Thisbe. Perhaps we should be prepared to bear in mind the possibility that Diego de San Pedro is more Ovidian than he has so far been perceived to be.[15]

The *Cárcel de amor,* on the other hand, does not follow Ovidian procedure. There is no description of the lover choosing the beloved, nor does Leriano succeed in conquering Laureola's affection —pity is aroused, but love does not follow. The dependence on friendship, moreover, does not condemn the relationship. Both the friendship of the Author and Leriano and the devotion of Leriano for Laureola are virtuous and honorable in all respects. The *Cárcel de amor* seems to adhere to a more courtly, reverent code of love, perhaps like that found in Ovid's *Heroides* as translated by Alfonso el Sabio in the *General estoria* and as adapted by Rodríguez del Padrón in his *Bursario* and *Siervo libre de amor.*[16] In the Castilianized tradition of Ovid's *Heroides,* the lovers are virtuous and chaste, respectful and honorable.

While Whinnom concluded that without a doubt the *Arnalte y Lucenda* is an Ovidian tale, he maintained that the *Cárcel de amor* is not Ovidian. The *Cárcel de amor* and the *Siervo libre de amor* emerged from a different tradition than that of the *Arnalte y Lucenda.* In Whinnom's opinion, the tradition is the later French elaboration of the Arthurian romances, the shorter verse-romances. He stated:

> it is important to comprehend how [*Cárcel de amor*] came to be created, and to appreciate the fundamental shift in San Pedro's ideas which made it possible. *Prison of Love* is an Ovidian tale shorn of Ovidianism, and a crucial step in its genesis was San Pedro's having to write his *Sermon* on love.[17]

---

[15] Whinnom, *Diego de San Pedro,* p. 75.
[16] For a discussion of the relationship of Alfonso X's translation of Ovid's *Heroides* and the sentimental romances, see Olga Tudorica Impey, «Ovid, Alfonso X, and Juan Rodríguez del Padrón: Two Castilian Translations of the *Heroides* and the Beginnings of Spanish Sentimental Prose», *BHS,* 57 (1980), 238-297; and my forthcoming article «The *Dispositio* of Diego de San Pedro's *Cárcel de amor*», *Iberoromania.*
[17] Whinnom, *Diego de San Pedro,* pp. 79-80.

Yet, in light of recent criticism, perhaps there is not an abandonment of Ovidianism but in part an adherence to a different Ovidian tradition: a transition from the *Ars amatoria* to the Castilian interpretation of the *Heroides* —from cynicism to devotion. This is not to say that other influences, such as the Arthurian romances, are not in play here, but the Ovid corpus which influenced late fifteenth-century Castilian sentimental authors, in particular San Pedro, was changing and the tradition of the *Ars amatoria* was giving way to that of the *Heroides*.

Thus, in sum, the two works of Diego de San Pedro differ due to the fact that they are following different literary codes. Seemingly, the courtly tastes in literature had evolved between the days of the *Arnalte y Lucenda* (the early 1480's) and the date of composition of the *Cárcel de amor* (the late 1480's or early 1490's). Diego de San Pedro, eager to please his audience, changed his style in accordance with the literary preferences of his day.

CATALOGUE OF WITNESSES

As more texts are discovered and made available to scholars of Hispanic letters, it becomes both more desirable and more possible to prepare critical editions. The sentimental romances of Diego de San Pedro are a case in point. At the turn of the century, Menéndez y Pelayo could read the *Tractado de amores de Arnalte y Lucenda* only in the French and Italian translations because there was no Castilian edition available to him. Foulché-Delbosc only had access to the Burgos 1522 edition, and it was not until later that the Burgos 1491 text came to light. To date, the bibliographical history of Diego de San Pedro's *Arnalte y Lucenda* accounts for only four early Spanish editions, two of which are extant, and one manuscript.[1].

The following catalogue describes the recorded early Spanish editions and manuscripts. The entries are intended to be as complete as possible. It is the aim of the catalogue to identify each witness so as to differentiate it from others and to preserve its description in the event that a unique exemplar might ever be lost. The entries are arranged in chronological order in two groups: first manuscripts and editions of the *Arnalte y Lucenda;* and secondly, manuscripts and editions of the *Siete angustias de Nuestra Señora.* Each description has the following format:

---

[1] As this edition was in the final stages of page proofs, it came to my attention that there is another newly discovered manuscript of the *Arnalte y Lucenda,* described by Giovanni Caravaggi, «Un manuscrit espagnol inédit et un cas curieux de tradition textuelle», *Marche Romane,* 23, nos. 2-4, and 24, nos. 1-2 (1973-74: *Six Littératures romanes*), 157-168. The Italian scribe who copied the manuscript, now located in the Biblioteca Trivulziana, Milan, Ms. 940 (M. 39), left significant Italian influence in the orthography of the manuscript. The *Arnalte y Lucenda* text occupies ff. 133v.-222v. A collation of the Milan manuscript shows the witness to be most closely affiliated with the B text, due not only to the absence of the *Siete angustias* but to other textual variants of the *Arnalte y Lucenda* prose. Yet, it is not a clear family relationship because of a conflation of A and Ms. variants in the Milan manuscript. As a result, the new manuscript does not seem to be uniquely derived from the archetype, but rather there is a relationship of the Milan text primarily to B and secondarily to A and Ms. This means that in reconstructing the archetype, the unique variants of the manuscript are not essential since the text does not represent a new branch of the stemma. The variants of the Milan manuscript which are of archetypal value are already documented in the present critical edition as variants principally of B and marginally of A and Ms. Due to the Italian influence in the orthography and the conflation of the variants, the Milan witness does not significantly affect the critical edition here established.

TITLE PAGE: Description of the title page, the title in facsimile.

COLOPHON: Description of the colophon reproduced in facsimile. If there is no colophon in the text, the word *none* is written in the entry. If the text is no longer extant or no information is available, the word *unknown* is placed in the entry.

DESCRIPTION: A bibliographical, physical description of the text. If the text is no longer extant or no information is available, the word *unknown* is placed in the entry.

CONTENTS: A description of the division of the textual contents of the volume. If the text is no longer extant or no information is available, the word *unknown* is written in the entry.

BIBLIOGRAPHICAL REFERENCE: Bibliographical sources which describe the text or catalogues which list the text are cited in chronological order. If the text is not found in any of the bibliographical sources consulted, the word *none* is placed in the entry.

LOCATION: Present-day locations of the various extant exemplars of the texts and their respective library call numbers when known. If no location has been found through the sources at my disposal, the word *unknown* is placed in the entry.

N.B.: Any other information pertinent to the description of the text.

In the description of the title page and colophon, square brackets are used for woodcut descriptions, to indicate my own description which clarifies the facsimile reproduction, or, in the case where no information is available, to report the possible reconstruction of lost data. Woodcut dimensions are given in millimeters in the form: length × width. In those cases where a border surrounds the woodcut or title page, two separate dimensions are given: one for the outer compartment size which encloses the cut or page and a second, in parenthesis, for the size of the woodcut itself.

Italics are used in the title page description to identify the short title. In the colophon or other descriptions, italic print signifies missing letters or words abbreviated in the text. Also, in the transcription of titles and colophons, a single slash (/) marks the end of a line. A slash preceded by a sloping line (/ /) or double sloping line (/ / /) indicates the end of a line where the text has either a single or double rule mark. A sloping line alone represents a medial rule mark as punctuation in the text.

The physical description of the edition employs the following abbreviations:

col.	column
f.	folio
ff.	folios
G.L.	gothic letters
mm.	millimeters
n.d.	no date
#	number

nn.	numbered
n.p.	no place or no printer, according to context
p.	page
pp.	pages
Signs.	folio signatures
unn.	unnumbered
vol.	volume

The bibliographical sources and catalogues are abbreviated when possible. References to periodicals and journals follow the abbreviations established by the Modern Language Association. Other abbreviations are the following.

BIBLIOGRAPHICAL REFERENCES

Abbreviation	*Reference*
Asso	Asso, Ignacio de. *De libris quibusdam hispanorum rarioribus disquisitio*. Caesaugustae: 1794.
BNP	Bibliothèque Nationale, Paris. *Catalogue général des livres imprimés de la Bibliothèque Nationale*. 266 vols. Paris: 1924-1942.
BM	British Museum. *General Catalogue of Printed Books*. 263 vols.+Supplements. London: 1959-1966.
Brunet	Brunet, Jacques-Charles. *Manuel du libraire et de l'amateur de livres*. 5 vols.+Supplements. Paris: 1864.
BOOST	Cárdenas, Anthony, Jean Gilkison, John Nitti, and Ellen Anderson. *Bibliography of Old Spanish Texts. (Literary Texts, Edition-2)*. Madison: 1977.
Abecedarium	Colón, Fernando. *Abecedarium* of the Biblioteca Colombina.
Regestrum	— *Catalogue of the Library of Ferdinand Columbus, reproduced in facsimile from the unique manuscript in the Columbine Library of Seville, ca. 1530*, by Archer M. Huntington, New York: 1905.
Escudero	Escudero y Perosso, Francisco. *Tipografía hispalense*. Madrid: 1894.
Foulché-Delbosc	Foulché-Delbosc, Raymond. *Arnalte y Lucenda. RH*, 25 (1911), 220-229.
Gayangos	Gayangos, Pascual de. *Libros de caballerías*. In *BAE*, vol. 40. Madrid: 1874.
Heredia	Heredia y Livermoore, Ricardo. *Catalogue de la bibliothèque de Ricardo Heredia, comte de Benahavis*. 4 vols. in 2. Paris: 1891-1894.
Méndez/Hidaldo	Méndez, Francisco and Dionisio Hidalgo. *Tipografía española*. Madrid: 1861.
Menéndez y Pelayo	Menéndez y Pelayo, Marcelino. *Orígenes de la novela*. 4 vols. Madrid: 1905.
Norton	Norton, F. J. *A Descriptive Catalogue of Printing in Spain and Portugal: 1501-1520*. Cambridge: 1978.

Norton and Wilson	Norton, F. J. and Edward Wilson. *Two Spanish Verse Chapbooks.* Cambridge: 1969.
Palau	Palau y Dulcet, Antonio. *Manual del librero hispanoamericano.* 28 vols. Barcelona: 1948+.
Pérez Pastor	Pérez Pastor, Cristóbal. *La imprenta en Medina del Campo.* Madrid: 1895.
Rodríguez Moñino	Rodríguez Moñino, Antonio. *Diccionario bibliográfico de pliegos sueltos poéticos (Siglo XVI).* Madrid: 1970.
Salvá	Salvá y Pérez, Vicente. *Catálogo de la biblioteca de Salvá por D. Pedro Salvá y Mallén.* 2 vols. Valencia: 1872.
Sánchez	Sánchez, Juan M. *Bibliografía aragonesa del siglo XVI.* 2 vols. Madrid: 1913-1914.
Mariano	Sánchez Mariano, Manuel. «Manuscritos ingresados en la Biblioteca Nacional durante el año 1976». *RABM,* 80 (1977), 387-410.
Simón Díaz	Simón Díaz, José. *Bibliografía de la literatura hispánica.* 11 vols. to date. Madrid: 1951+.
Vindel	Vindel, Francisco. *Manual gráfico-descriptivo del bibliófilo hispano-americano.* (1475-1850). 12 vols. Madrid: 1930-1934.
Whinnom	Whinnom, Keith, ed. *Obras completas de Diego de San Pedro.* 3 vols. Madrid: 1971-1979.
Dos opúsculos	Whinnom, Keith, ed. *Dos opúsculos isabelinos: La coronación de la señora Gracisla (BN MS. 22020) y Nicolás Núñez, Cárcel de amor.* Exeter: 1979.

Libraries are abbreviated as follows:

BA   Biblioteca Universitaria Alessandrina, Rome
BL   British Library, London
BNM   Biblioteca Nacional, Madrid
BNP   Bibliothèque Nationale, Paris
RAH   Real Academia de la Historia, Madrid

Following the catalogue of early editions and manuscripts, the modern editions will be reviewed and referred to by the given abbreviations:

Abbreviation	*Modern Edition*
Amezúa	San Pedro, Diego de. *Tractado de amores de Arnalte y Lucenda.* Facsimile edition of Burgos 1491 by A. G. de Amezúa. Madrid: 1952.
Foulché-Delbosc	— *Arnalte y Lucenda.* Ed. R. Foulché-Delbosc. Transcription of the Paris exemplar of Burgos 1522. *RH,* 25 (1911), 229-282.
	— — — New York, Paris: 1911.
Gili Gaya	— *Tractado de amores de Arnalte y Lucenda.* In *Obras.* Ed. Samuel Gili Gaya. Madrid: 1950, 1958, 1967.
Uyá	— *Tractado de amores de Arnalte y Lucenda.* In *Cárcel de amor.* Ed. Jaime Uyá. Barcelona: 1969.

Souto   — *Cárcel de amor, Arnalte e Lucenda, Sermón, Poesías, Desprecio de la Fortuna, Questión de amor.* Ed. Arturo Souto. México: 1971.

Whinnom   — *Obras completas, I, Tractado de amores de Arnalte y Lucenda, Sermón.* Ed. Keith Whinnom. Madrid: 1973.

1.1   Manuscript of the *Arnalte y Lucenda*

1.11

TITLE: Johan de Sant Pedro a las damas de la Reyna nuestra señora.

COLOPHON: None.

DESCRIPTION: 4°; 63 ff. unn. and unbound; 1 folio of text missing between ff. 48 and 49; last folio in deteriorated condition; 26-27 lines; 155×91 mm. (approximately)—script block; 220×150 mm.—page size; Watermark: on first folios—hand and flower, and on last folios—hand, flower, and cross in center of hand, both dating from the late fifteenth century; Script of late fifteenth or early sixteenth century.

CONTENTS: ff. 1r.-2v.—«Carta consolatoria que enbio el prothonotario de Lucena a Gomeç Manrique quando morio su hija Kathalina muger de Diego Garcia de Toledo»; ff. 3r.-8r.—«Respuesta de Gomeç Manrique al prothonotario de Lucena»; ff. 8v.-10r.—«Carta enviada por Hiseo la Brunda a Tristan de Leonis quexandose del porque la dexo presa a su causa y se caso con Hiseo de las Blancas Manos»; ff. 10v.-12v.—«Respuesta de Tristan desculpandose de la innocente culpa que le encargan»; ff. 13r.-63v.—«Johan de Sant Pedro a las damas de la Reyna nuestra señora», which contains on ff. 52v.-59v. the *Siete angustias.*

BIBLIOGRAPHIES: Mariano, p. 392; Whinnom, III, p. 319; *Dos opúsculos*, pp. VII-XI.

LOCATION: BNM: MS. 22021.

N.B.: MS. 22021 belonged to Mr. John L. Gili, Oxford and was bought by the BNM on 9 July 1976. MS. 22021 was part of a larger manuscript containing what are now BNM holdings MS. 22018, Juan de Flores, *Grimalte y Gradissa* (53 ff.); Ms. 22019, Johan de Flores, *Triunfo de amor* (70 ff.); MS. 22020, *La coronación de la señora Gracisla* (32 ff.); and MS. 22021, as described above (63 ff.).

1.2   Early Printed Editions of the *Arnalte y Lucenda*

1.21

TITLE: [Woodcut: two men walking before a castle; the man on the right is handing a letter to the man on the left (151×103 mm.)] *Tractado de amores de / arnalte a luçenda.*

COLOPHON: Acabase este tratado llamado sant Pedro [sic] / a las damas de la rryena nuestra señora fue / empreso en la muy noble y muy leal çibdad / de burgos de fadriq*ue* aleman en el año del / naçimiento de nuestro saluador ih*esu* christo / de .mill y .cccc. y nouenta E vn años a .xxv. / dias de nobiembre.

DESCRIPTION: 4°; Signs. a-i⁸; 72 ff. unn.; 21 lines; 144×104 mm.; G.L.; Enlarged decorated capital at the beginning of the prologue; Woodcut on title page; Printer's device on f. i⁸v.: a lion holds a shield and standard and on the shield reads «f b» (103×75 mm.).

CONTENTS: f. a¹r.: title page; f. a¹v.: blank; ff. a²r.-a³r.: «Sant pedro a las damas de la Reyna.»; f. a³v.: «Comiença la obra»; ff. a³v.-i⁷r.—text of *Arnalte y Lucenda* which contains the *Siete angustias* on ff. g⁷r.—f [sic, *i*]² v.; f. i⁷r.—colophon; ff. i⁷v.-i⁸r.—blank; f. i⁸v.—Printer's device.

BIBLIOGRAPHIES: Brunet, vol. 5, vols. 112-113; Salvá, II, #1675; Gayangos, p. LXXVIII; Escudero, #158; Menéndez y Pelayo, I, p. cccxvii; Foulché-Delbosc, pp. 220-221; Vindel, vol. 9, #2742; Palau, vol. 19, #293323; Simón Díaz, III, #5625; Whinnom, I, p. 72; BOOST, #1700.

LOCATION: RAH: Inc. 153.

1.22

TITLE: *Arnalte y Lucenda.* / [Woodcut: Within a double compartment the cut shows a patio where a courtier on right, on bended knee, offers a letter to a woman on left, standing outside a doorway (121 (88)×109 (65) mm.)] / ¶ Tratado de Arnalte: y Lucenda / por elegante y muy gentil estilo ⁄ hecho por Diego de sant pe⫽⁄dro. y endereçado a las damas de la muy alta catolica y muy / esclarescida reyna doña Ysabel. En el qual hallaran cartas y / razonamientos de amores de mucho primor y gentileza segun / que por el veran. Impresso en .B. por . A.D.M. Año . 1522.

COLOPHON: ¶ Aqui se acaba el libro de Arnalte y / Lucenda el qual fizo diego de sant pedro criado del conde de vre/ña endereçole a las damas de la Reyna doña ysabel de glorio/sa memoria fue agora postreramente impresso en la muy no/ble y mas leal ciudad de Burgos. por Alonso de Melgar.

DESCRIPTION: 4°; Signs. a-c⁸, d⁴; 28 ff. unn.; 34 lines; 163×107 mm.; G.L.; Enlarged decorated capital at beginning of prologue and «Comiença la obra»; Enlarged capital at beginning of other text sections; Poetry arranged in double columns; Woodcut on title page; Printer's device on f. d⁴v.: «HAEC POSI/TA EST IN/RVINAM / AΛ» (117×72 mm.).

CONTENTS: f. a¹r.—title page; f. a¹v.—«¶ Sant pedro criado del conde de / hureña a las damas de la reyna nuestra señora»; f. a²r.—«Comiença la obra»; ff. a²r.-d⁴r.—text of *Arnalte y Lucenda;* f. d⁴v.—Printer's device and colophon.

BIBLIOGRAPHIES: *Regestrum,* #4055; Brunet, vol. 5, col. 113; Salvá, II, #1675; Gayangos, p. LXXVIII; Escudero, #239; Menéndez y Pelayo, I, p. cccxvii; Foulché-Delbosc, pp. 221-222; Sánchez, I, #41; BNP, vol. 162, col. 830; Palau, vol. 19, #293324; Simón Díaz, III, #5626; BM, vol. 212, col. 846; Whinnom, I, p. 72.

LOCATION: BL: C.63.g.16; BNP: Rés. Y²857. BNP exemplar is bound with *Cárcel de amor; Cárcel* continuation by Nicolas Núñez; *Penitencia de amor* by Pedro Manuel de Vrrea; *Triumpho Raymundino Coronation; Dos romances del Marqués de Mantua; Sermón* by Diego de San Pedro; *Cartas y coplas para requerir nueuos amores; Romance del Conde Marcos y de la Infanta Solisa; Romance de los amores de Floriseo y de la reyna de Bohemia* by

Andrés Ortizen; *Tres romances glosados;* and *Romance del moro Calaynos de cómo requería de amores a la infanta Sibilla.*

N.B.: The woodcut on the title page of the *Arnalte y Lucenda* is also found on the f. a⁶v. of the Burgos 1522 and Burgos 1526 editions of the *Cárcel de amor.*

1.23

TITLE: [*Tractado de Arnalte y Lucenda*]

COLOPHON: Unknown. [Sevilla: 1525]

DESCRIPTION: 4°.

CONTENTS: Unknown.

BIBLIOGRAPHIES: Brunet, vol. 5, col. 113; Salvá, II, #1675; Gayangos, p. LXXVIII; Escudero, #239; Menéndez y Pelayo, I, p. cccxvii; Foulché-Delbosc, p. 222; Sánchez, I, #41; Palau, vol. 19, #293324; Simón Díaz, III, #5628; Whinnom, I, p. 72.

LOCATION: Unknown.

N.B.: Quadrio, IV, p. 449, and Ritson are also cited as bibliographic sources by Gayangos, Menéndez y Pelayo, and Foulché-Delbosc.

1.24

TITLE: [*Tractado de Arnalte y Lucenda,* por elegante y muy gentil estilo hecho por Diego de San Pedro, y enderezado a las damas de la muy alta, catholica, y muy esclarecida Reyna Doña Ysabel. En el qual hallaran cartas y razonamientos de amores de mucho primor y gentileza, segun por el veran.]

COLOPHON: Fue agora postreramente impresso en la muy noble y mas leal ciudad de Burgos, año 1527.

DESCRIPTION: 4°.

CONTENTS: Unknown.

BIBLIOGRAPHIES: Asso, p. 44; Brunet, vol. 5, col. 113; Salvá, II, #1675; Gayangos, p. LXXVIII; Escudero, #239; Menéndez y Pelayo, I, p. cccxvii; Foulché-Delbosc, p. 222; Sánchez, I, #41; Palau, vol. 19, #293324; Simón Díaz, III, #5627; Whinnom, I, p. 72.

LOCATION: Unknown.

2.1 Manuscript of *Las siete angustias*

2.11

TITLE: *Cancionero de Pero Guillen de Segovia.*

COLOPHON: Del Cancionero manuscrito de Pero Guillen / de la Libreria de Camara del Rey.

DESCRIPTION: Fol.; 17-18 lines; 174×120 mm.—page size; Eighteenth century script—a copy of the original manuscript.

CONTENTS: On ff. 559r.-573r.—«Las siete angustias de nuestra / Señora la Virgen fechas por San / Pedro criado del Conde de Urueña.»

BIBLIOGRAPHIES: Whinnom, I, p. 74.

LOCATION: BNM: MS. 4114.

2.2 Early Printed Editions of *Las siete angustias*

2.21

TITLE: *Coplas de Vita Christi.* de la Cena con la pasion. y de la Veronica con la resurreccion de nuestro redentor. E las siete angustias e siete gozos de nuestra señora. con otras obras mucho provechosas.

COLOPHON: Fue la presente obra emprentada en la insigne ciudad de Zaragoza de Aragon por industria e expensas de Paulo Hurus de Constancia aleman. A .xxvij. dias de noviembre M. cccc. xcij.

DESCRIPTION: Fol.; Lacks some folios.

CONTENTS: On ff. LXXv.-LXXIIIIv.—«De las angustias de nuestra señora / Siguen-se las siete angu/stias de nuestra señora de vir/gen maria fechas por Die-go / de sant pedro.»

BIBLIOGRAPHIES: Méndez/Hidalgo, #12; Whinnom, I, p. 74.

LOCATION: Unknown.

N.B.: Méndez/Hidalgo stated that the volume belonged to Gaspar Melchor de Jovellanos.

2.22

TITLE: [*Coplas de Vita Christi.* de la Cena con la pasion. y de la Veronica con la resurreccion de nuestro redentor. E las siete angustias e siete gozos de nues-tra señora. con otras obras mucho provechosas.]

COLOPHON: Unknown. [Zaragoza: Paulo Hurus, 1495]

DESCRIPTION: Fol.; approx. 42 lines+head line; 2 cols.; 286×180 mm.; G.L.; Woodcut before each *angustia:* f. LXXv.—Virgin presenting Christ to Simeon (116×87 mm.); f. LXXIr.—Jesus teaching in the temple (117×89 mm.); f. LXXIv.—Mary Magdalene and Saint John telling the Virgin of Christ's passion (120×88 mm.); f. LXXIIr.—Christ on the cross (116×89 mm.); f. LXXIIv.—Christ being taken from the cross (117×87 mm.); f. LXXIIIr.—Christ being laid in the tomb (114×85 mm.); f. LXXIIIv.—same as on f. LXXIv.; Lacking the title page.

CONTENTS: On ff. LXXv.-LXXIIIIv.—«De las angustias de nuestra señora / Si-guense las siete angu/stias de nuestra señora la vir/gen maria fechas por Diego / de sant pedro.»

BIBLIOGRAPHIES: Whinnom, I, p. 74.

LOCATION: BA: Inc. 382.

N.B.: This text is a reimpression of 2.21.

2.23

TITLE: ¶ *Las siete angustias* de nuestra seño/ra la virgen Maria. Fechas por diego de Sant pedro.

COLOPHON: A dios gracias. [Sevilla: Jacobo Cronberger, ca. 1511-1515]

DESCRIPTION: 4°; Signs. a⁴; 4 ff. unn.; 34 lines; 2 cols.; 169×110 mm.; G.L.; Woodcut on f. a¹r.: Virgin with crucified Christ (72×53 mm.).

CONTENTS: ff. a¹r.-a⁴v.—text of *Siete angustias*.

BIBLIOGRAPHIES: BNP, vol. 162, col. 833; Palau, vol. 19, #293419-293420; Norton and Wilson, #80; Rodríguez Moñino, #532; Whinnom, I, p. 74; Norton, #873.

LOCATION: BNP: Rés. Yg. 110. BNP exemplar is bound with Juan del Encina, *Égloga de tres pastores* and other *églogas* and *coplas*.

2.24

TITLE: [*Siete angustias*]

COLOPHON: Unknown. [Medina del Campo: Pedro Tovans, 1534]

DESCRIPTION: Unknown.

CONTENTS: Unknown.

BIBLIOGRAPHIES: *Abecedarium;* Pérez Pastor, #11; Sánchez, I, #41; Palau, vol. 19, #293417; Simón Díaz, III, #5623; Whinnom, I, p. 74.

LOCATION: Unknown.

2.25

TITLE: ¶ *Aqui se siguen las siete angu/stias* de nuestra señora la virgen Ma-ria / muy / deuotas / y contemplatiuas. Compuestas / por Diego de sant Pedro.

COLOPHON: Deo Gratias [1540?]

DESCRIPTION: 4°; Signs. a⁴; 4 ff. unn.; 40 lines; 2 cols.; 172×112 mm.; G.L.; Woodcut on f. a¹r.: Virgin with crucified Christ enclosed by two vertical ornamental strips (91×60 mm.); Ornamental horizontal strip on f. a⁴v. (34×102 mm.).

CONTENTS: ff. a¹r.-a⁴v.—text of *Siete angustias*.

BIBLIOGRAPHIES: Salvá, I, #128; Heredia, I, #1853; Palau, vol. 19, #293418; BM, vol. 212, col. 846; Simón Díaz, III, #5624; Rodríguez Moñino, #526; Whinnom, I, p. 74.

LOCATION: BL: C.63.f.10 (cropped).

Modern Editions

Of the modern editions, two reproduce single exemplars in facsimile (Amezúa) or transcription (Foulché-Delbosc). The others basically follow the supposed *editio princeps* of 1491. The two most frequently consulted and most accessible texts are the Gili Gaya and Whinnom editions.

The Gili Gaya text, based on the first-known edition, Burgos 1491, also shows influence of the Burgos 1522 edition as transcribed by Foulché-Delbosc. The correction of the 1491 text against the 1522 is at times noted: for example, «*encubro;* el orig. *encubierto,* que corrijo siguiendo a B, 1522» (ed. Gili Gaya, p. 1, note 17). However, at other times the 1522 reading is included but not indicated as a deviation from the 1491 text: «en esta manera comencé a dezille» (ed. Gili Gaya, p. 9, ll. 17-18) reads exactly like the Burgos 1522 edition while the Burgos 1491 reads, «comencé en esta manera a dezille». No note accompanies the correction. Gili Gaya also added his own personal emendations to the text, and, again, they may or may not be noted as such. For example one finds: «*paresca:* el orig. dice *peresca*» (ed. Gili Gaya, p. 39, note 8), and the Burgos 1522 also reads *perezca;* but then one reads, «no lo que con dureza en el dezir publico» (ed. Gili Gaya, p. 1, ll. 15-16) when the 1491 and 1522 editions both read «no lo que con rudeza en el dezir [escreuir] publico». No note explains the Gili Gaya variation of *dureza* for *rudeza.* Thus, Gili Gaya neither transcribed a particular edition nor critically collated the texts. His edition of the *Arnalte y Lucenda* presents a synthetic reproduction of the 1491 and 1522 texts with little indication of what came from where. Regarding the Gili Gaya text, Whinnom concluded: «Tal vez convenga advertir también que se echa de ver, sobre todo por la ortografía, que Gili Gaya no hizo una transcripción directa de *A* [1491], sino que corrigió un ejemplar o una transcripción del texto de Foulché-Delbosc» (ed. Whinnom, I, pp. 79-80). Uyá and Souto basically follow Gili Gaya's text in their editions.

Whinnom's edition, on the other hand, is very carefully prepared and notes some of the variants of the 1522 and almost all emendation of the 1491 text. Even though, as Whinnom himself stated (ed. Whinnom, I, pp. 79, 82), his text is not a critical edition, he did include variants of the 1491 and 1522 exemplars and established the edition by comparing the extant printed texts —a first step toward establishing the archetype. Whinnom was the only editor to take into consideration a collation of the early editions.

Yet, in spite of Whinnom's excellent editorial effort, with the discovery of the *Arnalte y Lucenda* manuscript, we now need to take into account the information of the third textual witness to the archetype. Based on the stemmatic relationship of the manuscript and editions, as will be discussed in the following chapter, this study will critically collate the witnesses and establish the archetype, α.

STEMMA

The relationship of the *Tractado de amores de Arnalte y Lucenda* texts will help define the archetype of Diego de San Pedro's romance. By tracing each variant back through the family tree, the original reading of the text can be established. In evaluating the filiation, the following abbreviations will be observed:[1]

Abbreviation	*«Arnalte y Lucenda» Witnesses*
A	Burgos: Fadrique Alemán de Basilea, 1491.
B	Burgos: Alonso de Melgar, 1522. (Both exemplars are recorded together since they do not vary in their readings.)
Ms.	MS. 22021 of the BNM [ca. 1500].

	«Siete angustias» Witnesses
BA	Zaragoza: Paulo Hurus, 1495.
BL	N.p.: n.p., n.d. [1540?].
BM	MS. 4114 of the BNM [ca. 18th century].
BP	N.p.: n.p., n.d. [Sevilla: Jacobo Cromberger, ca. 1511-1515].

Filiation of *Arnalte y Lucenda* Witnesses

The collation of the manuscript against the other extant exemplars of the *Tractado de amores* shows an independent relationship between the three witnesses, for each has many unique substantive variants which negate a direct derivation of one from another: for example,

A, B: la causa de mi yerro.
Ms.: la falta de mi yerro (l. 8)[2].

A: no lo que dexe.
B, Ms.: no lo que dixere (l. 14).

---

[1] For a complete description of the exemplars, see the Catalogue of Witnesses in this study.
[2] All quotations are taken from the critical edition of this study. All line numbers referring to textual citation correspond to the critical edition.

A, Ms.:   La qual en esta manera.
B: Lo qual en esta manera (l. 44).

A: en ver si gentes vería se ocupase sienpre pudieron.
B: en verse sin gentes (en ver tierra) sienpre se ocupasse pudieron.
Ms.:   en verse si gentes vería siempre se ocupasse pudieron (ll. 57-58).

Therefore, the three texts would each have an independent genesis from the archetype, α, of Diego de San Pedro's work —each edition giving rise to numerous unique variants.

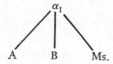

Whinnom confirmed this relationship in his evaluation of A and B:

> De *Arnalte y Lucenda* existen, como ya he señalado en la Introducción, dos tempranas ediciones, la de 1491 (*A*) y la de 1522 (*B*), independientes la una de la otra. Ambas son defectuosas, pero en diferentes maneras. La más temprana (que no debemos llamar la «primera»), aunque nos ofrece el texto más completo, carece de puntuación y está llena de un sinfín de menudos errores tipográficos; y aunque son por la mayor parte fácilmente rectificables, en muchos casos—sobre todo cuando se trata de palabras omitidas—nos vuelven indescifrable el sentido de la frase. La edición de 1522, aunque es una impresión hermosa y cuidada, en la que apenas se encuentra el sencillo desliz por parte del cajista que tanto afea a *A*, se basaba en otra edición, ya desaparecida, que debió estar gravemente estragada. Sin embargo, como no siempre coinciden en los dos textos los trozos ininteligibles, *B* muchas veces nos ayuda a corregir los defectos de *A*.[3]

With the additional information of the manuscript witness, the establishing of the critical edition of the *Arnalte y Lucenda* is less complex than the task Whinnom faced. Since all three witnesses derive independently from the archetype, the duality of the hyparchetypes A and B has been resolved, and instead of two, there are three texts to be compared.[4] Thus, the chances of irremediable conflict between three texts is much reduced from that between two.

An interesting insight on the stemmatic relationship comes from the manuscript corrections. The manuscript has several emendations made by

---

[3] Diego de San Pedro, *Obras completas,* I, ed. Keith Whinnom (Madrid: Castalia, 1973), p. 79.

[4] According to Paul Maas, *Textual Criticism,* trans. Barbara Flower (lst German ed. 1927; Oxford: Clarendon Press, 1958), p. 6: «If its [α's] tradition has two branches only, β and γ, and β and γ agree, we have the text of α. If they do not agree, then either of the two readings may be the text of α; we have here *variants,* between which it is not possible to decide on the lines of our procedure hitherto. The reconstructed *variant-carriers* may be called *hyparchetypes.*»

the same hand as that of the text: a fact not suprising since it is easy for the scribe to misspell, skip over, or repeat words, and then cross out the error and write in the correction: for example,

A, B: vna siesta que a dormir se rretruxieron [retraxeron], mi hermana desta manera vna fabla le fizo.
Ms.: vna [*habla le hizo en tal manera*—crossed out] siesta que a dormir se retraxeron mi hermana desta manera vna habla le hizo (ll. 1041-1042).

However, there are a few corrections pertinent to the establishing of the stemmatic relationship between the editions and the manuscript: for example,

A: diese.
B: dixese.
Ms.: diese [originally *dixese* but the *x* is crossed out] (l. 44).

A: o hedeficios d trabajos.
B: o edeficio de trabajos.
Ms.: o hedeficio de trabajos [originally *hedeficios* but the *s* is crossed out] (l. 649).

A: mudança ninguna.
B: mudança alguna.
Ms.: mudança ninguna [originally *alguna* but the *al* is crossed out and replaced by *nin*] (l. 787).

A: la esperança dellos.
B: la esperiencia dellos.
Ms.: la [*esperança* crossed out] esperiencia dellos (l. 911).

In these four instances the manuscript originally read as one edition and then changed the text to read as the other: either altering an A-like reading to that of B, or a B-like reading to that of A. Thus, the text from which the manuscript scribe copied must have contained elements of both A and B strains in order for the manuscript to include initial readings similar to both editions.

The corrections suggest various possibilities as to how the scribe arrived at the final wording. The scribe could have independently changed the readings in question to agree with either A or B by polygenesis. Or secondly, however unlikely, the scribe somehow corrected the manuscript against another text which gave him the readings of either A or B. Or, more probably, the text from which the scribe worked could have been in manuscript and presented difficulties in deciphering the script, in deciding whether the word was *diese* or *dixese, edeficios* or *edeficio, esperança* or *esperiencia, alguna* or *ninguna*. The scribe vacilated in his transcription and at first read the word one way and then another. In that manner, where A and B differed in their interpretation of the wording, the manuscript

19

included both readings: one crossed out and one as part of the final text. Thus, the corrections do not suggest a derivative relationship between the witnesses copying one from another but rather verify the variant information —all three derive independently from the same source, α, which has elements common to A, B, and Ms. but none of their unique variants.

Filiation of *Siete Angustias* Witnesses

The six witnesses to the *Siete angustias* divide into two family groups: BA, BL, BP and A, BM, Ms. Probably the most striking example of the family division is the inclusion of two strophes in the BA, BL, BP family which are not found in the A, BM, Ms. group: to wit, ll. 1936-1945 and ll. 2078-2087. There are numerous other examples of shorter, more subtle variants: for example,

BA, BL, BP: ser menor en el morir.
A, BM, Ms.: ser menor en el viuir (l. 2219).

Each of the six texts has many unique variants which indicate that no one text derives directly from another within the families: for example,

A: y después que boluiste.
Σ: y después que ya boluiste (l. 1880).[5]

BA: sobre vos hizo concierta.
Σ: sobre vos hizo concierto (l. 2033).

BL: y pies llagados.
Σ: o pies llagados (l. 2018).

BP: meter debaxo de la tierra.
Σ: meter debaxo la tierra (l. 2067).

BM: Pensamos en nuestros días.
Σ: Pensemos en nuestros días (l. 2139).

Ms.: mira qué dicha la mía.
BA: mirad qué dicha la mía.
Σ: mirad qué dicha es la mía (l. 1901).

There are also some examples of conflation and/or polygenesis between the families.[6] For example, we see such as the following:

---

[5] The notation which I will use to describe the variants is generally adopted from the system established by W. W. Greg, *The Calculus of Variants* (Oxford: Clarendon Press, 1927), p. 14, «putting Σ for the 'sum of the unspecified manuscripts,'» and in this case for 'the sum of unspecified editions.'

[6] Conflation (or *contaminatio* as Maas calls it) is defined as the following by Maas, pp. 7-8: «Contamination is revealed where the contaminated witness on the

| BA, BP, Ms.: | con senblante muerto triste. |
| A, BL, BM: | con senblante muerto y triste (l. 1773). |

| BL, Ms.: | sy ay dolor ygual al mío. |
| Σ: | sy ay dolor ygual del mío (l. 2051). |

| BL, BP: | me tomaste. |
| A, BA, BM, Ms.: | me tomastes (l. 2089). |

| BA, BL: | O angustia triste y larga. |
| A, BM, BP, Ms.: | O angustia triste, larga (l. 2113). |

| BA, BM, Ms.: | quál rrazón quiere sufrir. |
| A, BL, BP: | quál rrazón puede sufrir (l. 2120). |

| A, BL: | en sofrir. |
| Σ: | en el sofrir (l. 2199). |

| A, BP: | terné descuydado de ty. |
| Σ: | terné descuido de ty (l. 2205). |

Yet, the percentage of cross-family variants is small and does not destroy the overall stemmatic configuration. A presumptive family relationship can be established in spite of the few sporadic examples of conflation and/or polygenesis.

The complete stemma would graphically resemble the following:

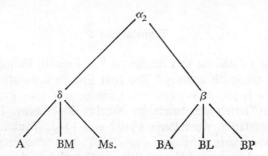

The δ text would seem to be the source of the *Arnalte y Lucenda* version of the *Siete angustias,* for the two *Siete angustias* texts found in romance witnesses descend from δ. Since δ is the probable ancestor of the *Siete*

one hand fails to show the peculiar errors of its exemplar (having corrected them from another source), and on the other hand *does* exhibit peculiar errors of exemplars on which he does not in the main depend. For instance, suppose there are three witnesses β, γ, and K. If an error is shared sometimes between β and γ against K, sometimes between K and β against γ, and sometimes K and γ against β, then β, γ, and K are contaminated with each other, and their isolated readings, which would be worthless in ordinary circumstances [...], all become 'presumptive variants' for the reconstruction of α.» Conflation (or *contaminatio*) makes the establishing of the stemma difficult due to the convoluted variant relationships. Yet, setting aside the small percentage of erratic similarities and fixing on the general configuration, a presumptive stemma can be suggested.

angustias in the *Arnalte y Lucenda,* the relationship between the *Arnalte y Lucenda* and the *Siete angustias* families would be as follows:

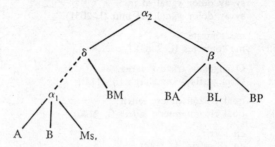

In this case, the *Siete angustias* version contained in α_1 would be δ. This relationship would also support the theory that the *Siete angustias* was an independent work existing prior to the *Arnalte y Lucenda* and was later incorporated into the prose romance.[7] Since δ appears to be the version found in α_1, the *Siete angustias* cannot originate from α_1, for δ has a source prior to α_1 which links the two families. Thus, the α_2 of the *Siete angustias* existed before the *Arnalte y Lucenda* α_1 and was independent of the latter.

Translations

The *Arnalte y Lucenda* was translated into French, Italian, English, and Flemish in the sixteenth century.[8] The first French translation was printed in Paris: Denis Janot, 1539, entitled *L'amant mal traicte de samye.* The translation into French was made by Nicolas d'Herberay. Later reimpressions of the translation were Paris 1540? and 1541, Toulouse 1545, Lyon 1555, Gand 1556, Paris 1556, and Paris 1561. The same French translation was also reprinted under a different title: *Petit traité de Arnalte et Lucenda,* first printed in Paris: Jeanne de Marnef, 1546. Later editions were issued in Paris 1548, Lyon 1550, and Paris 1551?.

---

[7] The theory of the *Siete angustias* independent textual transmission has been set forth by Keith Whinnom, «The Religious Poems of Diego de San Pedro: Their Relationship and their Dating», *HR,* 28 (1960), 1-15; San Pedro, I, ed. Whinnom, pp. 36-48; and Keith Whinnom, *Diego de San Pedro* (New York: Twayne, 1974), pp. 59-61.

[8] The translations have been described by Clara Fazzari in Diego de San Pedro, *Tractado de amores de Arnalte e Lucenda nella traduzione inglese di John Clerk,* ed. Clara Fazzari (Firenze: Leo S. Olschki, 1974), pp. 27-30; Karl-Ludwig Selig, «A Flemish Translation of 'Arnalte y Lucenda'», *RBPH,* 37 (1959), 715-716; Keith Whinnom in San Pedro, I, ed. Whinnom, pp. 72-73; Diego de San Pedro, *Obras completas,* III, eds. Keith Whinnom and Dorothy S. Severin (Madrid: Castalia, 1979), pp. 319-320; and R. Foulché-Delbosc in Diego de San Pedro, *Arnalte y Lucenda,* ed. R. Foulché-Delbosc, *RH,* 25 (1911), 222-229.

The translation of d'Herberay was also used in a bilingual French/Italian edition, *Petit traité d'Arnalte et Lucenda. Picciol trattato d'Arnalte e di Lucenda, intitolato L'Amante mal trattato dalla sua amorosa,* Lyon: Eustace Barricat, 1553. Later re-editions were printed in Lyon 1555, Paris 1556, Lyon 1570, Lyon 1578, Paris 1581, and Lyon 1583. The Italian translation was made from the French by Bartolomeo Maraffi. A latter seventeenth-century Italian translation also existed: *Dall'Amante Maltrattato di Girolamo Brusoni. Libri Otto. All'Illustrissimo, ed Eccellentissimo Sig. Il Signor Don Gaspare Di Teves, e Gusman...,* Venezia: Francesco Storti, 1654.

The first English translation was made from the French by John Clerke: *A certayn treatye moste wyttely deuysed, orygynally wrytten in the Spaynys-she, lately Traducted in to Frenche entytled Lamant mal traicte de samye,* London: Robert Wyer, 1543. Later, two bilingual English/Italian editions appeared: *The pretie and wittie Historie of Arnalt & Lucenda: with certen Rules and Dialogues set foorth for the learner of th'Italian tong,* London: Thomas Purfoote, 1575 (later reprinted in London 1591), and *The Italian Schoole-maister. Contayning Rules for the perfect pronouncing of th'italian tongue: With familiar speeches: And certaine Phrases taken out of the best Italian Authors. And a fine Tuscan historie called Arnalt & Lucenda. A verie easie way to learne th'italian tongue,* London: Thomas Purfoote, 1583. Subsequent editions of the latter were printed in London 1597 and 1608. In both bilingual editions the English translation was made from the Italian by Claudius Hollyband.

The third English translation was in verse by Leonard Lawrence: *A Small Treatise betwixt Arnalte and Lucenda. Entituled the Euill-intreated Louer, or The Melancholy Knight. Originally written in the Greeke Tongue, by an unknowne Author,* London: J. Okes, 1639. A fourth translation was by Thomas Sydserf: *Arnaldo, or, The Injur'd Lover. An excellent new romance written in Italian by the Excellent Pen of Girolamo Brusoni,* London: Thomas Dring, 1660. Both the seventeenth-century versions were once again taken from the Italian.

A mid-sixteenth-century Flemish translation also survives in manuscript, made from the French by Gilles Boileau de Buillon. The manuscript is now housed in the Plantin Museum in Antwerp.

Thus, all the translations originated from the Nicolas d'Herberay French translation either directly or through the Italian. The collation of the translations shows that they resemble the Castilian B text. For example, the translations have omitted the *Siete angustias* and refer to Arnalte's antagonist as Gierso or Yerso, as in B. Moreover, more intricate variants are like the B text: for example,

B, French, Italian, English: Responde Lucenda a Belisa (Response de Lucenda a Belisa; Riposta di Lvcenda a Belisa; The answere of Lucenda to Belysa).
A: Responde Luçenda a Belisa su hermana de Arnalte.
Ms.: Responde Lucenda (l. 1193).

Yet, in other cases, the translations resemble the A and Ms. texts: for example,

A, Ms.: French, Italian, and English: O hermano mío (Ah, ah mon frere; Ah, ah fratello mio; Haa, my brother).
B: Hermano mío (l. 2240).

Therefore, the translations must derive from the line of B but from an exemplar closer to the archetype, for the texts contain some, but not all, the variants of B.

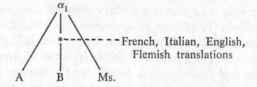

Since the translations only reflect one branch of the stemma, they do not help decide the archetype. They can only tell us if a unique variant of B was inherited from an earlier text in the line of B, or if B itself originated the variant. However, the translations do testify to a lost edition of the *Arnalte y Lucenda* which belongs to the B family —possibly the same edition Whinnom alluded to in his analysis of the A/B relationship as quoted above.[9]

Assemblying all the family groups, the total stemmatic relationship would be as follows:

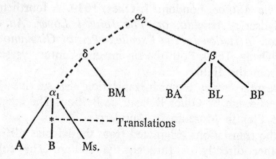

---

[9] Whinnom gave added confirmation of B proceeding from an earlier edition in his article «Lucrezia Borgia and a Lost Edition of Diego de San Pedro's *Arnalte y Lucenda*», *Annali dell' Istituto Universitario Orientale di Napoli, Sezione Romanza*, 13 (1971), 143-151. The poem in praise of Lucrezia Borgia copied the poem of San Pedro in praise of Queen Isabel. The poem to Lucrezia displays variants which coincide with the B version of the San Pedro poem. Since the Lucrezia poem was written ca. 1505, Whinnom maintains that one must think in terms of an early printed edition, ca. 1500, from which the B edition derived.

Conclusion

Although we have no information about the author's participation in the printing of the *Arnalte y Lucenda* or *Siete angustias,* those extant or lost texts which date prior to the early 1500's or whose source is late fifteenth or early sixteenth century (that is, during the possible lifetime of Diego de San Pedro) could possibly reflect the personal emendation of the author.[10] There is no positive proof for or against the supposition. Yet, it is clear that each witness, A, B, and Ms., underwent independent derivation from α_1. Each text shows the hand of the author and/or editor in its changes and unique variants.

Therefore, given the above filiation of texts, the archetype of Diego de San Pedro's *Arnalte y Lucenda* can now be established. Any reading found in two of the three branches will be considered archetypal and will form the basis of the critical edition. In those cases where the stemmatic relationship fails to offer a clear decision, the most coherent reading will be selected and placed in brackets in the edition.

[10] According to Whinnom (San Pedro, I, ed. Whinnom, pp. 30-34; and Keith Whinnom and James S. Cummins, «An Approximate Date for the Death of Diego de San Pedro», *BHS*, 36 (1959), 226-229; and Whinnom, *Diego de San Pedro*, pp. 17-28), the probable date of San Pedro's death is after 1498.

LINGUISTIC DESCRIPTION

Punctuation

Text A has very little punctuation and only uses periods. The Ms. incorporates periods and single and double slashes to represent what would be a modern comma or period. Text B has more punctuation than the other witnesses, and in addition to the period found earlier in A, B includes the colon, slash, parenthesis, question mark, and paragraph sign (¶). The *Siete angustias* exemplars, being all in verse, use little punctuation except for periods and rule marks. Although capital letters are used in the post-period position, in general the placement of capitals is not systematic in any text of the *Arnalte y Lucenda* or *Siete angustias*.

Graphics

The Ms. graphically has many distinctive traits:

c at times replaces *ç*: e.g., *comienca* for *comiença*;

ç is used for *z*: e.g., *cruç, luç, paç,* and *voç,* for *cruz, luz, paz,* and *voz*;

gu for *g* in such words as *gualardón* for *galardón*;

h as a null marker used in the spelling of many words: e.g., *haun, hedificios,* and *hun* for *aun, edificios,* and *un*;

hi (*i*) for the conjunction *y* (*e*);

ll for *l*: e.g., *estillo, excellencia, sallir* for *estilo, excelencia,* and *salir*. (A also has a few instances of *ll* for *l*: e.g., *collación* for *colación*.)

ny for *ñ*: e.g., *duenyo* for *dueño*;

t for final *d*: e.g., *mercet, seguredat, virtut* for *merced, seguredad,* and *virtud*;

th for *t*: e.g., *thema, themor* for *tema* and *temor*. (A agrees in one reading of *themor* for *temor*.)

The above characteristics can be easily noted even within the first few folios of the manuscript.

Text A, in addition to containing many errata as registered in the variants to the critical edition, consistently displays the following graphic characteristics:

ç for *c* before *i, e*:   e.g., *Luçenda, mereçer* for *Lucenda, merecer*;
h as a null marker used in the spelling of many words: e.g., *hal, hera* for *al, era*;
rr for initial *r*:   e.g., *rrescebir, rrey* for *rescebir, rey*;
s for *z*:   e.g., *has, jues, maçisos, matis* for *haz, juez, maçizos, matiz*;
z for *s*:   e.g., *cautelozas, haz* for *cautelosas, has*.

The *s* and *z* variance could be a possible *seseo* indicator.[1] However, the few instances of *s* for *z* or *z* for *s* spelling are not numerous enough to be conclusive. The same *s/z* type variance also occurred in the first-known edition of the *Cárcel de amor*, Sevilla 1492.[2] Neither in the later sentimental romance of San Pedro did the graphic variance present positive proof of *seseo*.

In general, all the texts have both variance of *f/h* for the etymological Latin *f* (e.g., both *hiziese* and *fiziese* coexist in the exemplars) and variance of *s* and *ss* (e.g., *misa* and *missa, saliese* and *saliesse*). Few texts show a preference for one option over the other. B is the only possible exception since B usually maintains the *ss*, especially in the imperfect subjunctive forms.

Use of sibilants shows a wide variance in all the witnesses. The BM manuscript of the *Siete angustias* text, being an eighteenth-century transcription, displays modern usage of sibilants: e.g., *alabanza, decir* and *recio* for *alabança, dezir* and *rezio*. In earlier texts, as already mentioned, there exists the confusion of *ç/z, s/ss,* and *s/z*. There also are examples of *c* for *z*: e.g., *ficiese, cizaña,* and *deçías* for *hiziesse, zizaña,* and *dezías* in A, B, and BP respectively. The texts have a variance of *x/j* as well: e.g., *encojar* for *encoxar* in B and Ms., and *puxante* for *pujante* in Ms. Thus, the sibilants seem to be diversely represented.

Language

The Ms. uses many Latinate spellings such as: *condempna, magnificencia,* and *sententia*. While other texts have Latinate forms as well, the Ms. seems to contain a preponderance of such readings. The Ms. also uses the forms *prissa* for *priessa* and *nadi* for *nadie* (*nadie* and *nadi* being variant in A and *nadie* preferred in B); and in a few cases the Ms. verbs use the *-ié* ending of the conditional and imperfect indicative tenses: for example, *aurié, abié, enfortalecié,* and *ternié* for *auría, abía, enfortalecía,* and *ternía*. Rarely is

---

[1] The phenomenon of *seseo* is addressed by Rafael Lapesa, *Historia de la lengua española* (1st. ed. 1962; Madrid: Gredos, 1980), §72.3 ad 92.2. Amado Alonso, *De la pronunciación medieval a la moderna en español*, II (Madrid: Gredos, 1969), pp. 79+, cites many examples of *seseo* in Sevilla from as early as the fourteenth century.
[2] For a description of *seseo* indicators in the *Cárcel de amor*, see the forthcoming critical edition (London: Tamesis), Linguistic Description.

the -*ié* ending found in other editions, except within the *Siete angustias* where the archetype reads *solién* while A and Ms. print *solían*.

Whinnom described the language of the manuscript as follows:

El tomo era con toda probabilidad de origen barcelonés. Se desconoce por completo dónde se guardaba el volumen durante más de cuatro siglos, antes de llegar a las manos del comerciante catalán a quien lo compró el Sr. Gili; pero todo nos lleva a pensar que el volumen era de procedencia oriental: la predominancia de autores aragoneses, el paradero de los manuscritos antes de que se trasladasen a Oxford, los aragonesismos y catalanismos ortográficos, fonológicos y hasta morfológicos del copista, y la cubierta [...]. La cubierta pues, documento redactado el 23 de diciembre de uno de los años 1541-49, nos indica que esta encuadernación de los manuscritos se hizo, ya caducado el interés del documento, posiblemente hacia finales del siglo XVI, y, lo que es más importante, que se hizo con toda probabilidad en Barcelona. [...] En cuanto a la fecha, en la experta opinión del Sr. Gili, que ha cotejado la letra del manuscrito con la de una serie de documentos legales catalanes en su posesión, la escritura se semeja a la corriente hacia 1500. Apenas cabe duda de que nuestros textos se copiaron en las primeras décadas del siglo XVI, pero por razones extrapaleográficas nos resultará difícil pensar en una fecha tan temprana como 1500, por lo menos para *Gracisla*.

Sin que se pueda demostrar con toda certeza, los hechos conocidos nos llevan a imaginar que cierto aragonés aficionado a las letras, a principios del siglo XVI hizo que se transcribiesen varios manuscritos que o poseía o pedía prestados a los dueños.[3]

The presence of Aragonisms and Catalanisms in the orthography and morphology of the manuscript, as the description above suggests, is undeniable.

Text A also has many characteristic usages: e.g., *fee* for *fe*; *nin* for *ni*; *non* for *no*; *vos* for *os* (*os* being variant yet preferred in B, Ms., and the *Siete angustias* texts); *mijor* for *mejor*; and *leys* for *leyes*. A seems to possess many older forms which the Ms. and especially the B text exclude.

The use of *leísmo* in the texts is an interesting facet of the language.[4] Since Diego de San Pedro was from Castile, his dialect should show a preference for *leísmo*. The concordance or non-concordance of the text to the author's dialect can tell us of possible authorial, or extra-authorial, intervention. In the *Arnalte y Lucenda* prose romance about 50 per cent of the instances of masculine human accusatives used the pronoun *lo*, while 50 per cent preferred *le* as the pronoun. In texts A and B, the norm varies. A, whose variants show a preference for *le* over *lo* in a few cases, contains approximately 60 per cent usage of *le* as the accusative, while B prefers *lo* as the masculine pronoun in 60 per cent of the examples.

In the *Siete angustias* text, the archetype shows an almost unanimous

[3] *Dos opúsculos isabelinos: La coronación de la señora Gracisla (BN MS. 22020) y Nicolás Núñez, Cárcel de amor,* ed. Keith Whinnom (Exeter: University of Exeter, 1979), pp. IX, X-XI.

preference for *lo* as the masculine human direct-object pronoun. The A, BL, and BM editions do not share the archetypal system, however. A, BL, and BM each include 10 per cent usage of *le* as the accusative.

Therefore, the exemplars testify to a slight preference of the *lo* norm over *leísmo*. There is some variation, however, as a few texts demonstrate an increasing inclusion of either *lo* or *le*. By the date of the *Cárcel de amor* composition, *leísmo* is predominant in the textual language of San Pedro.[5] This development is consistent with historical grammarians' assessment of the *leísmo* phenomenon. According to Lapesa:

> No es de extrañar que desde el Mio Cid haya ejemplos reveladores de un nuevo criterio, que menoscaba la distinción casual para reforzar la genérica. La muestra más frecuente es el uso de *le* para el acusativo masculino, sobre todo referente a personas; en la primera mitad del siglo XVI este acusativo *le* domina en los escritores de Castilla la Vieja y León, a los que se suman después alacalaínos y madrileños, como Cervantes, Lope, Tirso, Quevedo, Calderón y Solís. No faltan, desde los textos más viejos, quienes se valen de *le* para el acusativo de persona y de *lo* para el de cosa, introduciendo así en el régimen pronominal una clasificación como la que establecía la presencia de *a* ante el acusativo nominal de persona.[6]

Conclusion

The witnesses to the *Arnalte y Lucenda* and *Siete angustias* show great linguistic diversity. The orthography, morphology, and language of the text vary between, and even within, individual exemplars. The variance of *f/h, s/ss, nadie/nadi, le/lo,* and *vos/os,* as mentioned above, is representative of the variety found in the texts.

---

[4] *Leísmo* is the use of the dative pronoun *le* as the third person accusative in reference to male humans. The phenomenon is discussed in Lapesa, §97.7.

[5] The use of *leísmo* in the *Cárcel de amor* is discussed in the linguistic description of the forthcoming critical edition of the *Cárcel* (London: Tamesis).

[6] Lapesa, §97.7.

EDITORIAL STANDARDS

The various *Arnalte y Lucenda* witnesses show great linguistic and formal diversity, as noted earlier in the Linguistic Description. Since no authoritative, author-supervised edition is known for the *Tractado de amores de Arnalte y Lucenda,* the first-known edition (Burgos 1491) has been selected as the copy-text.[1] In matters of spelling and accidental variants, the Burgos 1491 text will be the accepted authority.[2] Only in cases where all other texts unanimously oppose the copy-text will the Burgos 1491 not be reproduced in matters of accidentals and the A reading be listed as a variant.

Punctuation, word separation, and capital letters are not systematic in the witnesses, and their use varies not only between the texts, but also within any single witness, as mentioned in the Linguistic Description. Since there is no exemplar which represents a consistent punctuation and no witness is known to reflect the preference of Diego de San Pedro, there is no positive value to maintaining a sporadic punctuation. Therefore, I have modernized the use of punctuation, accents, word separation, and capital letters.[3] Basically, the system of edition B, freely adapted and

[1] The term *copy-text* is here used as defined by W. W. Greg, «The Rationale of Copy-Text», *Art and Error: Modern Textual Editing,* eds. Ronald Gottesman and Scott Bennett (Bloomington: Indiana University Press, 1970), pp. 17-36: the copy-text is the extant text supposed to be most nearly what the author composed. In cases where there is no later authorial revision, it is general practice to select the first edition which can claim authority. The copy-text should have authority over accidental variants, and even editorial emendation should conform to the normative spelling of the copy-text. In the case of the *Arnalte y Lucenda,* since there is no authoritative text, the first-known edition has been chosen as the copy-text. Additionally, R. C. Bald, «Editorial Problems — A Preliminary Survey», *Art and Error: Modern Textual Editing,* eds. Ronald Gottesman and Scott Bennett (Bloomington: Indiana University Press, 1970), p. 43, said: «The old-spelling text is of course requisite in any standard or definitive edition. After the copy-text has been chosen, the editor reproduces it faithfully except for such corrections as he finds it necessary to make.»

[2] Significant readings (or substantive readings in Greg's terminology) are those that affect the author's meaning or expression. Accidentals are variants of spelling, punctuation, or word-division, which affect the formal presentation. Greg discussed the difference between substantive and accidental readings in his article «The Rationale of Copy-Text», pp. 19-20.

[3] Paul Maas, *Textual Criticism,* trans. Barbara Flower (Oxford: Clarendon Press, 1958), p. 24, supported modernization under the rubric of *interpretatio:* «Once

compared to the punctuation of the modern editions, has been followed in the critical edition. The only significant changes from the punctuation system of the early texts are the inclusion of accents and the use of dashes for what were parentheses in B. Since the use of the dash is more common in modern Spanish punctuation than that of the parenthesis and since there is no possible confusion of the dash for any other critical notation (i.e., the square bracket), the dash has been incorporated in the critical edition. Moreover, since this is not a facsimile or diplomatic edition, for ease of reading I have also chosen to resolve the abbreviations. All letters which have been added to complete the abbreviations are italicized.

The editorial symbols used are the following: italics mark letters or words added to the text, such as resolutions of abbreviations; square brackets mark a change in folio or an irremediable reading where the archetype can not be positively determined. The critical-edition selection is bracketed when a different reading is found in each witness, thus making the archetype unclear, or when nonarchetypal readings are included in the edition. Also, if the critical reading is an emendation found in none of the witnesses, it, too, is placed in brackets. When the bracketed readings do not follow the A copy-text, they are explained in the textual notes following the edition.

The lines of the text are numbered by five for ease of reference. The *apparatus criticus* accompanies the text, identifying the variants by line number. The critical notation is as follows: a bracket (]) separates the archetypal reading from the variant. Variants are identified within the line by context. If the variant is one of deletion or addition, the word before and/or after will be given in order to isolate the word or words added or eliminated. In the case of replacing one word for another, only the variant word or words are given.

Every substantive variant departure from the archetype is indicated in the *apparatus criticus*. Accidentals of punctuation and spelling are not included since these come under the authority of the copy-text. Not collated are accidentals of geminate consonants, variance of *g* and *j* before *i* or *e*; *y* and *i*; *j* and *i*; *u, v* and *b*; *n* and *m*; *ç* and *c* before *i* or *e*; *rr* and initial *r*; *e* and *y* or *z*; h and Ø; and synaloepha (e.g., *dallí* and *de allí*). If accidentals are included in the variants for their historical or linguistic value (e.g., *fazer, hazer; deseoso, desseoso; señalauan, senyalauan*), they are not bracketed or debated as archetypal decisions since the accidentals do not change the meaning or syntax or affect the reading of α. Only substantive variants are bracketed as dubious archetypal readings.

the text has been 'constituted on the basis of *recensio* and *examinatio* it must be elucidated by the separation of words, marking of pauses, colometry, stops, initial capitals, &c. This certainly comes within the sphere of a critical edition, but it belongs to *interpretatio,* the aims of which change with changing times and in any case cannot be standardized like those of textual criticism.»

The critical notation, by the use of Greg's symbol Σ, will reflect the change of corpus between the *Arnalte y Lucenda* and *Siete angustias* and will note textual lacunae.[4] A change in witnesses is displayed in the apparatus by Σ with subscript of missing texts whenever lacunae occur. For example, if all editions form part of the collation and there is no lacuna, Σ will appear. If a text is missing, it will be placed subscript to Σ. Whenever, during the course of the text, the corpus changes, Σ will reflect the new corpus. The change in corpus can be from one of two causes: folios lacking in the witness or textual variants of deletion.

The Σ notation is used whenever the lacuna is lengthy. Yet, if only a few lines are omitted, the lacuna is treated as a variant. The lines are listed in the variants by line number, printed in full as found in α, and set off by a bracket,]. The texts lacking the lines are then recorded as variant-carriers. If texts which are complete have word variants in the deviant line lacuna, the variants are listed individually after the omission is recorded.

Textual notes will follow the text and variants. The notes will explain archetypal decisions, point out manuscript corrections, and list modern-edition emendation, linguistic documentation, similar usage in other San Pedro texts, and other critical opinions.

---

[4] The Σ notation is described by W. W. Greg, *The Calculus of Variants: An Essay on Textual Criticism* (Oxford: Clarendon Press, 1927), p. 14: «putting Σ for "the sum of the unspecified manuscripts"».

CRITICAL EDITION

[f. a¹r.]
Tractado [de amores] de Arnalte [y] Luçenda.
[f. a²r.] Sant Pedro, a las damas de la Reyna nuestra señora.

Virtuosas señoras:

Sy tanta seguridad de mi saber como themor de vuestro burlar
5 tuuiesse, más sin rreçelo en la obra començada entraría; pero,
con la virtud de vuestras merçedes, despidiendo los miedos, quise
de vieja falta nueba vergüença rreçebir, comoquiera que con la
causa de mi yerro puedo bien desculparme porque, como adelante
mostraré, más necessidad de ageno mando que premia de voluntad
10 mía en el siguiente tratado me hizo entender. Pero vosotras, señoras, recebid en seruicio no lo que con rrudeza en el dezir publico,
mas lo que por falta en el callar encubro; de manera que si los

Σ=A, B, Ms.
Σ_{Ms.}
   1. Tractado de amores de] Tractado de - B
   1. y] a - A
Σ
   2. Sant] Johan de Sant - Ms.
   2. Pedro, a] Pedro, criado del Conde de Hureña a - B
   2. Reyna nuestra señora.] Reyna. - A
   4. seguridad] seguredat - Ms.
   4. themor] temor - B
   5. tuuiesse] tuuiese - A; touiesse - Ms.
   5. començada] comencada - Ms.
   8. causa] falta - Ms.
   8. porque] pero - A
   9. necessidad] nesçesidad - A; necessidat - Ms.
   9. mando] mandado - B
   9. voluntad] voluntat - Ms.
  10. siguiente] seguiente - A
  11. recebid] rresceuid - A; recebit - Ms.
  11. en seruicio] mi seruicio - A
  11. dezir] escreuir - B; dizir - Ms.
  12. por] con - B
  12. encubro] encubìerto - A

motes la obra sufriere, la voluntad [f. a²v.] las gracias reciba,
agradeciendo no lo q*ue* dixere, mas lo que dezir quise. Y si en
15 todo caso el burlar de mí escusar no se puede, sea más por mis
rrazones fazer al palacio, q*ue* por offensa mía; pero co*n* todo
esso, a vuestras mercedes suplico que la burla sea secreta y el
fabor público; pues en esto la co*n*dició*n* de la virtud co*n*siste.
Y si por desseo que de vuestro seruicio, señoras, te*n*go, alguna
20 merçed os meresco, ésta sea porque supla [a] la falta mía la virtud vuestra, y porque della terná la obra que siguyere necessidad
estrecha; porque las cosas en todo y todas buenas, por mucho
que con ge*n*til estilo y discreta orden ordenadas sean, no puede*n*
a todos contentar, antes de muchos son por no tales juzgadas:
25 de vnos porq*ue* no las alcança*n*, de otros porq*ue* en ellas no están
atentos, de otros no por las faltas que hallan, mas porque sepan

13. sufriere] sufrieren - A
13. voluntad las] voluntad de las - Ms.
13. reciba] rresciba - A
14. agradeciendo] agradesciendo - A
14. no] non - A
14. dixere] dexe - A
14. Y si en] Y en - A
15. no] non - A
16. fazer] hazer - Ms.
17. esso] eso - A
17. secreta] segreta - Ms.
18. virtud] virtut - Ms.
19. si por] sy el por - A; si por el - Ms.
19. desseo] deseo - A
19. vuestro seruicio] vuestras merçedes - A
20. merçed] mercet - Ms.
20. os] vos - A
20. meresco] merezco - B
20. ésta sea] sea ésta - Ms.
20. porque] que - Ms.
20-21. supla a la falta mía la virtud vuestra] supla la falta mía la virtud vuestra - A;
la virtut vuestra supla la falta mía - Ms.
21. y porque] porque - A
21. terná] conterná - A
21. obra que siguyere] obra que se sigue - A; obra seguridad si siguiere - B
21. necessidad] nescesidad - A
22. porque] pero que - A
22. todas] todo - A
23. estilo] estillo - Ms.
23. no] non - A
24. de muchos son por] de mucho son por - A; son por muchos - Ms.
24. no] non - A
24. tales] de tales - Ms.
25. no las] non las - A
25. alcançan] alcancan - Ms.
25. no están] non están - A
26. hallan] han - A

que saben. Pues si las tales cosas el fabor de discreto juyzio han
menester, bien el de vuestras mercedes menester me hará; el qual
si tengo, ¿quál rreprehensión podrá tocarme? Pues la ver[f. a³r.]

30 dad, señoras, os diziendo, más en confiança dél que en esfuerço
mío, osaré el tema de mi comienço con el cabo iuntar. Bien pensé
por otro estilo mis rrazones seguir, pero havnque fuera más sotil
fuera menos agradable, y desta causa la obra del pensamiento
dexé; y si por éste que sigo en afruenta quise ponerme, no por

35 esso dexé de pensar que más de corrido avía de dolerme, que
de vanaglorioso preçiarme. Pero como de mayor preçio sean los
motes discretos que los simples loores, quise la carrera acordada
no rrehusar. Lo que, señoras, os suplico, es que a desuarío no se
me cuente, si quando vuestras mercedes nueuas de mis nueuas se

40 hizieren, mi nonbre no les declare; que si la publicaçión dél
quiero callar, es porque más quiero ver rreýr de mi obra encu-
briéndome, que no della y de mí publicándome. Y porque la prolixidad necessidad de enojo me traýa, vengo, señoras, a daros la

27. las tales cosas] los tales - B
27. fabor de discreto juyzio] fauor discreto - B; fabor de distro juyzio - Ms.
28. vuestras mercedes] vuestra merçed - A
28. hará] fará - B
29. si tengo] si yo tengo - B
30. os] es - A
30. diziendo] deziendo - B
30. en confiança] con confiança - B; en confianca - Ms.
31. tema] thema - Ms.
31. comienço] comyenco - Ms.
32. estilo] estillo - Ms.
32. mis] mío - A
32. sotil] subtil - Ms.
34. y si por] y por - A
34. sigo] siguo - Ms.
34. en afruenta quise] quise - B
34. no] non - A
35. esso] eso - A
36. vanaglorioso] vanagloria - B
36. preçiarme] presciarme - Ms.
37. acordada] començada - Ms.
38. no rrehusar] non rrehusar - A
38. os] vos - A
38. suplico] pido - B
39-40. se hizieren] se fiziere - A; hizieren - B
40. no] non - A
40. les] se - A
42. no] non - A
42-43. prolixidad] prolixidat - Ms.
43. necessidad] nescesidad - A; necessidat - Ms.
43. traýa] trayga - A
43. daros] darvos - A

cuenta que me fue mandado que os diese, la qual en esta manera
45 comienço.

[f. a³v.] *Comiença la obra.*

Este verano passado —más por la ajena necessidad que por
voluntad mía— huue, señoras, de hazer vn camino, en el qual de
aquesta nuestra Castilla me conuino alongar. E quando el largo
50 caminar entre ella y mí mucha tierra entrepuso, halléme en vn
grand desierto, el qual de estraña soledad y temeroso espanto hera
poblado. Y como yo de [aquella tierra] tan poco supiesse, quando
pensé quel cierto camino lleuaua, falléme perdido y en parte que
quando quise cobrarme, no pude por el grand desatino mío y por
55 la falta de gentes, que hallaua a quien preguntar. Y como allý
soledad sobrase, passión no faltaua, y de verme en necessidad tan
estrecha, no sauía qué rremedio me diese y como mi vysta en ver

44. os] vos - A
44. diese] dixesse - B
44. la] lo - B
45. comienço] comiença - A; comienco - Ms.
47. passado] pasado - A
47. necessidad] necessidad - A; necessidat - Ms.
47-48. por voluntad] premia de voluntad - B; por voluntat - Ms.
48. huue, señoras, de hazer] ouiesse señoras de hazer - B; vue de hazer señoras - Ms.
48. en el] el - B
48-49. de aquesta] desta - B
49. me conuino] mio conuenio - A
49-50. alongar. E quando el largo caminar entre] alongar entre - Ms.
50. entrepuso] entrepusiesse - B
50. halléme] falléme - B
51. grand] gran - B
51. estraña] estranya - Ms.
52-53. Y como yo de aquella tierra tan poco supiesse, quando pensé quel cierto
camino lleuaua, fallé perdido, y en] y en - A
52. aquella tierra] aquellas tierras - B
52. supiesse] supiese - Ms.
53. falléme] halléme - Ms.
54. quise] quisiera - A
54. no] non - A
54. pude] puede - A
54. grand] gran - B
55. que hallaua] que no fallaua - B
56. soledad] soledat - Ms.
56. sobrase] sobrasse - B
56. passión] pasión - A
56. no] non - A
56. necessidad] necessidat - Ms.
56-57. tan estrecha] estrecha - B
57. no] non - A
57. qué rremedio me diese y como] y como - B
57-58. ver sy gentes vería sienpre se ocupasse, pudieron] ver si gentes vería se

sy gentes vería sienpre se ocupasse, pudieron tanto los ojos, que
dieron al penado coraçón algún descanso, quando en vn monte,
60 parte de mí apartado, las nieblas de vn humo, que dél salían, me
mostraron: el qual aver allý abitación de gente me declaró; y en
el mejor tino que en mi de[f. a⁴r.]satino hallé, guié a aquella
parte donde el humo se mostraua. Y como la espesa montaña a
entrar començase, hallé tan fragoso el camino y tan espantosa la
65 manera dél, que me hallé tan arrepentido de la entrada como deseoso de la salyda. Pero como la determinación ouiesse a mi propósito puesto espuelas, no quise la carrera començada torçer;
e después de todo el día aver trabajado, quando ya el sol de todo
en todo los llanos dexaua, pude llegar a vn no muy alto rrecuesto,
70 de donde a la clara pude ver la parte de donde las humosas nieblas nacían. Y de allí puesto, vna casa no menos de aposentamiento conplida, que gentil [de] fechura noté. Y vi que [dende]

ocupase sienpre pudieron - A; verse sin gentes (en ver tierra) sienpre se ocupasse pudieron - B
59. coraçón] coracón - Ms.
59. algún] algund - A
60. mí apartado] mi bien apartadas - A
60. de vn] del - B
60. salían] salía - A; sallían - Ms.
61. en] con - B
62. mejor] mijor - A
62. guié a aquella] guié aquella - B
63. como la] como por la - B; como - Ms.
63. espesa] espresa - A; espessa - B
63. montaña] montanya - Ms.
64. començase] començasse - B; comencase - Ms.
64. fragoso] fraugoso - Ms.
64. el camino] camino - B
65. manera] montaña - A
65-66. deseoso] desseoso - B; thedeseroso - Ms.
66. salyda] sallida - Ms.
66. ouiesse] mía veniese - A; ouiese - Ms.
67. no] non - A
67. torçer] rehusar - B
68. quando ya el] quando el - B
69. llanos] rayos - Ms.
69. vn no muy] vno non muy - A; vn muy - B
69-70. rrecuesto, de donde] recuesto donde - Ms.
70. parte de donde] parte donde - Ms.
70. humosas] fumosas - B
71. nacían] salían - A; nascían - Ms.
71. de allí puesto] puesto de allí - Ms.
71. no menos de] non menos de - A; de - B
72. conplida] quede conplida - B
72. que gentil] que de gentil - B
72. de fechura] bien cierto - B; hechura - Ms.
72. Y] hi - Ms.
72. dende] de - B; desde - Ms.

los cimientos hasta la cobertura della, estaua de negro cubierta.
E como de aquel triste matiz pintada la viese, no poca confusión
75 me puso. E con la memoria de aquello, el trabajo passado e la
pena presente [oluidaua]. E por darme [f. a⁴v.] priessa para llegar
a ella, el espaçioso y litigado pensamiento que sobre su color tenía
dexé. Y quando ya junto con ella ventura me puso, vn robledal
que frontero de la puerta estaua vi, por el qual en senblante cor-
80 tesano, ciertos honbres se passeauan, los rrostros cubiertos de dolor
y los cuerpos de luto muy trabajoso, delante los quales andaua vn
cauallero que en su aparençia bien ser el señor dellos paresçía: el
qual con penados sospiros su passatienpo exerçitaua, el qual no
mostraua menos presuroso el dolor que espacioso el passear; y
85 avnque grand flaqueza y discolor cobrada tuuiese, no la gentil
disposiçión perdida tenía. E havnque en su aparato señalaua pesar,
en su continencia mostraua linaje. Y como sus ojos a mí le mos-
trasen, vi que de verme alguna alteración sintió. Pero como
honbre que la criança y saber de su mano tenía, la turbaçión so-

73. hasta] fasta - B
73. della, estaua] estaua - B
73. negro cubierta] negro - B
74. aquel triste] aquel - B
74. matiz] matis - A; matiç - Ms.
74. pintada la viese] estuuiesse pintada - B
74. no] non - A
75. E con la] En la - B
75. passado] pasado - A
76. oluidaua] oluidada - A, B
76. priessa] priesa - A; prissa - Ms.
77. espaçioso] espacio - Ms.
77. su] u - A
78. quando ya junto] quando junto - Ms.
78. ella ventura me] ela me - A
78. robledal] rrobledad - A; robredal - Ms.
79. puerta estaua vi] puerta vi - A
80. passeauan] paseauan - A
81. delante] delante de - Ms.
82. que en su] que su - B
82. aparençia bien] aparencia parecía bien - B
82. dellos paresçía: el] dellos el - B
83. passatienpo] pensamiento - A; pasatiempo - Ms.
84. presuroso] pressuroso - B
84. espacioso] espacio - Ms.
84. passear] pasear - A
85. grand] gran - B
85. discolor] descolor - A
85. tuuiese] touiese - A; tuuiesse - B
85. no] non - A
86. E] hi - Ms.
86. señalaua] mostraua - B; senyalaua - Ms.
87-88. mostrasen] mostrassen - B
89. tenía] tuuiesse - B
89. la turbaçión] a la turbación - Ms.

90 brevenida disimuló, y sin mudança de alterado fazer, haziéndome
descabalgar, conociendo mi trabajo proueyó en mi rreposo; y con
la deuida cortesía, tomándome por la mano, a la entresteçida casa
donde esta[f. a⁵r.]ua me guió. Y yo que de las tales nouedades
enbaraçado estaua, no en más de mirar y obedescer entendía, y
95 avnque de las preguntas suyas y del espanto mío aquexado fuese,
no por esso de ocuparme dexaua en todas las estrañezas a mí rre-
ueladas notar. Y quando ya a la puerta de la casa llegamos, vi
ençima della tres rrótulos blancos, y vi en ellos vnas letras negras
que dizían assí:

100   Ésta es la triste morada
               del que muere
               porque muerte no le quiere.

Pues las letras por mí notadas, entrados ya dentro en la casa, vy
que todas las cosas della graue dolor rreprentauan, y como su
105 fundamiento y cabo y principio sobre tristeza fundado viese, en

90. disimuló] dissimuló - B
90. de] del - B
90. fazer] saber - A; hazer - Ms.
90. haziéndome] faziéndome - B
91. descabalgar] apear - B
91. conociendo] conosçiendo - A
91. proueyó] proueó - B; prouió - Ms.
92. entresteçida] entristecida - B
93. donde] a donde - B
93. estaua] él estaua - Ms.
94. enbaraçado] enbaransçado - A; enbaracado - Ms.
94. no] non - A
94. y obedescer] que obedescer - A; y obedecer - B
94. entendía] entendida - A
94-95. y aunque] hi aunque - Ms.
95. fuese] fuesse - B
96. esso] eso - A
96. de ocuparme] occuparme - Ms.
96. en todas las] en las - A
96. estrañezas] estranezas - A; estranyezas - Ms.
96-97. rreueladas] reuelladas - Ms.
97. ya] yo - B
97. llegamos] llegue - B
98. rrótulos] rétulos - B; títulos - Ms.
98. y vi en] en - A
99. dizían] dezían - B
99. assí] ansý - A; así - Ms.
102. porque muerte] porque la muerte - Ms.
102. no] non - A
102. le] lo - B
103. Pues] E - B
105. fundamiento] fundamento - B
105. cabo y principio] principio y cabo - A
105. tristeza] tristura - A
105. viese] viesse - B

grand manera estaua marauillado; pero como más en obedesçer
q*ue* en pregu*n*tarme trabajase, de guardar en el callar mis pregu*n*-
tas acordé fasta q*ue* el tie*n*po lo que deuiese fazer me dixiese.
Después que [ya] en vna sala entrados fuemos, syn mucho tar-
110   darse el çenar fue venido; y noté q*ue* su mesa fue co*n* muy [f. a⁵v.]
ordenada orden seruida. E vi la galana manera del seruicio con
mucha sobra de todo lo necessario guarnecida syn ninguna cosa
q*ue* allý necessidad pusiesse; y después que la cena touo cabo, el
cauallero triste, que no menos discreto q*ue* bien proueýdo hera,
115   syn mucho en preguntarme entremeterse, conociendo mi cansançio,
aviendo gana de mi descanso, hizo tiempo al dormir, comoquiera
que no lo fuese; y poniéndome en vna cámara donde la colación
fue syn tardança venida, dexándome en aquel lugar q*ue* a todas
las gentes pone en seguro sosiego, se va co*n* senblante tan triste

106.   grand] grande - B
106.   obedesçer] obedecer - B
107.   trabajase] trabajasse - B; trabaie - Ms.
107.   guardar en el callar mis] guardar mis - B
108.   fasta] hasta - Ms.
108.   deuiese] deuía - B
108.   fazer] hazer - Ms.
108.   dixiese] dixesse - B; dixese - Ms.
109.   Después que ya en] Despúes que en - B; pues ya que en - Ms.
109.   entrados fuemos] entramos - A; entrados fuymos - Ms.
109-110.   tardarse] tardase - A
110.   noté] vi - Ms.
111.   E vi] vi - B; y - Ms.
111.   del] el - B
111.   con] vi con - Ms.
112.   de todo lo] de lo - B
112.   necessario] necesario - A
112.   guarnecida] guarnescida - A
113.   necessidad] neçescidad - A; necessidat - Ms.
113.   pusiesse] pusiese - A
113.   touo cabo] toda acabó - B
114.   cauallero triste, que] cauallero que - A
114.   no] non - A
114.   discreto que bien proueýdo] proueýdo - B
115.   mucho en preguntarme] mucho preguntarme - B
115.   entremeterse] o entremetese - B
115.   conociendo] conoscido - A
116.   hizo] fizo - A
116.   al] de - Ms.
116.   comoquiera] comoquiere - Ms.
117.   no] non - A
117.   fuese] era - B
117.   colación] collación - A
118.   fue syn tardança] sin tardança fue - Ms.
118.   lugar] logar - A

120 que dezir no se puede. Y como los grandes pensamientos al sueño
forçasen, syendo la gana del dormir por su causa enflaqueçida,
quando ya los gallos de la medianoche dauan señal, todas las gentes
de aquella casa con aquexados lloros e gemidos mortales oý que
vna lastimera música entonauan, y como muy espantado de la tal
125 cosa me hiziese, quanto más su lloro crescía, tanto más mi sueño
menguaua; la qual causa [dello] no [f. a⁶r.] se me pudo tanto
encobrir que no la supiese. E hera que todas las noches [a]
aquella hora, el cauallero triste con sus manos crueles tormentos
se daua, syntiendo de su dolor sentida passión. Y como los suyos
130 con tal rrauia atormentar le viesen, obligáuales la criança de tomar
de su pena, ayudando a su lloro mucha parte. ¿Quién duda, que
quando las tales cosas yo viese, que más vençido de la turbaçión
que sojuzgado del sueño no estuviese? Pues ya después que, de la

120. no] non - A
120. sueño] suenyo - Ms.
121. forçasen] forçassen - B
121. syendo la] seyendo la - B; la - Ms.
121. del] de - Ms.
122. ya los] los - Ms.
122. señal] senyal - Ms.
124-125. la tal cosa] lo tal - A
125. hiziese] fiziese - A; hiziesse - B
125. quanto] quando - Ms.
125. su] el - B
125. crescía] crecía - B
126. qual causa dello] causa de lo qual - A; qual causa - B
126. no] non - A
126. me pudo] pudo - A
127. encobrir] encubrir - A
127. no] non - A
127. las] aquellas - Ms.
127-128. noches a aquella] noches aquella - A, B
129. passión] pasyón - A
130. con] en - A
130. rrauia] rauia así - Ms.
130. atormentar] atormentado - A
130. viesen] viessen - B
130. obligáuales] obligándoles - B
130. tomar] tornar - Ms.
131. ayudando] ayudauan - B
131. lloro mucha] lloro con mucha - A
131. duda] dubda - A
132. yo viese] oyesse - B
132. de la turbación] de turbación - A
133. del] de - A
133. sueño no estuviese] sueño estuuiese - A; sueño no estuuiesse - B; sueno non estuuiese - Ms.
133. ya después] después - B

noche mucha parte, a ellos dolor y a mí confusyón no faltó, su
135 llanto cessaron, y puesto sylençio en él, sosegados estouieron, y
tanto su trabajoso exerçiçio duró que fasta el día ouo poco espacio. Y como el sol con su lunbre nos conuidase, la misa con su
llamamiento nos rrequerió. Y puesto ya en pie, como el cauallero
que ya hera lebantado [lo supiese], a mi cámara se vino; y re-
140 presentando en la cortesía su criança, a vna yglesia que dentro en
la casa estaua [me] guió; en medio de la qual vn monumento vy
del triste color del dueño de la casa, y los hedificios dél cubiertos.
Y era el final a[f. a⁶v.]posentamiento que para sý el cauallero
syn dicha tenía; en el çerco del qual vnas letras negras estauan
145 que desta manera dezían:

> Vedes aquí la memoria
> del triste que se querella
> porque no están él y ella.

E puesto que la misa se celebrasse, no por esso de notar dexé el

134. no] non - A
134-135. su llanto] sus llantos - B
135. cessaron] çesaron - A
135. él] ellos - B
135. sosegados] sossegado - B
135. estouieron] estuuieron - B
135-136. y tanto] en tanto - B; y tan mucho - Ms.
136. trabajoso exerçiçio] trabajo y exercicio - B
136. fasta] hasta - Ms.
137. conuidase] conbidasse - B
137. misa] missa - B
138. rrequerió] requería - B; requirió - Ms.
139. que ya hera lebantado lo supiese] que ya era leuantado - B; supo que yo era levantado - Ms.
139. vino] viño - Ms.
140. yglesia] yglia - A
141. estaua me guió] estaua comigo guió - B; tenía juntos fuemos - Ms.
142. color] dolor - Ms.
142. dueño] duenyo - Ms.
142. hedificios] hedefiçios - A
142. dél cubiertos] dél cubiertos de dolor - B; della cubierto - Ms.
143. Y era el final] y el era el final - A; y era final - B; y el final - Ms.
143. aposentamiento] apossentamiento - B
143. que] era que - Ms.
144. dicha tenía] dicha lo tenía - B
145. desta] en esta - B
145. manera] maña - Ms.
148. no] non - A
149. E puesto] Puesto - A
149. misa] missa - B
149. celebrasse] celebrase - A
149. no] non - A
149. esso] eso - A

150 bien que las letras dezían y la tristeza que señalauan, comoquiera que las cosas que allý veýa en grand estrecho el seso ponían, de cuya causa juzgarlas como quisiera no podía. Pues como
la missa acabada fuesse, el manjar fue venido; y como ya de comer
acabássemos y la mesa alçada fuese, vido el cauallero que abría
155 con el [trabajo] suyo perdido el [descanso] mío; y como discreto,
mi rrecreación por su hospedar juzgó. E como para bien rresponder aparejado me viese, con demasiada tristeza començó a preguntarme, y principalmente entre muchas cosas que de mí saber
quiso —después de dezirme como al rrey nuestro señor conoscía
160 e después de sus excellençias contarme— [f. a⁷r.] por la rreyna
nuestra señora me preguntó, desseando saber sy hombre de manifi-
cencia tan grande, conpañía ygual que le perteneciese tenía. Y
como el caballero syn ventura tal pregunta me hiziese, enmu-
descí; porque se pueden dezir mal las cosas que contenplar no se
165 pueden. E viendo las rrealezas de su Alteza, e conoçiendo la in-
suficiencia mía, verdaderamente con callar rresponderle quisiera;

150. señalauan] senyalauan - Ms.
150-151. comoquiera] comoquiere - Ms.
151. grand] grande - B
152. de] por - A
152. juzgarlas] juzgallas - B; juzgarllas - Ms.
152. no] non - A
153. missa] misa - A
153. fuesse] fuese - A
153. y como] como - B
154. acabássemos] acabamos - A
154. fuese] fuesse - B
154. vido] vio - A
154. abría] abría abido - Ms.
155. trabajo] descanso - A, B, Ms.
155. descanso] trabajo - A, B, Ms.
156. bien] el - B
157. aparejado] aperejado - B
157-158. començó a preguntarme] a preguntarme començó - Ms.
158. muchas] otras - Ms.
159. conoscía] conocía - B
160. excellençias] excelencias - B
161. desseando] deseando - A
161-162. manificencia] magnificencia - Ms.
162. conpañía ygual] ygual conpañía - A; companya ygual - Ms.
162. perteneciese] pertenesciese - A; perteneciesse - B
163. hiziese] fiziese - A; hiziesse - B
163-164. enmudescí] enmudeçí - A
164. dezir mal] mal dezir - B; decir mal - Ms.
164-165. contenplar no se pueden] contenplar non se pueden - A; no se pueden contemplar - Ms.
165. E viendo] veyendo - A
166. con callar] con el callar - A

pero porque escusarme, sy no con falta de saber, no pudiera, lo
que de su Alteza conozco comencé en esta manera a dezille.

La más alta marauilla
170   de quantas pensar podáys,
la sin falta y sin manzilla
es la rreyna de Castilla
de quien, señor, preguntáys;
mas no quisiera entender
175   en tan grand manifiçencia,
porque temo escurecer
con falta de mi saber
la lumbre de su exçelencia.

[f. a⁷v.]
Y de ver tan ensalçada
180   su bondad y tan creçida,
en la obra començada
he rrehusado la entrada,
rreçelando la salida;
y quando vy demandada
185   vuestra pregunta y pedida,
vi mi vergüença sobrada,
vi nueba pena causada,
vi vieja falta sabida.

Porque yo con tan mal modo
190   de hablar, ¿qué diré della?
pues quien nos hizo del lodo
tubo con su poder todo

167. no con] non con - A
167. no pudiera] non pudiera - A; no podía - B; no podiera - Ms.
168. conozco] conosco - A
168. comencé en esta manera a dezille] en esta manera comencé a dezille - B;
      comencé en esta manera dezirle - Ms.
170. podáys] podéys - A
171. la sin falta y sin manzilla] después de la syn manzilla - A
174. no] non - A
175. grand] grande - A; gran - B
175. manifiçencia] magnfficencia - Ms.
176. escurecer] escurescer - A
178. exçelencia] excellençia - Ms.
179. ensalçada] enxalçada - Ms.
183. salida] sallida - Ms.
184. y] mas - B
189. Porque yo con] Porque con - A
191. nos] os - B
191. del] de - B
192. poder] saber - B

bïen que hazer en ella;
pero mostrando denuedo,
195   avnque por horden grosera,
con quantas fuerças yo puedo,
despidiéndome del miedo,
comienço desta manera.

Es nuestra rreyna rreal
200   [f. a⁸r.] en su España asý tenida
que del bueno y comunal,
de todos en general,
es amada y es temida;
es plaziente a los agenos,
205   es atajo de entrevalos,
es amparo de los menos,
es gozo para los buenos,
es pena para los malos.

Es rreÿna que nunca yerra,
210   es freno del desigual,
es gloria para la tierra,
es la paz de nuestra guerra,
es el bien de nuestro mal;
es ygual a todas suertes
215   de gentes para sus quiebras,
es yugo para los fuertes,
es vida de nuestras muertes,
es luz de nuestras tiniebras.

Es tal que avnque sojuzgasse
220   todo quanto Dios ha hecho,
[f. a⁸v.] si el mundo no se [ensanchasse]

---

193. bien] muy bien - B
193. en ella] con ella - B; en hazella - Ms.
194. denuedo] de miedo - A
195. grosera] grossera - B
200. asý] assí - B
200. tenida] temida - A
201. del] de lo - B
205. entrevalos] entreuallos - Ms.
212. es la paz] es paz - A; es la paç - Ms.
217. es vida de nuestras muertes] a los rristes da conortes - B
218. luz] luç - Ms.
218. tiniebras] tinieblas - B
219. tal que avnque] tal havnque - Ms.
219. sojuzgasse] sojuzgase - A; sossegasse - B
220. hecho] fecho - A
221. no se ensanchasse] se enchanchase - A; no se enxalcasse - Ms.

o su valer se estrechasse,
nunca ternía su derecho;
es tal que no auía de ser
225   humanidad puesta en ella,
mas quísolo Dios hazer
por darnos a conoscer
quién es Él, pues hizo a ella.

Es tal que sy su conçiencia,
230   no diesse arriba consuelo,
de enbidia de su exçellencia
abría grand diferencia
entre la tierra y el cielo;
es tal que por causa della
235   abría avnque ouiese batalla
siempre zizaña y çentella
en la tierra por tenella
y en el cielo por leualla.

Pero claramente muestro
240   con verdad de quien no huyo,
que es el gozo allá siniestro,
[f. b¹r.] porque tenemos por nuestro
lo que deuiera ser suyo;
pero su muerte llegada

222. estrechasse] estrechase - A
223. ternía su derecho] ternié su drecho - Ms.
224. no] non - A
224. auía] abié - Ms.
225. humanidad] umanidat - Ms.
226. quísolo] quísola - B
226. hazer] fazer - A
227. conoscer] conocer - B
228. hizo] fizo - A
229. tal que sy su] tal su - B
230. no] non - A
230. diesse] diese - Ms.
231. exçellencia] excelencia - B
232. grand] grande - B
234. por] a - Ms.
235. abría] abrié - Ms.
235. avnque] que - B
235. ouiese] ouiesse - B
236. zizaña] cizaña - B; zizania - Ms.
238. leualla] lleualla - A
239. Pero claramente] que yo claramente - B
240. quien] que - B
240. no] non - A
241. es el gozo] es gozo - A
241. allá] a ella - Ms.

245   por hedad vieja venida,
                   será su pena quitada,
                   será su gloria cobrada,
                   será la nuestra perdida.

                   Es de los viçios agena,
250   es de virtudes escala,
                   con grand cordura condena,
                   nunca yerra cosa buena,
                   nunca haze cosa mala;
                   teme a Dios y a su sentençia,
255   aborrece la maliçia,
                   abráçase con prudençia,
                   perdona con la clemençia,
                   castiga con la justiçia.

                   Con cuerdas de fe y firmeza
260   tiene atada el esperança,
                   anima con la franqueza,
                   sojuzga con fortaleza,
                   [f. b¹v.] aplaze con la templança;
                   guarnece con caridad
265   las obras de deuoción,
                   gana con la voluntad,
                   conserua con la verdad,
                   gouierna con la rrazón.

                   Allega los virtuosos,
270   quita daños de entre nós,
                   estraña los maliciosos,
                   rreprehende los viciosos,
                   ama los que aman a Dios;
                   quiere bien los verdaderos,

247. será] serále - B
247. cobrada] dada - B
250. virtudes] virtut - Ms.
251. grand] gran - B
251. condena] condenna - B; condempna - Ms.
254. y a su] y su - B
255. aborrece] aborresce - A
259. fe] fee - A
260. el] la - A
264. guarnece] guarnesce - A
266. voluntad] voluntat - Ms.
269. Allega] Allega a - B
270. daños] dannyos - Ms.
271. estraña] estierra - Ms.
272. rreprehende] reprende - Ms.

275   no la engañan los q*ue* engañan,
       aborrece los groseros,
       desama los lisonjeros,
       no escucha los que çizañan.

       Pues, ¿quién osará tocar
280   en su grande hermosura?
       pues quien más piensa hablar
       en ella, abrá de quedar
       ofendido de locura;
       [f. b²r.] es publicar mi defecto
285   en ponerme en la tal cosa,
       pues no puede aver efecto,
       si yo no fuese más discreto
       o ella menos hermosa.

       Mas avnque lo diga mal,
290   digo que son las hermosas
       ante su cara rreal,
       qual es el pobre metal
       con rricas piedras preçiosas;
       son co*n* su grand perfeçión,
295   qual las noches con el día,
       qual con descanso prisión,
       qual el viernes de Pasión
       con la Pascua de alegría.

275. no] non - A
275. la engañan] la engannan - Ms.
275. que engañan] que ganan - B; que enganyan - Ms.
276. aborrece] aborresce - A
276. groseros] grosseros - B
276. desama los] desama a los - B
278. no] non - A
278. escucha los] escucha a los - B
278. çizañan] zizanyan - Ms.
280. su] tan - Ms.
285. en la tal] en tal - A
286. no] non - A
287. si yo no] si no - B
287. fuese] fuesse - B
289. diga] digo - Ms.
292. qual es el pobre] como es pobre - B
294. grand] gran - B
294. perfeçión] perfecçión - A; perfición - B
295. las noches] la noche - A
297. el] es - B
297. Pasión] Passión - B

E esta que tal pudo ser,
300   ha siempre representado
en las obras el valer,
y en la rrazón el saber,
y en la presençia el estado;
ÿ la gran bondad de Aquél
305   [f. b²r.] que tal graçia puso en ella,
la midió por su nibel,
porque demos gloria a Él
quando miramos a ella.

La deuida presunción,
310   la mesura más preçiada,
las obras del galardón,
en su rreal condición
tienen tomada posada;
es y ha sido sienpre vna
315   en dar por el vicio pena,
supo vençer la Fortuna,
no tiene falta ninguna,
no tiene cosa no buena.

Pues, ¿quién podrá recontar,
320   por más que sepa dezir,
la gracia de su mirar,
el primor de su hablar,
la gala de su vestir?
su vestir es en manera

[ll. 299-308 are inverted with ll. 309-318 in the Ms. The Ms. variants are registered in archetypal order.]
300. (Ms. 310) representado] representada - A
304. (Ms. 314) y la] y en la - A
304. (Ms. 314) gran] grand - A
306. (Ms. 316) su] tal - B
307. (Ms. 317) gloria] gracias - B
308. (Ms. 318) miramos] miremos - Ms.
309. (Ms. 299) presunción] presumpción - B
310. (Ms. 300) preçiada] presciada - Ms.
311. (Ms. 301) galardón] gualardón - Ms.
312. (Ms. 302) en] es - Ms.
314. (Ms. 304) sienpre] simpre - B
317. (Ms. 307) no] non - A
318. (Ms. 308) no tiene cosa no buena] non tiene cosa non buena - A; ni le mengua cosa buena - Ms.
321. la gracia de su mirar] el primor de su hablar - B
322. el primor de su hablar] la gracia de su mirar - B
324. vestir] valer - A
324. en] de - Ms.

325   y en tal forma y de tal suerte,
     [f. b³r.] que avnque la gala muriera,
     en sus dechados ouiera
     la vida para su muerte.

     Con rreposo y mansedad
330   aforra su rrealeza,
     borda con la honestidad,
     entretalla con bondad,
     verduga con la proeza;
     pues no [yrá] con disconortes
335   quando el fin final se aplaze,
     quando Dios hiziere cortes,
     quien corta con tales cortes
     todas quantas obras haze.

     Si no viniera pujante
340   a meternos en conpás
     ¡quanto daño estaua estante,
     quánto mal yba [adelante],
     quánto bien quedaua atrás;
     quánta voluntad dañada
345   en Castilla era venida,
     quánta injusticia [mostrada],
     [f. b³v.] quánta zizaña senbrada,
     quánta discordia nascida!

     Nunca haze desconcierto,
350   en todo y por todo acierta,
     sigue a Dios, que es lo más cierto,
     y desconcierta el concierto
     que lo contrario concierta;

325. y en] en - B
325. de] en - B
326. muriera] moriera - Ms.
327. ouiera] vuiera - Ms.
Σ_B
331. honestidad] honestiead - A
334. no yrá] non yrán - A
334. disconortes] desconortes - Ms.
339. no] non - A
339. pujante] puxante - Ms.
341. daño] danyo - Ms.
342. adelante] delante - Ms.
344. voluntad dañada] voluntat danyada - Ms.
346. mostrada] mostraua - A
347. zizaña] zizania - Ms.

355

nunca jamás sale fuera
de aquello con qu'Él requiere,
y como su gloria espera,
porque quiere que la quiera
siempre quiere lo que Él quiere.

360

¡O quántas vezes contemplo
con qué dulçes melodías
ha de yr al eterno templo!
segund nos dize su enxenplo
ya después de largos días;

365

y después que así la elijo,
pienso con alma eleuada
en el gozo sin letijo
que abrán la Madre y el Hijo
[f. b⁴r.] con la huéspeda llegada.

[Acaba y da fin.]

370

Y en esto más alargar
es cosa demasiada,
pues es cierto sin dudar,
que nadi podrá llegar
al cabo desta jornada;

375

pues poniendo ya silencio,
acordé, pues mal alabo,
con rrazón de quien me venço,
de quedar en el comienço,
pues no puedo ver el cabo.

354. sale] salle - Ms.
Σ
362. segund] según - B; segunt - Ms.
362. enxenplo] enxiemplo - A
364. así] assí - B
364. elijo] eligo - Ms.
365. alma] lalma - Ms.
366. en el] el - B
366. gozo sin] gozo que sin - B
366. letijo] letigio - A; litijo - Ms.
367. que abrán] aurán - B
367. Hijo] Fijo - A
368-369. llegada./ Acaba y da fin] llegada - B; llegada./ ffin - Ms.
370. Y en esto] y esto - Ms.
372. dudar] dubdar - A
373. nadi] nadie - B
377. venço] venco - Ms.
378. quedar] quebrar - B
379. no] non - A
379. ver] hallar - Ms.

51

380 *Buelue la habla a las damas.*

Pues después, señoras, que lo menos mal que yo pude al cauallero triste quién la rreyna nuestra señora hera le dixe, comoquiera
quél más dispuesto para el dolor, que aparejado para el plazer
estuuiese, vy que quando yo de satisfazer a su pregunta acabé,
385 que se sonrrió, conociendo la exçellencia de su Alteza y viendo el
poco saber mío. Pero como discreto, mas [f. b⁴v.] a lo que quise
dezir que a lo que dixe miró; e como tan curial fuese la cuenta
que le dy, mis faltas disimulando, mucho me agradeció; e porque
la causa de su demanda supiese, me dixo que muy a la larga co-
390 migo hablar quería; y antes que su habla començasse, haziéndome
premias con mi fe, me dixo que todo lo que comigo hablase, en
poder de mugeres no menos sentidas que discretas lo pusiese, porque mugeres supiesen lo que muger le hizo; e porque su condición
más que la de los hombres piadosa sea, culpando a ella, dél se
395 doliesen. Pues como de su mando apremiado me viese, de conplirlo

380-381. Buelue la habla a las damas. Pues] Pues - B
381. señoras, que lo menos mal que yo pude] que yo señoras lo menos mal que
      pude - Ms.
382. quién la rreyna nuestra señora hera] las gracias que ay en nuestra señora la
      reyna - B
384. estuuiese] estuuiesse - B; estouiese - Ms.
384. quando yo de] quando de - A
385. conociendo] conosciendo - A
385. exçellencia] excelencia - B
385. viendo] viyendo - Ms.
387. que a lo] que lo - A
387. fuese] fuesse - B
388. disimulando] desimulando - B; dissimulando - Ms.
388. agradeció] agradesció - A
389. de su] de la su - B
389. supiese] supiesse - B
389. comigo] conmigo - Ms.
390. hablar quería] fablaría - B
390. habla] fabla - A
390. començasse] començase - A
391. fe] fee - A
391. lo] le - A
391. comigo] conmigo - Ms.
391. hablase] fablase - A; hablasse - B
392. no] non - A
392. pusiese] pusiesse - B
393. supiesen] supiessen - B; sabiesen - Ms.
393. hizo; e porque] hizo porque - B
393. su] como su - Ms.
394. que la de] que de - A
395. doliesen] doliesse - B
395. de su mando] del desmando - B; de su mandado - Ms.
395. viese] viesse - B
395. conplirlo] cumplirlo - A

acordé; y como yo, señoras, de conplir con él e con mi fe determi-
nado touiese, hallé segund las condiciones por él señaladas, que
a vuestras merçedes la obra siguiente de derecho venía, y porque
fue su habla tan a la larga estendida, de enbiarla por escripto
400   pensé; porque segund en mi lengua las faltas no faltan, por mal
que mis rrazones escriua, mejor en el papel que en mi boca
paresçerán. Pues como ya el cauallero [f. b⁵r.] la seguridad que
quiso de mí tuuiese, començó su habla diziéndome en esta manera.

El cauallero al auctor.

405   Grand sinrrazón, señor, te haría, si la encubierta de mi pregunta no te declarasse, la qual porque sepas, has de saber que no
desde agora a la rreyna de Castilla yo conocía. Ni creas que nueuo
de sus nueuas tú me hazes, porque la estendida fama suya su bondad por diuersas partes tiene estoriada; pero quise por saber lo
410   que sabes oýrte, y porque en ella señales, en plática tan fuerte

396.   conplir] cunplir - A
396.   fe] fee - A
397.   touiese] touiesse - B; tuuiese - Ms.
397.   hallé] fallé - B
397.   segund] según - B; segunt - Ms.
397.   señaladas] dadas - B; senyaladas - Ms.
398.   obra] ora - Ms.
398.   de derecho] derecho - Ms.
399.   habla] fabla - B
399.   tan a la larga] tan larga - A; tanto a la larga - B
399.   enbiarla] embialla - B
399.   escripto] escrito - B
400.   segund] según - B; segunt - Ms.
400.   no] non - A
401.   escriua] escriuía - A
401.   mejor] mijor - A
402.   paresçerán] parezcan - B; parecerán - Ms.
402.   como ya] ya - A; como - B
402.   seguridad] seguredad - Ms.
403.   tuuiese] touiese - A; tuuiesse - B
403.   habla] fabla - B
403.   diziéndome] diziéudome - A; diziendo - B
403.   en esta] desta - A
404.   El cauallero al auctor] El cauallero al autor - A; Fabla el cauallero al auctor - B
405.   Grand] gran - B
405.   señor, te haría] señor, te faría - B; te haría, señor - Ms.
405-406.   la encubierta de mi] la mi - B
406.   no te] non te - A
406.   declarasse] declarase - A
406.   que no] que non - A
407.   conocía] conoscía - A
407.   Ni] nin - A
408.   hazes] hazías - Ms.
409.   estoriada] publicada - Ms.
410.   señales] señalases - A; senyales - Ms.

quise ponerte; y esto por*que* de mis passiones quiero tesorero hazerte; y quise primero saber lo que sabes si el rreceuimiento que meresce*n* les harías; y hallo que es bien hazello por el testimonio que dan tus palabras de ti, creyendo, segund lo que sentý que sien-
415 tes, que mi dezir y tu escuchar aposentarán en tu memoria mi mal, para q*ue* do*n*de te tengo pedido dél des cuenta; y para que dél te çertefiques, comie*n*[f. b⁵v.]ça a notar. Tú sabrás que la tierra y naturaleza mía es Tebas, la q*ue* [Cadmo], fijo del rrey Agenor, en los tiempos passados pobló; del rrey, de la qual larga criança
420 he recebido; mi padre, que de viuir se despidió a gra*n*des días, llamáuanle Arnalte. Dezirte quié*n* hera no quiero, porque en mi boca mal [su] alaba*n*ça asentara, el no*n*bre del qual por herencia me q*ue*dó. Pues como Thebas mi naturaleza fuese, y como el rrey lo más del tienpo en ella gastase, no saliendo yo jamás de la corte,
425 vn día quando mi liuertad [más libre] de las enamoradas penas se

411. passiones] pasiones - A
411. quiero] quiro - A
411-412. tesorero hazerte] notorio hazerte - A; hazerte thesorero - Ms.
412. saber lo que] saber que - A; saber en lo que - Ms.
413. merescen] merecen - B
413. hazello] hazerlo - A; fazello - B
413. por el testimonio] por testimonio - B
414. creyendo, segund] creyendo que según - B; creyendo segunt - Ms.
416. pedido] pedir - B
417. çertefiques] certifiques - Ms.
417. comiença] comienca - Ms.
418. Tebas] Thebas - A
418. Cadmo] Cadino - A, B, Ms.
418. fijo del rrey Agenor] rey de Agenor - B; hijo del rey Agenor - Ms.
419. passados] pasados - A
419. criança] erencia - Ms.
420. recebido] rresceuido - A
420. viuir] beuir - Ms.
421. llamáuanle] dezíanle - A; llámanle - B
421. no] non - A
421. quiero] qero - A
422. mal su] mal en - B; el - Ms.
422. asentara] assentara - B; mal asentara - Ms.
423. Thebas] Tebas - B
423. fuese] fuesse - B
424. lo] el - Ms.
424. del] de su - B
424. gastase] gastasse - B
424. no] non - A
424. saliendo] salliendo - Ms.
425. liuertad] libertat - Ms.
425-426. más libre de las enamoradas penas se hallaua] más libre de las enamoradas penas se fallaua - A; de las enamoradas passiones se hallaua más libre - B; de las enamoradas penas más libre se hallaua - Ms.

hallaua, murió vn principal cauallero de la çibdad nuestra. Y
como hombre de mucha auctoridad y honrra fuese, todas las gentes
de la cibdad e de la corte a su enterramiento vinieron. E como en
medio del templo el cuerpo se pusiesse, entre tanto que los acos-
430 tumbrados cantos se celebrauan, las bozes de sus cercanas parientas
heran grandes. Entre las quales vna hija suya vy, la más principal
en el lloro y la más honesta en la manera dél, la qual por non
[f. b⁶r.]bre Lucenda tenía; y como en el tal auto entre las manos
y los cabellos guerra cruel se [pregona], todos por los honbros
435 estendidos y derramados los tenía y a todos los que a la sazón la
mirauan, no menos con los que le quedauan espantaua que con los
que sacaua entristecía; y como la rrubiura dellos tan grande fuese,
e las muchas lágrimas el rrostro más le encendiesen y aclarasen,

426. murió] morió - Ms.
426. principal cauallero] principal - B
426. la] aquella - A
427. auctoridad y honrra] autoridad y honrra - A; honra y auctoridad - Ms.
427. fuese] fuesse - B
428. de la] del aquella - A
428. vinieron] vini - A
429. el] su - A
429. pusiesse] pusiese - A
429. entre] en - A
430. celebrauan] celebrassen - B
430. cercanas parientas] çercanos parientes - A
431. hija] fija - A
432. y la más honesta] y honesta - B
432. manera] maña - Ms.
432. dél, la] la - A
432-433. por nonbre Lucenda] Lucenda por nombre - Ms.
433. auto] aucto - Ms.
434. guerra cruel] guerra mortal - B; cruel guerra - Ms.
434. pregona] apregonó - B; pregonaua - Ms.
435. los tenía] tenía - A
435. y a todos] y todos - A
436. no] non - A
436. con los] los - B
437. entristecía] entrestecía - Ms.
437. dellos] de los cabellos - Ms.
437. fuese] fuesse - B
438. e las] y como las - Ms.
438. el] del - B
438. más] se - B
438. encendiesen] encendiessen - B
438. aclarasen] aclarassen - B; aclarase - Ms.

tenía su gran hermosura con estraño [color] matizada; y como el
440 llanto presente de su publicación fuese causa, de verla tal a todos
espantados tenía; pero yo, triste, espantado y temeroso de su hermoso parescer y del daño de su causa temoroso. Y pues como ya
en el final aposentamiento su padre fuese puesto, e ella, dexándolo
en él, al suyo se fuese, enmudescido, syn más detenerme, fuy la
445 soledad a buscar para que ella e mis pensamientos conpaña me
fiziesen; y como en aquella acogida de los tristes me hallase, con
quantas fuerças pude de muchas industrias me aconpañé, pensando
mi rremedio en alguna fallar; pero en [f. b⁶v.] todas el enbés de
la haz que quisiera allaua; y como tan solo de esperança como de
450 gente me hallase de allý salido, muchos días pasaron que en el
propósito tomado no entendí, creyendo fallar el fin fragoso, según

439. tenía] entendía - Ms.
439. gran] grande - A; grand - Ms.
439. hermosura] fermosura - B
439. estraño] estranno - Ms.
439. color] claror - B; claro - Ms.
439. matizada] metizada - B
440. fuese] fuesse - B
440. verla] velle - B
440-441. todos espantados] todo el mundo espantado - Ms.
441-442. temeroso de su hermoso parescer y del daño de su causa temeroso] temeroso
de su hermoso parescer y del daño de su causa - A; temeroso: espantado
de su fermoso parecer, y del daño de su causa temeroso - B; temeroso de
su hermoso parescer y del danno de su causa a themeroso - Ms.
442. Y pues como] y como - A; pues como - Ms.
443. fuese] fuesse - B; fue - Ms.
444. en él, al] al - Ms.
444. fuese] fuesse - B; fue - Ms.
444-445. enmudescido, syn más detenerme, fuy la soledad a buscar para que ella]
y yo sin más detener fuy la soledad buscar para aquella - B; enmudecido
sin más detenerme me fuy la soledad a buscar para que ella - Ms.
445. conpaña] compañía - B; conpanya - Ms.
446. fiziesen] hiziesen - Ms.
446. acogida] acogido - B
446. tristes me] tristes más me - A
446. hallase] fallase - A; hallasse - B
447. fuerças] fuercas - Ms.
447. aconpañé] aconpanyé - Ms.
448. alguna fallar] algunas fallase - A; alguna hallar - Ms.
448. todas] todo - A
449. haz] haç - Ms.
449. quisiera allaua] quería fallaua - B
450. hallase] viese - A; fallasse - B
450. salido] sallido - Ms.
450. pasaron] passaron - B
450. que en el] que el - Ms.
451. no] non - A
451. fallar] hallar - Ms.
451. fragoso] frauguoso - Ms.
451. según] segund - A

56

el comienço áspero hallé; pero quanto más el tiempo andaua, tanto más mi mal quedo estouiese, no sabía qué medio para mi rremedio buscase; y como el dolor creçiese y la salud se apocase,
455 estaua de estrecha necessidad apretado; mas como los [guerreros deseos] hazen el coraçón industrioso, pensé que sy vn paje mío en su casa conuersación touiese, que de aquél [por] vna carta mía podría de [mí] certificarse; y como vn hermano de Luçenda [con él] grand amistad touiese, que todos sus passatiempos fuesen con
460 él, le mandé, porque más el amistad se estrechase y porque más confiança dél se hiziese, y como el paje buen saber y mejor manera touiese, en conplir mi mandado no fue perezoso; y como su hermano e mi paje en la conformidad que yo desseaua estouiesen, en la casa [f. b⁷r.] de Luçenda tan continuo hera su estar que, ya
465 dél no se guardando, muchas vezes verla podía; y como la con-

452. hallé] fallé - A
452. quanto más el] como quanto el - Ms.
452. tiempo andaua] tiempo más andaua - Ms.
453. quedo] firme - A
453. estouiese] estaua - B
453. no] non - A; y no - B
454. buscase] buscar - A; buscasse - B
454. creçiese] creciesse - B
454. salud] salut - Ms.
454. apocase] apocasse - B
455. de] en - B
455. necessidad] nescesidad - A; necessidat - Ms.
455. apretado] apremiado - B
455-456. guerreros deseos] desseos - B; desseosos guerreros - Ms.
456. hazen] fazen - B
456. coraçón] coracón - Ms.
456. industrioso] endurescido y industrioso - A
457. casa] cassa - Ms.
457. touiesse] touiese - A; tuuiesse - B
457. que de aquél] que aquél - B
457. por] con - B; en - Ms.
458. podría] podía - Ms.
458. de mí certificarse] certeficarse - B; de mi fe certificarse - Ms.
458-459. con él grand amistad touiese] gran amistad le tuuiesse - B; grand amistat con él touiese - Ms.
459. passatiempos] pasatiempos - A
459-460. fuesen con él] fuessen con él - A; con él fuesen - Ms.
460. amistad] amistat - Ms.
460. estrechase] estrechasse - B
461. hiziese] fiziese - A; hiziesse - B
461-462. y como el paje buen saber y mejor manera touiese, en conplir mi mandado no fue perezoso] y como el paje buen saber y mijor manera touiese en cunplir mi mandado no fue perezoso - A; que mucho con él se conformasse. E como el paje buen saber y mejor manera tuuiesse en conplir mi mandado, perezoso no fue - B; y como el paje buen saber y meior manya touiese en conplir mi mandado no fue perezoso - Ms.
463. desseaua] deseaua - A
463. estouiesen] estuuiessen - B
464-465. ya dél no] ya dél non - A; ya no dél - B

57

fiança del auiso [desauiso pusiesse] y como allí la voluntad ganada
estouiesse, la sospecha estaua perdida, en él no mirauan; y como la
disposiçión del tienpo aparejo fallase, el paje mío [tomé], y ponién-
dole delante para el secreto muchos castigos, dile vna carta mía que
470 le diesse, las rrazones de la qual heran éstas.

Carta de Arnalte a Luçenda.

Lucenda, antes quisiera que conocieras mi fe que vieras mi carta,
lo qual assý ouiera sydo sy vysto me ouieras, porque en mis señales la conocieras. E pudiera ser que con mi vista ganara lo que
475 con mi carta espero perder; porque en mi carta leerás mi mala
rrazón, y en mis lágrimas mi mala vida vieras, y con el mucho dolor
tenplara el poco saber, e esperança de lo que agora estarás dudosa
cierta hazerte; y havnque los ma[f. b⁷v.]les como se saben sentir,
querellar no se pueden, mi pasión y tu [conoscimiento] te dieran

466. desauiso pusiesse] descuydé - B, Ms.
466. y como allí] y allý - A
467. estouiesse] estuuiesse - B; estouiese - Ms.
467. la sospecha] ya la sospecha - A
467. en] e en - A
467. no] non - A
467. como la] como de la - B
468. aparejo] aparejada - A
468. fallase] fallasse - B; hallase - Ms.
468. mío tomé] mío - B; mío tomo - Ms.
469. para el secreto muchos] muchos - A; para el segreto muchos - Ms.
470. diesse] diese - Ms.
471. Carta de] Carta primera de - A
472. conocieras] conoscieras - A
472. fe] fee - A
473. assý] ansý - A; así - Ms.
473. sydo] seydo - B
473. porque en mis] porque mis - B
473-474. señales] senyales - Ms.
474. la conocieras] la conoscieras - A; conocieras - B
475. leerás] oyrás - B
475-476. mi mala rrazón] mis malas razones - B
476. y con el] y el - B
477. saber, e] saber mío y - B
477. esperança] esperara - A
477. estarás dudosa] estás dubdosa - A
478. como se saben] como saben - A
479. no] non - A
479. pueden] puede - B
479. pasión] passión - B
479. tu conoscimiento] tus conoscimientos - B; tu consentimyento - Ms.
479. dieran] darán - Ms.

480　dellos fe. Pero como mejor puedo, digo que te hago saber que
desde el día que a tu padre enterraste, mi afición y tu hermosura
mi señora te hizieron; y quando a tu posada aquel día te fuyste y
el llanto por su muerte acabaste, yéndome yo a la mía, a llorar la
que tú me diste començé. E que esto quieras creer suplícotelo, por-
485　que [yo] no tube menos flaqueza para vençerme, que tú fuerça para
forçarme; y hágote cierta que más poco poder que mucha voluntad
tuyo me fizo, porque antes, sy yo pudiera, te huyera que te buscara;
pero tuuiste tú tanto poder en mí y yo tan poco en mi libertad,
que quando quise no quererte, ni yo pude, ni tú me dexaste, porque
490　ya [en] el triste coraçón mío mi firmeza tus gracias atadas tenía,
por donde certificarte puedes que, si pudiera, quisiera antes huyrte
que esperarte. Pero como ya ventura ordenado lo tuuiese, de ser
tuyo no pude escusarme. E pues esto no puede ser que [f. b⁸r.]

480.　dellos fe] dellos fee - A; dello fe - B
480.　mejor] mijor - A
480.　hago] fago - B
480.　saber] a saber - Ms.
481.　desde] deste - A
481.　hermosura] fermosura - B
482.　hizieron] fizieron - B
482.　te fuyste] fuyste - A; te fueste - B
483.　yéndome] yndome - Ms.
483-484.　la que tú me] lo que me - B
484.　que esto] aquesto - Ms.
484.　suplícotelo] te suplico - B
484-485.　porque yo no] porque non - A; porque no - Ms.
485.　tube menos] tube yo menos - Ms.
485.　vençerme] vençer - A
486.　forçarme] forcarme - A, Ms.
486.　hágote] fágote - B.
486.　voluntad] voluntat - Ms.
487.　fizo] hizo - Ms.
488.　tuuiste] touiste - Ms.
488.　mí y] mi coraçón y - A
488.　libertad] libertat - Ms.
489.　no] non - A
489.　ni yo pude] ni pude - B
490.　ya en el] ya el - B, Ms.
490-491.　tus gracias atadas tenía, por donde certificarte puedes que, si pudiera,
　　　quisiera antes] atadas tus gracias tenía por do çerteficarte puedes que si
　　　pudiera quisiera antes - A; tus gracias atada tenían, por donde certificarte
　　　puedes que si pudiera antes quisiera - B
492.　ordenado] condenado - B
492.　tuuiese] tuuiesse - B; ouiese - Ms.
493.　no pude] non pude - A
493.　pues esto] puesto - B
493.　no puede] non puede - A

no sea, no tus mercedes me niegues, que avnque tú dello sauidora no
495 seas, mucho merecidas te las tengo, porque el mal tan presuroso
ha sido, que havnque el espacio del padecerlo pequeño te parezca,
ha hecho grande el daño; e mira en quánto cargo me heres, que
por mayor bien abré por ty perderme que por nadie ganarme; y
porque más obligada me seas, has de saber que del mal mío por tú
500 hazerlo no me pesa, de cuya causa mi perdición vitoria sería, havnque
no quiero esperar deste comienço; de mi fe te declaro, cabo que
galardón no declare, que mayor confiança en mi afición y en tu
conocimiento tengo yo, porque donde sobra conocer, no mengua
rrazón; e donde ay ésta, no puede ser que donde se merece el
505 galardón no se dé. Pues sy entre tu agradecer y mi [seruicio] esta

494. no sea] non sea - A
494. no tus mercedes] non tus mercedes - A; tus mercedes no - B
494. tú] de tú - B
494. sauidora no] sauidora non - A
495. merecidas] mereciscidas - A; merescidas - Ms.
495. mal tan presuroso] mal tan presurosa - A; mal es tan pressuroso - B
496. ha sido, que] que - B
496. del] de - B
496. padecerlo] padescerlo - A; padecello - B
496. pequeño] pequenyo - Ms.
496. parezca] paresca - A
497. hecho] fecho - A
497. daño] danyo - Ms.
497. mira] miran - Ms.
498. nadie] nadi - Ms.
500. hazerlo] causarlo - A; hazello - B
500. no] non - A
500. vitoria] victoria - Ms.
501. no] non - A
501. esperar] desesperar - B
501. fe] fee - A
501. cabo] avn - B
502. galardón] gualardón - Ms.
502. no] non - A
502. afición] afección - A
503. conocimiento] conoscimiento - A
503. tengo yo] tengo - A
503. porque] por - Ms.
503. conocer] conoscer - A
503. no] non - A
503. mengua] menguara - B
504. e donde] donde - Ms.
504. ésta] esto - A
504. no] non - A
504. merece] meresce - A
505. galardón] gualardón - Ms.
505. no] non - A
505. Pues] E pues - A
505. agradecer] agredescer - A; esperança - B
505-507. y mi seruicio esta ley es guardada, no quiero de tu esperança desesperar]

ley es guardada, no quiero de tu esperança desesperar. E porque más de mi pena sentir que de pedir remedio [f. b⁸v.] sienpre supe, quedo suplicándote que verme quieras, porque mis sospiros de mis males testigos te sean.

510 *Buelue Arnalte al auctor.*

Pues como la carta assí se acabase, antes que el paje la recibiese, de todo lo que deuiesse hazer de mí fue muy avisado; en espeçial le dixe que mucho la sazón y el tienpo guardase; y si por caso
515 Luçenda recebir no la quisiesse, que en su poder, con su grado o syn él, la dexase; y como el mando mío y el obedesçer del paje conformes estuuiesen, más diligencia que descuydo en lo que le mandaua puso; y como ya a la casa de Luçenda ydo fuese, ofreçióle el tienpo el aparejo quél quería y yo desseaua. E quando la vido donde soledad sola compaña le hiziesse, suplicóle mi carta quisiesse rre-

---

y mi seruicio esta ley es guardada. Non quiero de tu esperança desesperar - A; nunca desesperare - B; y mi seruir esta ley es guardada. No quiero de tu esperança desesperar - Ms.
507. que de pedir] que de pedirte - B; que pidir - Ms.
507. remedio] mi rremedio - A
510. auctor] autor - A
511. assí se] se - A; así se - Ms.
511. acabase] acabasse - B
511. recibiese] rresciuiese - A; recibiesse - B
512. deuiesse] deuiese - Ms.
512. hazer] fazer - A
512. de mí fue] fue de mí - B
512. muy avisado] avisado - A
513. y el tienpo] y tiempo - B
513. guardase] mirase - A; guardasse - B
513. y si por] y por - A
513-514. caso Luçenda] caso sy Luçenda - A
514. recebir] rresceuir - A
514. no] non - A
514. quisiesse] quisiese - A
515. dexase] dexasse - B
515. mando] mandado - Ms.
515. obedesçer] obedeçer - Ms.
516. estuuiesen] estuuiessen - B
516. diligencia] deligencia - A
516-517. que le mandaua] que mandaua - B
517. fuese] fuesse - B
517. ofreçióle] offreçiósele - B
518. el] y - B
518. desseaua] deseaua - A
519. soledad] soledat - Ms.
519. conpaña] conpañía - B; conpanya - Ms.
519. hiziesse] fiziesse - A; hiziese - Ms.
519. quisiesse] quisiese - Ms.

520 çeuir, la qual, lo tal oyendo, no pudo tanto su enojo encubrir que
su mudada color no lo mostrase. E como el paje avisado fuesse,
lleuaua acuerdo de inportuno y no temeroso scr; y como ella de
suplicar aquexada se viese, pensan[f. c¹r.]do de su importunar li-
brarse, con enojo grande le dexó; pero quando el paje que se yba
525 viese, echándole la carta delante, con la diligencia acorrió, porque
la necessidad para que la [viese, forçó] la gana de recebir; de lo
qual defender no se pudo pero [la] acogida que la carta en su
poder falló fue tal, que hecha pedaços de sus manos salió. Y como
el paje [tales nueuas de su negociación me truxese], enmudeçí y
530 fue la pasión tan mucha, veyendo el esperança tan poca, que de sola
la muerte quisiera consuelo rreceuir; y como tan enemigo de mí y tan

520. no] non - A
520. pudo tanto su] pudo su - B
520. encubrir] tanto encobrir - B
521. no] non - A
521. lo] la - A
521. paje avisado] paje tan auisado - B
521. fuesse] fuese - Ms.
522. lleuaua] leuaua - B; leuo - Ms.
522. de inportuno] de mi importuno - B
522. no] non - A
522. ella de] del - B; ella de su - Ms.
523. pensando de] pensándose - A
523. importunar] importunidad - A
523-524. librarse] poderse librar - A
524. le] lo - B
525. viese] viesse - B
525. echándole] hechando - Ms.
525. delante] adelante - Ms.
525. con la diligencia] con diligencia - Ms.
525. porque] para que - A
526-528. la necessidad para que la viese, forçó la gana de recebir; de lo qual
defender no se pudo pero la acogida que la carta en su poder falló] por
necesidad la tomase forçándola de rresceuir del qual defenderse non pudo
y ella acogida desque la carta en su poder falló - A; la necessidad para que
la viese, forçó la gana de recebir; de lo qual defender no se pudo pero la
cogida que la carta en su poder falló - B; la necessidad para que la vuiese
forcando la gana a rrecebir/ de lo qual defender no se pudo pero el acogida
que la carta halló en su poder - Ms.
528. hecha] fecha - A
528-529. de sus manos salió. Y como el paje tales nueuas de su negociación me
truxese] salió de sus manos y como el paje tales nuenas me trixiese de su
diligencia - A; de sus manos salió. E como el paje de su negociación tales
nueuas me truxesse - B; della sallió/ y como el paje tales nueuas de su
negociación me truxese - Ms.
529. enmudeçí] enmudesçí - A
530. pasión] passión - B
530. veyendo] viendo - Ms.
530. el] la - A
531. quisiera] quería - Ms.

amigo de pena me viese, a mis tristes pensamientos me acorrí; y
como en ellos muchos días mis passatiempos exerçitasse, estando vna
mañana en mis males y en las gracias de Luçenda contenplando, el
535 paje mío que de mis cuydados descuydo no tenía, vino a mí diziéndome como [Lucenda] la noche syguiente a maytines salía; y acor-
dándome como aquélla noche de Nauidad fuese, a sus palabras di
crédito; y a la hora rropas de muger de vestirme ensayé, y mi espía
con ella poniendo [f. c¹v.] de yr al templo, llegada la hora, pensé;
540 y puesta ella en la parte dél más secreto, porque de nadi conocida
fuese, con ábito conforme al suyo, a ella me llegué; y como de mi
engaño syn sospecha estuuiese, con mi llegada no se alteró; y como
la soledad lugar me diese, començéle a dezir.

Arnalte a Luçenda.

545   Luçenda, sy yo tanto saber tuuiesse para de ti quexarme, como
tú poder para quexoso hazerme, no menos discreto que tú hermosa
yo sería; pero no a los desconçiertos de mis rrazones, mas a la fe

532. pena] penas - A
532. viese] viesse - B
532. pensamientos me acorrí] pensamientos me acogí - A; pensamientos acorrí - B
533. passatiempos] pensamientos - A; pasatiempos - Ms.
534. mañana] manyana - Ms.
535. descuydo] descuydado - B
535. no] non - A
535-536. diziéndome] diziendo - Ms.
536. Lucenda la] la - A; ella la - Ms.
536. salía] sallía - Ms.
537. noche de Nauidad fuese] era la noche de Nauidad - B; noche de Nauidat fuese - Ms.
538. rropas de muger de vestirme ensayé] de vestirme, ropas de muger ensayé - B
539. con ella poniendo] poniendo con ella - A; con ella obiendo - Ms.
539. templo] tienpo - B
539. llegada] llegando - Ms.
540. puesta ella en] como ella estaua en - B
540. dél] de - Ms.
540. porque] que - Ms.
540. nadi] nadie - B
540. conocida] conoscida - A
542. estuuiese] estuuiesse - B; estouiese - Ms.
542. no] non - A
543. diese] diesse - B
543. començéle a dezir] començé a dezirle ansí - A
545. sy yo tanto] si tanto - Ms.
545. tuuiesse] touiese - Ms.
546. no] non - A
546-547. hermosa yo sería] hermosa sería - A
547. no] non - A
547. mas a la] mas la - B
547. fe] fee - A

de mis lágrimas mira, las quales por testigos de mis males te do.
No sé qué ganancia de mi pérdida esperas; ni sé qué bien de mi
550 mal te pueda venir. Escriuíte haziéndote saber que soy mucho tuyo,
y con enojo grande pedaços mi carta heziste. Bastárate que con tu
grand hermosura otro tanto de la vida de su hazedor auías fecho.
Dexárasle su embaxada dezir y vieras en e[f. c²r.]lla quántas
passiones después que te vi he visto. ¡En tan mal propósito no
555 perseueres!, que dañas la condición tuya y destruyes la salud mía.
¿Qué escusa puedes poner que de mal acondicionada te desculpe?
Pues oyes las ansias con que mi lengua el rremedio te [pide], bien
sabes tú quánto la virtud y el desagradecimiento en la condición
diuersan, pues no puedes virtuosa dezirte sin agradecida llamarte
560 pues mis seruicios con ligera merçed satisfazerlos podrás, que en

548. mira, las] mira tú las - B
548. do] doy - B
549. No] non - A
549. ni] nin - A
550. pueda] podrá - B
550. Escriuíte] escrebíte - B
550. haziéndote] faziéndote - A
550. saber que soy mucho tuyo] sauidora que soy mucho tuyo - A; saber que so mucho tuyo - B; lo mucho que soy tuyo saber - Ms.
551. pedaços mi carta heziste] pedaços mi carta feziste - A; mi carta pedacos hiziste - Ms.
552. grand] gran - B
552. hermosura] fermosura - B
552. de] en - A
552. hazedor] fazedor - A
552. auías] avrás - A
552. fecho] hecho - Ms.
554. passiones] pasiones - A
554. vi he] vi me he - A
554. visto. ¡En] visto o en - A
554. no] non - A
555. dañas] danyas - Ms.
556. escusa] escusas - B
556. acondicionada] condicionada - B
556. desculpe] desculpen - B
557. Pues oyes] pues que oys - A
557. con que] con - Ms.
557. pide] piden - B, Ms.
558. sabes tú quánto] sabes quánto - Ms.
558. virtud] virtut - Ms.
558. desagradecimiento] desagradescimiento - A
558. en la] la - A
559. no] non - A
559. puedes virtuosa] puedes tu virtuosa - A
559. dezirte] dizirte - Ms.
559. agradecida] agradescida - A
560. satisfazerlos] satisfsazerlos - A
560-561. en sola tu habla] en sola tu fabla - B; en la sola habla tuya - Ms.

sola tu habla está mi consuelo; y no querría yo mayor bien q*ue*
poder co*n* tu voluntad mi señora llamarte, q*ue* en la vanagloria
de ser tuyo se embeuería el daño que de ty recibiesse. Espa*n*tado
me tienes cómo para merçed ta*n* pequeña rrazonamie*n*to ta*n* largo
565   consientes. Cata que ya mis sospiros te muestran como el manso
defender mío e el rrezio herir tuyo son hedefiçios más para derribar
que para enfortaleçer el viuir. Sy dizes que para ty es grand graueza
fablarme, tu honrra temiendo, no te engañes, que mayor desuirtud
te será matar[f. c²v.]me que remediarme te será fealdad. No q*ui*eras
570   nombre de matadora cobrar, ni quieras por precio tan poco seruicios
de fe tan gra*n*de perder. No sé para hazer a mí deudor y a ti
pagadora, q*ué* pueda dezirte; ni sé q*ué* diga en q*ue* acierte, porque
yo no para acertar, mas p*ar*a ser cierto nascí; y sie*n*pre de mí
dolerme más q*ue* de rremediarme supe. Y porque mi p*ar*escer y tu
575   hermosura medida no tiene*n*, no q*ui*ero en mucho alargar desme-

561. y no] ya non - A
561. querría yo mayor] querría mayor - A
562. voluntad mi señora] voluntad señora - A
563. embeuería] consumería - A
563. daño] danno - Ms.
563. recibiesse] rresciuiese - A; recebiesse - B
564. pequeña] pequenya - Ms.
564. largo] grande - Ms.
565. como] quanto - A
566. herir] conbatir - B
566. hedefiçios] edificios - B
567. enfortaleçer] enfortalescer - B
567. que para ty es] ques para ti - B
567. grand] gran - B
568. fablarme] hablarme - Ms.
568. tu honrra temiendo] teniendo tu honrra - A
568. no] non - A
568. engañes] enganyes - Ms.
568. desuirtud] invirtud - A; desvirtut - Ms.
569. te será] será - A; te sería - B
569. remediarme te será fealdad] fealdad remediarme - B; remediarme te será
     fealdat - Ms.
569. No] non - A
570. ni] nin - A
570. quieras] menos - Ms.
571. de fe tan grande perder] de fee tan grande perder - A; de fe tan grandes
     perder - B; de tan grand fe quyeras perder - Ms.
571. No] non - A
571. hazer] fazer - B
572. ni] nin - A
573. no] non - A
574. dolerme] doler - A
574. parescer] parecer - B; padecer - Ms.
575. hermosura] fermosura - B
575. no tienen] non tienen - A
575. no quiero] non quiero - A
575. en mucho] em mucho - B; mucho - Ms.

dirme, pero bástate q*ue* de vista vees, si el esperança has de alargar, quán corto será mi viuir.

Responde Lucenda a Arnalte.

Bien piensas tú, Arnalte, que la fuerça de mi bondad has co*n*
580 tus rrazones de enflaque*çe*r; lo qual sy asý piensas, engaño rrecibes, porq*ue* has de saber q*ue* no tengo yo en mis defendimientos menos confiança q*ue* tú en tus porfías esfuerço; de cuya causa que de tal dema*n*da te dexes te aco*n*seio, porque ya tú vees q*ue* es acuerdo desacordado lo co*n*trario hazer; y porq*ue* desto çierto seas, puedes
585 creer que no ay fuerça deste mu*n*do que de quicios la puerta de [f. c³r.] mi propósito saque, porque tú puedes bie*n* ver que ta*n* herradas labores del dechado de tu demanda sacaría. Y sy agora rresponderte quise, más fue porque mi desconfiança de todo beneficio te desespere; la qual con su condición alegrar suele, que no
590 por merçedes hazerte; porque ya tú sabes que el desconfiar co*n*suela y el entretener enlaza. E si en mis palabras el enojo que deuiera no

576. bástate] basta - A; bástete - B
577. quán] quánto - A
577. viuir] beuir - Ms.
578. Responde Lucenda a Arnalte] Respuesta de Luçenda a Arnalte - A; Responde Lucenda - Ms.
579. piensas] pensas - A
579. bondad] voluntad - A
580. asý piensas] assí lo piensas - B
580. engaño] enganno - Ms.
581. no] non - A
581-582. yo en mis defendimientos menos confiança que] yo menos confiança en mis defendimyentos que - Ms.
582. porfías esfuerço; de] porfías de - B; porfías esfuerco de - Ms.
582. causa que de] causa de - Ms.
583. aconseio] consejo - A
583-584. acuerdo desacordado] acuerdo de desacordado - B
584. hazer] fazer - A
585. no] non - A
585. fuerça] fuerças - B; fuerca - Ms.
585. de quicios la puerta] la fuerça - A
587. tu] su - A
587. sacaría] sacarría - Ms.
588. desconfiança] confiança - A
589. desespere] dessespere - Ms.
589. condición alegrar] condición más alegrar - B
589. no] non - A
590. merçedes] merced - Ms.
590. hazerte] fazerte - B
590. sabes] vees - B
591. deuiera] deuía - B
591. no] non - A

muestro es por a tu fe alguna paga hazer, la qual conozco negar
no te quiero, pues ¿qué más quieres que quiera que creer que me
quieres? Mas porque de tus trabajos mal galardón sacarás, que
595 será tan espaciosa mi esperança como presuroso tu pedir te declaro.
Y porque podrá ser que pensaras que pues son mis palabras blandas,
que mis obras ásperas no serán, te desengaño y digo que sy del
rrebés tus desseos no buelbes, y que sy la orden que ellos te dan no
desordenas, que yo tus quexas porné en boca de quien aquexar tu
600 persona sepa, de cuya causa es mi voto que debes deste rruydo presto
salirte, porque ya tú vees [f. c³v.] quánto es mejor temprano con
pena guarescer que tarde con muerte salir. Y digo esto, porque más
peligro que rremedio en él ay; por esso, de aconsejado te prescia,
que de rremediado tarde podrás; y porque no digas que con las
605 palabras te engañé y con las obras te vendí, te auiso diziéndote que

592. por a] para - Ms.
592. fe] fee - A
592. hazer] fazer - B
592. conozco] conosco - A; que conozco - Ms.
592. negar] que negar - A
593. no] non - A
593. más quieres] más paga quieres - A
593. quiera que creer] quiera creer - A
594. galardón] gualardón - Ms.
595. mi] el - B
595. presuroso] pressuroso - B
595. tu pedir] el pedir - B; tu pidir - Ms.
596. podrá] podría - B
597. no] non - A
597. serán] sean - Ms.
597. desengaño] desenganno - Ms.
597. y digo] y te digo - A
598. desseos] deseos - A
598. no buelbes] non buelbes - A
598. y que sy] y sy - A
598. ellos] a ellos - Ms.
598. dan no] dan non - A
599. desordenadas] desordeanas - A
600. rruydo] rroydo - Ms.
601. salirte] salir - B; sallirte - Ms.
601. quánto] qué - B
601. mejor] mijor - A
601. temprano] temprana - A
601-602. con pena guarescer] guarecer - B
602. salir] sallir - Ms.
602. esto] eso - A
603-604. prescia, que de rremediado tarde podrás; y] precia y - B
604. no] non - A
604-605. que con las palabras] que con que con palabras - Ms.
605. te engañé y con las obras te vendí] te vendí - B; te enganyé y con las obras
te vendí - Ms.
605-606. auiso diziéndote que será tu daño] aviso que será te digo tu danyo - Ms.

67

IVY A. CORFIS

será tu daño mucho y mi sufrimiento poco así que de oy más en
sosiego tus deseos y en paz tu biuir debes poner; lo qual así creo
que hazer querrás, porque segund tus lágrimas tu afición señalan,
más darme plazer que enojarme te plazerá; pues sy ál hazes, la fe
610   que por cierta publicas, por infintuosa terné; y a ty falta y a mí
pesar causarás. E porque tus rrazones tan discreto como tus sospiros
enamorado te hazen, no quiero más el camino que debes tomar para
darme plazer dezirte.

Arnalte al auctor.

615   Pues como en el rresponder de Luçenda tan conçertado mi padescer e tan desconçertado mi rremedio hallase, quanto menguó la
esperança tanto creció mi cuydado; y como la gra[f. cᵗr.]cia de su
hablar con tal saber esmaltada viese, ninguna parte de mí comigo
quedó; y como mi memoria atenta estobiese, por ver sy en alguna
620   rrazón algún bien descobría, todo quanto me dixo noté. Y como

606. así] assí - B
606-607. en sosiego tus deseos] en sossiego tus desseos - B; tus desseos en so-
        siego - Ms.
607. paz] paç - Ms.
607. biuir] veuir - A
608. hazer] fazer - B
608. porque] pues que - B
608. segund] según - B; segunt - Ms.
608. señalan] senyalan - Ms.
609. enojarme] enojo - B
609. ál] otra cosa - Ms.
609. fe] fee - A
610. infintuosa] dudosa - B; infintosa - Ms.
610. terné] la terné - A
611. causarás] causas - B; acusarás - Ms.
612. hazen] fazen - A
612. no] non - A
612. más el] más que el - B
612. camino] ánimo - Ms.
612. tomar] tener - B
613. dezirte] dizirte - Ms.
614. Arnalte al auctor] Arnalte al autor - A; Buelue Arnalte al auctor - B
615. como en el] como el - B
615-616. padescer] padecer - B
616. hallase, quanto] falla de quanto - B
617. tanto creció] tanto cresció - A; tanto más creció - B; creció - Ms.
617. como la] como a la - B
618. comigo] conmigo - Ms.
619. como mi] como a mi - Ms.
620. rrazón] sazón - B
620. algún] algund - A
620. bien descobría] bien descubriría - A; bien se descobría - B

68

con amenazas el cabo de su habla acabasse, mi galardón dexando
atrás y mi peligro poniendo delante —que la cosa de mí menos
temida hera el morir— quise que supiesse. Y porque dello sabidora
fuese, la canción siguiente hize; la qual vna noche, donde desde su
625 cámara oýrla pudiese, hize cantar.

Sýguese la canción.

Sy mi mal no ha de morir,
y mi daño ha de creçer,
no sé qué pueda perder
630 que pierda más que en viuir.

Pues si mi dicha es perdida,
y mi dolor es tan fuerte,
¿para qué es temer la muerte
pues en ella está la vida?

[f. c⁴v.]

635 Sy me tiene de seguir,
vuestro oluido y mi querer,
no sé qué pueda perder,
que pierda más que el viuir.

621. con] las - B
621. el] al - B
621. habla acabasse] habla ella acabase - A; habla clauasse - Ms.
621. galardón] gualardón - Ms.
622. atrás] detrás - A
622. y mi] mi - Ms.
623. temida] themida - Ms.
623. hera el morir] era morir - B
623. supiesse] supiese - Ms.
624. siguiente] seguiente - A
624. hize] fize - B
624. noche, donde] noche de donde - B
624-625. desde su cámara] desde su cama - A; de su cámara - B
625. oýrla pudiese] oýrse podía - B
626-627. Sýguese la canción./ Sy] Sy - B; Canción./ Sy - Ms.
627. no] non - A
628. daño] danno - Ms.
628. creçer] creer - B
629. no] non - A
630. en] el - A
632. dolor] pasión - Ms.
633. temer] themer - Ms.
634. pues en] pues que en - A
635. tiene] tienen - Ms.
636. vuestro] vro - A
637. no] non - A
638. el] en - B

Pues como la canción se cantase, las bozes della su dormir de
640 Luçenda rrecordar pudieron; pero los gritos de mis angustias nunca
su galardón [vieron]; y como ya de sus mercedes asý despedido me
viese, quanto más mi dolor se enfortalecía, tanto más mi persona
aflacaua; y como el esperança tan çiega fuese, hera fuerça que los
ojos deseándola çegasen, de manera que en grand manera desfi-
645 gurado me yba; y como viese que yo mismo de mi mal hera causa,
estando en aquellos solos lugares donde sienpre para mis fatigas
abrigo hallé, contra mí desta manera a dezir començé.

Arnalte contra sý mismo.

¡O morada de desdichas, o hedeficio de trabajos! ¿Qué es de
650 tí? ¿Adónde estás? ¿Qué esperas, pues claramente las señales presentes la perdición [f. c⁵r.] por venir te manifiestan y guarescer del
mal que tienes no podrás? ¿Por qué tus ojos las escalas de tu fe
en tan alto muro pusieron, que antes tu caymiento que tu sobida

639. Pues] Buelue Arnalte al auctor. Pues - Ms.
639. cantase] acabase - B
640. mis] sus - B
641. galardón] gualardón - Ms.
641. vieron; y] despertaron y - B; y - Ms.
641. ya de sus mercedes] ya su merçed - A
641. asý despedido] despedido - B
642. viese] viesse - B
642. enfortalecía] enfortalescía - A; enfortalecié - Ms.
643. aflacaua] aflaquaua - Ms.
643. el] la - A
643. fuese] viese - A; fuesse - B
644. deseándola] desseándola - B
644. çegasen] cegassen - B; çeguasen - Ms.
644. grand] gran - B
644-645. desfigurado] disfigurando - B
645. yba] beýa - Ms.
645. viese] viesse - B
645. que yo mismo de mi mal hera causa] que de mi mal yo mesmo era la causa - Ms.
647. hallé] fallé - A
647. dezir] dezirte - Ms.
648. Arnalte contra sý mismo] Arnalte contra sý - A; Arnalte quexándose así de sí mesmo - Ms.
649. hedeficio] hedeficios - A; edificio - B
649. de trabajos] d trabajos - A
651. venir te manifiestan] venir manifiestan - Ms.
651. y guarescer] y guarnescer - A; guarecer - B
652. no] non - A
652. fe] fee - A
653. pusieron] posieron - A
653. antes] ante - B
653. caymiento] caýda - B
653. sobida] subida - Ms.

dél esperas? El que más mal terná tú serás, y el que menos bien
655 espera tú eres. ¡O catiuo de ty, que cansado de veuir y nunca de
desear estás! ¡O qué gran desdicha en [nascido ser] fue la tuya!
Veo que poco a poco te apocas, y veo que tu deseo al cabo te ha de
acabar; para desear la muerte gran razón ay, pero sy por la salud
del coraçón la desseas, por la pérdida del alma la rrehusas. No sé
660 qué escojas, ni sé qué quieras, ni sé qué pidas. ¡O alma triste, fiel
compañera mía! ¿Para qué morada tan entristeçida escogiste? ¡O
ojos, del coraçón enemigos que él [os] meresció! ¿Por qué la pena
de vuestra culpa aya de [sufrir]? ¡O catibo! ¿Quién te engañó?
¿[Por] qué a la esperança de las enamoradas leyes te sometiste?
665 ¿Tú no sabías que allý sus merçedes son más vanas donde más los

654. bien] beien - A
655. veuir] biuir - B
656. desear] dessear - Ms.
656. gran] grande - A
656. nascido ser] nacer - B; ser nacido - Ms.
657. que poco] que assí poco - B
657. deseo] desseo - B
657. cabo te ha] cabo ha - Ms.
657-658. de acabar] acabar - A; de acabarte - Ms.
658. desear] dessear - B
658. gran] grand - A
658. por] para - B
658. salud] salut - Ms.
659. coraçón] coracón - Ms.
659. desseas] deseas - A
659. No] non - A
660. escojas] escoja - B
660. quieras] diga - B
660. ni sé qué pidas] nin sé qué pidas - A; ni sé qué pida - B
661. conpañera] conpanera - A; conpanya - Ms.
661. entristeçida] entrestecida - Ms.
661. escogiste] te escogiste - A
662. ojos] ojo - B
662. enemigos] enemigo - B
662-664. que él os meresció! ¿Por qué la pena de vuestra culpa aya de sufrir?
      ¡O catibo! ¿Quién te engañó? ¿Por qué a] que él vos meresció por qué la
      pena de vuestra culpa aya de sufrir o catibo quién te engañó por qué a - A;
      que te merezco que a - B; que él os meresció por qué la pena de vuestra
      culpa aya de recebir o catiuo quyén te engañyó para qué a - Ms.
664. esperança] esperanca - Ms.
664. enamoradas] ennamoradas - Ms.
664. leyes] leys - A
664. sometiste] sometes - A
665. Tú no] tú non - A; no - Ms.
665. sus] las - A
665. vanas] llanas - B
665. donde más los] donde los - A

71

seruicios son maciços? Bien sabías tú que en la orden de bien amar,
si la vida no cahe, que están los tormentos siempre [f. c⁵v.] en pie.
Tú, pues tu poco poder conoscías, ¿para qué al suyo grande obedescer quesiste? Podrásme dezir que tan poco al principio desobe-
670   decerlo podiste como agora oluidallo puedes; ya yo veo que en esta
rrespuesta está todo el daño. ¡O desdichado de ty, que quanto es
menor tu poder, tanto tu plaga es mayor! Agora que con tus
fechos enrriqueçer tu memoria pensauas, agora para [hazello] menos
lugar ternás, y de no poderlo hazer, más vergüença recibirás. La
675   honrra ofendida e la vida en peligro agora tienes. Pues segund este
galardón, más de sus obras debes dolerte, que de sus merçedes
alabarte, pues sy la muerte no te socorre, ya sabes que otro rremedio
rremediar no te puede. E pues asý es, a los trajes de tus guerras tu
sufrimiento llama; y en él los golpes que esperas rrescibe, que segund

666.   maciços] maçisos - A; m?eidos - Ms. (correction made in Ms., but not deci-
pherable)
666.   que en la] que la - B
666.   de] del - B
666-667.   amar, si] amar que si - B
667.   no] non - A
668.   conoscías] conocías - B
668.   al] el - A
668-669.   obedescer] obedecer - B
669.   al] el - A
669.   principio] princio - B
669-670.   desobedecerlo] desobedescerle - A; desobecello - B
670.   podiste] pudiste - B
670.   oluidallo] oluidarlo - A
670-671.   esta rrespuesta] esa rrespuesta - A; esta razón - B
671.   daño] danyo - Ms.
672.   plaga] plática - B
673.   fechos] hechos - Ms.
673.   enrriqueçer] enrequestar - Ms.
673.   agora para] agora pues para - Ms.
673.   hazello] ello - A; fazelle - B
674.   no] non - A
674.   poderlo] podello - B
674.   hazer] fazer - A
674.   más] mayor - B
674.   recibirás] rrescibirás - A; recebirás - Ms.
675.   segund] según - B; segunt - Ms.
676.   galardón] gualardón - Ms.
676.   más de] de - B
676.   obras debes] obras más deues - B
677-678.   pues sy la muerte no te socorre, ya sabes que otro rremedio rremediar no
te puede. E] pues sy la muerte non te socorre ya sabes que otro rremedio
rremediar non te puede. E - A; Y - B
678.   pues asý] pues que assí - B
678.   a los trajes] de los trajes - A; a los gajes - B
678-679.   tu sufrimiento] el sofrimiento - B
679.   rrescibe] recibe - B
679.   segund] según - B; segunt - Ms.

680 los por venir te serán, los presentes liuianos te son. E [sy] el sofrimiento de padecer se cansare, llama el seso; y sy él no te valiere,
a la rrazón rrequiere. E sy todos te dexaren, tu soledad llora. E hal
morir [f. c⁶r.] las puertas abiertas ten; que quando no pensares, en
él rremedio que el seso y la rrazón te negaron hallarás.

685 *Buelue Arnalte al autor.*

Otras cosas muchas comigo mesmo fablé, las quales, por enojoso
no ser, en el callar dexo. Y después que ya de mí despedido fuy,
con mis pensamientos el nauío de mis passiones a rremar comencé;
pero como la tormenta de las ansias grande fuese, nunca puerto de
690 descanso fallé; y como con el graue cuydado los deuidos passatienpos
oluidasse, muy poco el palacio seguía ni al rrey de ver curaua; y como
él a mis amigos muchas vezes por mí preguntasse, de yr vna noche a
palacio acordé. Y como el rrey me viese, después de mi vida preguntarme, que quisiese justar me mandó, porque él y muchos caualleros
695 de su corte justar entendían. Y avnque mis exerçiçios, más para

680. te serán, los] los - A; ásperos te serán, los - B
680. E sy el] E el - B, Ms.
680-681. sofrimiento] sufrimiento - A
681. padecer] padescer - A
681. se cansare] se causare - A; cansara - B
681. no] non - A
682. soledad] soledat - Ms.
683. no] non - A
684. él rremedio] él el remedio - B
684. negaron] negaren - B
684. hallarás] llamarás - A
685. autor] auctor - Ms.
686. comigo mesmo] amigo - B
686. fablé] hablé - Ms.
687. no] non - A
687. fuy] fue - B
688. con mis] mis - B
688. passiones] pasiones - B
689. fuese] fuesse - B
689. nunca puerto] nunca a puerto - Ms.
690. fallé] hallé - B; pude ssallir - Ms.
690. con] en - A
690. passatienpos] pesamientos - A
691. oluidasse] oluidase - A
691. ni] nin - A
692. preguntasse] preguntase - A
692. noche a] noche al - B
693. viese] viesse - B
694. quisiese] quisiesse - B
695. corte justar] corte en justar - B
695-696. más para soledad] más dispuestos para soledad - A; más para la soledad - Ms.

soledad que para fiestas dispuestos estouiesen, por su mandado
conplir, mi volun[f. c⁶v.]tad esforçé, diziéndole que pues él lo
mandaua, que yo lo quería. Pues el cómo y el quándo de la justa
ordenada fuese, y el día aplazado que los ensayos con obra esecutarse
700   tenían fuese venido, al rrey supliqué, que así al justar del día como
al momear de la noche, a todas las damas de la cibdad fiziese venir;
lo qual el rrey con mucho plazer açeptó. Pues como yo supiese que
Lucenda a la fiesta venir tenía, grandes alteraciones al triste coraçón mío sobreuinieron, y las graues ansyas mías con grandes sobre-
705   saltos fueron mezcladas; y en aquel estante no menos alegre que
penado me hallé. Pues ya la tela puesta, començando los justadores
a salir, entre ellos lo menos mal inuencionado que pude salý; y
llegando ya donde la reyna estaua, aperçiuiendo el caballo para me-

696.   dispuestos] aparajados - A
696.   estouiesen] estuuiessen - B
696.   mandado] mando - Ms.
697.   conplir] cunplir - A
697.   voluntad] voluntat - Ms.
697.   esforçé] forcé - B
697.   diziéndole] deziéndole - A
697.   él] su alteza - A
698.   y el quándo] y quándo - B
698-699.   justa ordenada fuese, y el] justa que ordenada fuesse supiesse e ya el - B;
           justa ordenado fuesse y el - Ms.
699.   aplazado que] aplazado en que - A
699.   obra] obras - A
699.   esecutarse] essecutarse - B; secutarse - Ms.
700.   fuese] fuesse - B
700.   así] ansí - B
701.   momear] momar - Ms.
701.   noche, a todas] noche todas - B
701.   cibdad] ciudat - Ms.
701.   fiziese] ficiese - A; hiziesse - B
702.   açeptó] acceptó - Ms.
702.   Pues] E - A
702.   supiese] supiesse - B
703.   alteraciones] tribulaciones - B
703-704.   coraçón] coracón - Ms.
704.   sobreuinieron] sobrevenieron - A
704.   graues] grandes - A
705.   mezcladas] mescladas - Ms.
705.   estante] instante - B
705.   no] non - A
706.   penado] pesado - B
706.   hallé. Pues] hallé y pues - A
706.   començando] començados - B; comencando - Ms.
707.   salir] saliar - A; sallir - Ms.
707.   ellos lo] ellos salí lo - B
707.   inuencionado] ynuincionado - A
707-708.   salý; y llegando] y llegando - B; yo sallí y llegado - Ms.
708-709.   mejor] mijor - A

jor la mesura fazer, por la vysta de mi yelmo la luz del rrostro
710 de Luçenda entró; y como en el cadahalso de la rreyna la vyese,
avnque el coraçón para el auto presente se esforçasse, temiendo lo
por venir, su plazer enflaqueçió. Hera la cime[f. c⁷r.]ra mía vn peso:
la vna valança verde y la otra negra; la verde muy alta y la negra
muy baxa. Dezía la letra:

715   En lo poco que esperança
                       pesa, se puede juzgar
                       quánto pesa mi pesar.

Pues como ya la noche la priessa de los justadores en sosiego pusiesse, cada vno por su parte se va a desarmar, y la rreyna con las
720 damas se fue a su posada. E como la hora del momear llegada fuese,
salidos los momos a la sala, cada vno con la dama que seruía
començó a dançar. Allý de mi dicha me quexé, y de mi soledad más
me dolý en verme de sus rriquezas tan pobre; pero más con temor
de su no que con esperança de su sý, no con menos dolor que
725 acatamiento a aquella señora llegué, y con desigualados sospiros y

709. fazer] hazer - Ms.
709. por] vi por - B
709. la luz del rrostro] el rostro - B; la luç del rostro - Ms.
710. Luçenda entró; y] Lucenda y - B
710. vyese] viesse - B
711. coraçón] coracón - A
711. auto presente] presente auto - B; llaucto presente - Ms.
711. se esforçasse] se esforçe - A; esforçasse - B; se esforcasse - Ms.
712. enflaqueçió. Hera] enflaquecido tenía y era - B; enflaquesció era - Ms.
712. cimera mía vn] cimera vn - B
713. y la otra] y otra - B
714. baxa. Dezía la letra] baxa y dezía la letra asý - A
715. que esperança] quesperanca - Ms.
718. como ya la] como la - B
718. priessa] priesa - A; prissa - Ms.
718-719. pusiesse] pusiese - A; posiesse - B
719. desarmar] descansar - A
719. la rreyna] el rey - B
720. momear] momar - Ms.
720. fuese] fuesse - B
721. salidos] y salidos - A; saliendo - B; ssallidos - Ms.
721. vno] vna - A
722. començó] comiença - B
722. dançar. Allý] dançar y allí - B
722. dicha] desdicha - B
722. me] más me - Ms.
722. soledad] soledat - Ms.
723. de sus rriquezas] de riquezas - B
723. temor] themor - Ms.
725. aquella señora llegué] ella llegué - A; aquella señora mía me llegué - B
725. desigualados] dessigualados - Ms.

con turbación conoscida, que quisiesse comigo dançar le supliqué;
la qual después de mucho rrehusallo, más por no errar a la cortesía
que por mi suplicación enrriqueçer, le plugo. ¡O, quién lo que sentí
dezir pudiese, quando mi ma[f. c⁷v.]no para el dançar la suya
730 tomasse! ¿Quién duda que más de doblar mi dolor que de dar
por orden los dobles ni senzillos no supiese, quando tan cerca mi
bien e tan lexos mi rremedio viese? Pero con el pinzel de la vitoria
en que estaua matizava la pena por venir, [saqué] vnas matas de
alegría en el manto bordadas [donde] dezía la letra así:

735   Este triste más que hombre,
                    que muere porque no muere,
                    biuirá quando biuiere
                    syn su nonbre.

Quando los momos ya se acabaron, dónde Lucenda estaua asentada
740 miré; y mostróme el lugar aparejo para en su poder vna carta poner,
porque más para ello que para hablalla estaua dispuesto; y entretanto

726. conoscida] conocida - B
726. quisiesse] quisiese - A
726. comigo] conmigo - Ms.
727. no] non - A
728. enrriqueçer] enrequescer - Ms.
728. plugo] plogo - A
729. pudiese] podiese - A
729. para el] pare el - A
729. dançar la] dançar a la - B
730. tomasse] tomase - A
730. duda] dubda - A
730. más de doblar] más doblar - B
730. que de dar] que - B
731. ni] nin - A
731. senzillos] sençillos - Ms.
731. no] non - A
731. supiese] pudiese - A; supiessen - B
731. quando] qndo - A
732. viese] tuuiesse - B
732. vitoria] victoria - B
733. en] con - A
733. saqué vnas matas] y ansí que vnas matas - A; y saqué vnas marcas - B
734. bordadas donde dezía la letra así] bordadas saqué dezía la letra así - A; bordadas y la letra dezía en esta manera - B; bordadas donde dizía la letra así - Ms.
736. no] non - A
737. biuirá] beuirá - Ms.
737. quando] quanto - B
739. se acabaron, dónde] acabados fuesen dónde - A
739-740. estaua asentada miré] estaua miré - A
740. mostróme el] mostréme en - A
740. aparejo] aparejado - A; y aparejo - B
741. hablalla] fablarla - A; hablar - B
741. estaua dispuesto] dispuesto estaua - A

que las mesas para el çenar se ponían, en vna cámara apartado, con
la mano las letras e con el alma los sospiros en el papel puse; y
avnque Lucenda çerca de la rreyna estuuiese, e tuuiese de aquella
745 causa mal aparejo para hablalla, [f. c⁸r.] lleguéme a ella y la carta
que hecha traýa en vn volso suyo puse; lo qual no pudo encobrir
que no syntiese, pero dissimulando el sentimiento, por el alteración
que sintió no mostrar, callar le conuino. Las rrazones de la carta
[eran] éstas.

750 *Carta de Arnalte a Luçenda.*

Lucenda, sy tanto saber para valerme como tú valer para destruirme tuuiese, más de alegre que de triste me preciaría. Pero el
poder y el saber, en seyendo tuyos, de ser míos dexaron, y porque
con quien remediarme no hallase, en gran soledad me pusieron.
755 Tantas cosas te he dicho y escripto, que no sé qué dezirte pueda.
Pero sy más tu esperança detienes, faltarán rrazones para que te

742. apartado] apartada - A
743. y] ya - Ms.
744. çerca de la] çerca la - A
744. estuuiese] estouiesse - B
744-745. e tuuiese de aquella causa mal aparejo para hablalla] y también de aquella
        causa para hablalla mal aparejo ouiesse - B
745. lleguéme] alleguéme - B
746. hecha] fecha - A
746. volso] bolson - B
746. suyo puse] suyo la puse - B
746. lo] la - A
746. no pudo] non pudo - A; no se pudo - B
746. encobrir] encubrir - A
747. no syntiese] non syntiese - A; no lo sintiesse - B
747. pero dissimulando] pero disimulando - A; dissimulando - B
748. no] non - A
748. conuino. Las] conuino y las - A
749. eran éstas] dizen asý - A; son éstas - B
751. Lucenda] O Lucenda - A
751. sy tanto] si yo tanto - B
751-752. como tú valer para destruirme tuuiese] como tú valer para destruirme
        touiese - A; como para escreuirte tuuiesse - B
752. preciaría] presciara - A
752. Pero el] pero como el - B
753. saber, en seyendo] saber seyendo - A; saber en siendo - Ms.
753. tuyos] tuyo - Ms.
754. quien remediarme no hallase] quien non rremediarme hallase - A; quien reme-
        diarme no hallasse - B
754. en gran] gran - B; en grand - Ms.
754-755. pusieron. Tantas] pusieron o Lucenda ya tantas - A
755. escripto] escrito - A
755. no] non - A
756. esperança] esperanca - Ms.
756. faltarán rrazones] faltaran mis rrazones - A

diga, pero no mal para que me quexe; el qual quexar más en los
lloros que en la lengua lo verás, que quando las ansias son graues,
las lágrimas declaran e las rrazones enmudescen. ¿Pues quién como
760   yo esto hazer podrá, que quan[f. c⁸v.]to más mi fe se aviua, tanto más
tu galardón se adormeçe? Sy esto que te suplico, porque temes con
la paz de mi vida dar a tu honrra guerra, de hazer dexas, no lo hagas,
que no quiero, pues no quieres, que me hables; pero que sólo me
mires, y con sólo este bien el mal que me has hecho te perdono.
765   No quieras, por vn solo Dios, tan enemiga serme, que sy tú has
gana de matarme, yo he poca de viuir, y con pequeña fuerça podremos tú y yo de mí acabar. Cata que si por tu causa mi vida se
pierde, que tarde la infamia de tu mala fama perderse podrá. Y tan
mala memoria dexarás, que en ella para syempre tu crueldad y mi
770   muerte estarán estoriadas. Pues sy tú por rrazón seguirte quieres,
[en] ella quánto es mal dar pena do no ay culpa te dirá. Sy tú
piensas que la ay, porque te siruo y tú de mis seruicios seruida no

757-758. pero no mal para que me quexe; el qual quexar más en los lloros que en
         la lengua lo verás, que quando] pero non mal para que me quexe el qual
         quexar más en los lloros que en la lengua lo verás. Que quando - A; pero
         el mal de que me quexo, más en los lloros que en la lengua lo verás. que
         quando - B; pero no mal para que te quexe el qual quexar más en los
         lloros que en la lengua lo verás quando - Ms.
758.   graues] grandes - A
759.   enmudescen] enmudecen - B
760.   podrá] podría - A
760.   que quanto] quanto - B
760.   fe] fee - A
761.   tu galardón] mi galardón - B; tu gualardón - Ms.
761.   adormeçe] adormezce - B; adormesce - Ms.
761.   Sy] y - B
761.   con] en - B
762.   paz] paç - Ms.
762.   dexas] dexar - B
762.   no lo] non lo - A
762.   hagas] fagas - A
763.   no quiero] non quiero - A
763.   no quieres] non quieres - A
764-765. perdono. No] perdono non - A; perdono y no - B
766.   he poca] poco he - A
766.   y] que - A
766.   pequeña] pequenya - Ms.
768.   pierde] pudiese - A
768.   que tarde la] quitar de la - A
768.   fama] fortuna - B
769-770. ella para syempre tu crueldad y mi muerte] ella tu crueldad para siempre
         y mi muerte - B; ella para siempre tu crueldat y mi muerte - Ms.
770.   seguirte] regirte - Ms.
771.   en ella quánto es mal] mal es - B; ella quánto es - Ms.
771.   dar] es dar - B
771.   no] non - A
771.   culpa te dirá. Sy] culpa que si - B
772.   no] non - A

heres, claro está que, por desculparte con ella, ynuentas la culpa, por la qual más merçedes que pena merezco. Y pues, segund mani-
775 fiestas, crees que te quiero, lee lo que te escribo; y leyéndo[f. d¹r.]lo de lo que syento te acuerda. Y sy delante ty mis trabajos rrepresentas, yo sé bien que más de arrepentida que de contenta te arreas. Yo me espanto porque más enojada que seruida ser quieres. Haz ferias de los enojos recebidos con los seruicios que rresceuir podrás, y
780 verás como de la ganancia ternás causa de alabarte. Que ésta sea la final enbaxada entre ty y mí te suplico, porque quiten las vistas de trabajo a los papeles; lo qual sy de hazer dexas, grande arrepen-timiento de mi vida muerte se te podrá causar.

Arnalte al auctor.

785　　Pues como yo la rrecontada carta en poder de Luçenda pusiesse, desseando saber cómo la trataua, della jamás los ojos partía. E como allý mudança ninguna hazer le viese, algo descansaua; pero la sos-pecha que [dello] tenía al descanso avido no daua rreposo. A quien

774.　pena] penas - B
774.　merezco] meresco - A
774.　segund] según - B; segunt - Ms.
774-775.　manifiestas] manafiestas - A; manifistas - Ms.
775.　lee] ley - A
775.　leyéndolo] lyéndolo - A, Ms.; leyendo - B
776.　de lo] lo - B
776.　rrepresentas] presentas - B
777.　sé bien que más] sé más que - B
777.　arreas] arrearás - A
778.　seruida ser quieres] seruida quieres ser - B
778.　Haz] haç - Ms.
778.　ferias] herias - B
779.　recebidos] rresceuidos - A
779.　rresceuir] recebir - B
781.　enbaxada entre] enbaxada de entre - A
782.　trabajo] trabajos - B
782.　a los] los - B
782.　sy de hazer] sy de fazer - A; si hazer - Ms.
782.　dexas, grande] dexas grand - A; dexas de grande - B
783.　vida] venida - Ms.
783.　muerte se te podrá] E muerte se te podrá - A; muerte se podrá - B
784.　Arnalte al auctor] Arnalte al autor - A; Buelue Arnalte al auctor - B
785.　la rrecontada] la ya contada - B
785.　pusiesse] pusiese - A
786.　desseando] deseando - A
786.　partía] partí - A
787.　mudança] mudanca - Ms.
787.　ninguna] alguna - B
787.　hazer le] hazer no le - B
787.　viese] viesse - B
788.　que dello tenía] que tenía - B; de lo que temía - Ms.
788.　no] non - A

a la sazón me hablaua, más con desconçertada rronquedad que con
790 atenta rrazón [f. d¹v.] le rrespondía; quien allý la mano en los
pechos quisiera ponerme, los enamorados sobresaltos del coraçón
conosciera. Pues como la hora del dormir la fiesta presente en tregua
puso, cada vno a su posada a rreposar se rreparte; y como yo más
para trabajo que para rreposo aperçeuido estouiese, quando Luçenda
795 de la rreyna fue despedida, con dissimuladas ropas, por ver la
sentencia de mi carta tras ella guié, y no solamente fasta su posada
la aconpañé, mas fasta su cámara la seguí. Pero en todo este tienpo
ningún papel en la mano tomó, y asý syn más çertenidad aquella
noche estube. Pero como la pena de amor nunca se apaga, el cuydado
800 de la noche más viuo a la mañana le hallé. E dél seyendo apremiado,
al paje mío que a su casa de Luçenda fuese le mandé, diziéndole
que asý en toda la casa como en las partes donde los rreposteros
acostunbran echar aquello que las casas limpias dexan mirase, porque
podría ser que quando aquéllos limpiasen la casa, los pedaços de la

790. rrespondía] respnodía - B
790. quien] o quien - B
791. quisiera ponerme] me pusiera - B
791. enamorados] ennamorados - Ms.
791. coraçón] coracón - Ms.
792. conosciera] conociera - B
792. tregua] treguas - A
793. posada] possada - Ms.
794. estouiese] estouiesse - B; estuuiese - Ms.
795. fue despedida] se despedía - Ms.
795. dissimuladas ropas] disymuladas rrazones - A
796. no] non - A
796. fasta] hasta - Ms.
797. aconpañé] aconpanyé - Ms.
797. fasta] fastas - A; hasta - Ms.
798. ningún] ningund - A
798. la] su - B
798. tomó] vi - B
798. asý] assí - B
798. çertenidad] certinidad - B
799. Pero] pues - B
799. amor] amar - Ms.
799. apaga] aparta - A
800. noche más viuo a] noche a - B
800. mañana] manyana - Ms.
800. le hallé] le fallé - A; no lo hallé - B
800. seyendo] siendo - Ms.
800. apremiado] apretado - B
801. casa] posa - B
801. diziéndole] deziéndole - A; diziendo - Ms.
802. asý] assí - B
802. donde] do - B
803. dexan] dexa - B
803. mirase] mirasse - B
804. limpiasen] limpiassen - B
804. casa, los] casa de los - Ms.

805   carta por el suelo [f. d²r.] leuassen. Y el paje, que todo muy bien
lo miró, en ninguna parte partes della pudo hallar; pero no pudo
aquello tanto alegrarme que quitasse de entristeçerme; y quanto yo
más andaua, tanto más el rremedio quedaua atrás. Y no podía tanto
mi mal encobrir, que en los humos de mis sospiros las brasas de
810 mis entrañas no los descubriessen. E como el daño cresciese y la
fuerça menguasse, mucho mi mal descubría, y mucho de la muerte
estaua quexoso, porque tan mortales enemigos como en la vida tenía,
en sí no hospedaba; y como ya, de vergüença de mostrarme, por
encobrirme trabajaua, pocas vezes de mi posada salía; y como vna
815 hermana mía, que [Belisa se llamaua], estraño amor me touiesse,
de mi dolor mucho se doliendo, para mí vn día se vino, después de
otros muchos la causa de mi mal me aver preguntado, declarándome
en sus lágrimas lo que por la fuerça dellas en la rrazón encobría. E
como el estrecho amor muy conformes nuestras voluntades touiesse,

805. leuassen] leuasen - A
806. della pudo] della no pudo - Ms.
806. no] non - A
807. tanto] tan poco - B
807. quitasse] quitase - A
807. entristeçerme] entresitezcerme - B; entrestecerme - Ms.
808. tanto más el] tanto el - A; tantas más el - Ms.
808. quedaua] se quedaua - B
808. no] non - A
809. encobrir] encubrir - A
809. que en los] que los - B
810. entrañas] entranyas - Ms.
810. no] non - A
810. los] lo - A
810. descubriessen] descubriesen - A; descubrissen - Ms.
810. daño] danyo - Ms.
810. cresciese] creciesse - B
811. menguasse] menguase - A
811. mal descubría] mal se descobría - Ms.
811. mucho de] mucho más de - B
812. estaua quexoso] estaua muy quexoso - B
813. no] non - A
813. de mostrarme] mostrarme - A
814. pocas] muy pocas - B
814. posada] possada - Ms.
814. salía] sallía - Ms.
815. mía, que Belisa se llamaua, estraño amor me] mía que se llamaua Belisa estraño
amor me - B; mía estraño amor me - Ms.
815. touiesse] touiese - A
817-818. mal me aver preguntado, declarándome en] mal aver preguntado declarándome en - A; mal me auer preguntó en - B
818. que por la] que la - B
818. encobría] encubría - A
819. como el estrecho amor] como estremo amor - A
819. touiesse] touiese - A; tuviesse - Ms.

820 al son de sus lágrimas mis ojos dançaban; y después quel lloro dio
a sus palabras lugar, desta manera començó a dezirme.

[f. d²v.]

Belisa a [Arnalte].

¡O hermano mío!, por vn solo Dios te pido que la causa de tu
mal encobrir no me quieras. Nunca las vezes que te lo he pregun-
825 tado rrespuestas cautelosas te han fallescido. Cata que sy la verdad
negarme quieres, que con muchas quexas el amor que te tengo
[podré] mesclar. Dizes que mi deudor no heres; que sy mucho te
quiero, que bien me lo pagas. E publicas con las palabras lo que con
las obras niegas. Bien sabes tú que las no ciertas encubiertas deben
830 ser para mí escusadas. Haz mi coraçón de tus angustias secretario.
¿A quién sy no a mí tus hechos dezir debes? Pues sabes muy bien
que sy tú quieres [la muerte, que yo no quyero la vida. Bien te es
a ti conoscido que si tú quyeres] pesar, que no quiero yo plazer. E sy

820. dançaban] dancauan - Ms.
821. dezirme] dezirme la qual ermana mía se llamaua Belisa - Ms.
822. Belisa a Arnalte] Belisa a su hermano Arnalte - B; Belisa habla a Arnalte - Ms.
824. encobrir] encubrir - A
824. no] non - A
825. rrespuestas cautelosas] rrespuestas cautelozas - A; cautelosas respuestas - B
825. han] ha - A
825. fallescido] fallecido - B
825. Cata que sy] cata sy - A
826. quieres] quisieres - A
826. el] al - B
826. que te tengo] que tengo - B
827. podré mesclar] poder mesclar - A; podrá mezclar - B
827. no] non - A
827. que sy] y sy - A
829-830. tú que las no ciertas encubiertas deben ser para mí escusadas] tú que las
    non ciertas encubiertas deben ser para mí escusadas - A; tú las cautelosas
    encubiertas deuen para mí ser escusadas - B
830. Haz mi] haz a mi - A; haç mi - Ms.
830. coraçón] coracón - Ms.
830. secretario] segretario - Ms.
831. quién] qen - A
831. sy no a mí] sy non a mí - A; si a mí no - Ms.
831. hechos] fechos - A
831. dezir] dizir - Ms.
831. Pues sabes] pues que sabes - A
832-833. quieres la muerte, que yo no quyero la vida. Bien te es a ti conoscido que
    si tú quyeres pesar] quieres pesar - A; quisieres la muerte bien te es a ti
    conocido que no querré la vida e si tú quisieres pesar - B
833. que no quiero yo plazer] yo non quiero plazer - A; que no querré yo plazer - B
833. E sy] y que si - Ms.

tú quieres trabajos, que [mi enemigo será] el descanso. Tus males
835   y los míos vn coraçón atormentan. A mí como a ti así debes des-
cobrirte. Sy descansar quieres, ¿con quién mejor podrás que con
quien dessear tu bien nunca cansa? Sy quieres de tu pena descargar,
tú e yo la suframos; sy quieres que lloremos, nunca otra cosa agamos;
[f. d³r.] sy quieres morir, sea de por medio la muerte; sy quieres
840   que tú y yo tu mal consolemos, así se haga; sy quieres que se
encubra, tú y yo mejor que tú solo encobrirlo podemos; sy quieres
que tu rremedio se busque, tú por tu cabo y yo por el mío, de
fuerça lo hallaremos. No muestres desamor a quien tanto tiene para
ti. No pienses que tu engaño a mi conoscimiento puede vençer, que
845   tus ansyas rrebelan lo que tus dissimulaciones encubren; que no
debe ser menos el amor que el deudo acordarte debes. Cata que con
grand voluntad estó a la muerte ofreçida, sy por ella alegre vida

834.   quieres] quisieres - B
834.   que mi enemigo será] que me será a mí enemigo - B; que será mi enemigo - Ms.
835.   coraçón] coracón - Ms.
835.   atormentan] atormientan - A
835.   así] assí - B
835-836.   descobrirte] descrubrirte - A
836.   quieres] qeres - A
836.   con quién] de tu pena con quién - B
837.   quien dessear] quien desea - A; quien de dessear - B
837.   descargar] descansar - Ms.
839.   de por medio la muerte; sy quieres] la muerte de por medio. quieres - B
840.   tu mal] tus males - A
840.   asý] assí - B
840.   haga] faga - B
840-841.   que se encubra, tú y yo mejor que tú solo] que tú e yo lo encubramos
mejor que tú solo - A; que se encubra tú y yo mejor que solo - B
841.   encobrirlo] encubrirlo - A
841.   podemos] podremos - Ms.
842.   que tu rremedio] que rremedio - A
843.   lo hallaremos] los fallaremos - B
843.   No] non - A
843.   tanto] tiene - B
844.   No] non - A
844.   engaño] enganno - Ms.
844.   conoscimiento] conochimiento - B
845.   dissimulaciones] disymulaciones - A
845.   no] non - A
846.   debe] deua - B
846-847.   Cata que con grand] cata con gran - B
847.   voluntad] voluntat - Ms.
847.   estó] estoy - A
847.   ofreçida] ofrescida - Ms.
847.   alegre] alguna - B

darte puedo. Cata que te veo en disposición de mucho penar y poco veuir. Cata que la Fortuna es de los prósperos enemiga, e de los

850 más miserables mayor esperança. Pues sy su condición es yncostante, ni los alegres de su fabor fauorecerse deben, ni tú de su bienandança desesperar debes; porque en los coraçones de las gentes siempre pone casos nueuos, porque las necessidades nuestras su poder conoscer nos haga. No guar[f. d³v.]des para contigo solo la conpaña

855 pesada de tus cuydados. Bien sabes tú que el descanso de los tristes es quando su pena es comunicada, porque la rrecreación de la habla el dolor del sentimiento afloxa. Pues sy las llabes deste consejo las puertas de algún rremedio pueden abrir, ¿por qué lo rrehúsas? Que sy tú asý lo quieres, las noches e los días en fablar tus passiones se

860 gasten. Bien veo en ty que el mal que callas es más fuerte que el que publicas. ¿Pero de qué suerte puede ser, que no sea mayor daño encobrillo que peligro mostrallo?, en especial a mí, quel amor que te tengo quanto es menos en la boca es más en el alma. Y por enojosa no serte, en más suplicártelo no quiero enojarte.

848. que te veo] que - B
848. disposición] dispusición - B
848. penar y poco] penar poco - B
849. veuir. Cata] beuir te veo cata - B; biuir cata - Ms.
850. es yncostante] en yncostante - A; es inconstante - B
851. ni los] nin los - A
851. fauorecerse] faborescerse - A
851. ni tú] nin tú - A
852. coraçones] coracones - Ms.
853. necessidades] nescesidades - A
853-854. conoscer] conocer - B
854. nos haga] no faga - B
854. No] non - A
854. conpaña] conpañía - B; conpanya - Ms.
855. pesada] pensada - Ms.
857-858. consejo las puertas de algún] consejo las puertas de algund - A; deste consejo de algún - B
858. pueden] puedes - A
859. asý] assí - B
859. lo] no - B
859. quieres, las noches e los días] quieres que las noches y los días - B; quieres los días y las noches - Ms.
859. fablar tus] fablar en tus - A; hablar tus - Ms.
859. passiones] pasiones - A
861. no] non - A
861. daño] danyo - Ms.
862. encobrillo] encubrillo - A; encobrirlo - Ms.
862. mostrallo] en publicarlo - A; mostrarlo - Ms.
862. especial] special - A
862-863. que te tengo] que tengo - B
863. boca es] boca tanto es - Ms.
863. más] mayor - A
863. por enojosa] por más enojosa - A
864. no serte] non serte - A; no te ser - Ms.
864. no quiero] non quiero - A

865   *Responde Arnalte a Belisa.*

Tyénesme, señora y hermana mía, tan aquexado con tu quexar, que es forçado que me fuerçe para lo que mis señales señalan claramente declararte. Y esto más a tu por[f. d⁴r.]fía que a la voluntad mía lo agradesce, porque sy tu lloro tan cierto no viera, mi infintuosa
870   rrespuesta syempre la vieras. Pero antes que nada de mí sepas, te suplico que quando mi lengua mi mal te rreuele, de saber mi penar te contentes, syn por el cómo es y el quién lo faze de saber trabajarte, porque antes la vida perescer podrá, que lo tal peresca. Tú, hermana mía, sabrás que más por agena fuerça que por voluntad mía de las
875   leyes enamoradas vbe de ser subiecto; en las quales mi dicha el mayor en la obediencia y el menor en el descanso me hizo, y el más en el padescer y el menos en el rremedio, de cuya causa todos los males en mi triste ánima asyento hyzieron, y en tal manera çercado me tienen, que avnque el bien a mi mal combatiesse, ni por minas
880   minando, ni por escalas subiendo, a él llegar no podría; porque el

866. quexar] aquexar - Ms.
867. para] pero - A
867. señales señalan] senyales senyalan - Ms.
868. declararte] declara - Ms.
868. voluntad] voluntat - Ms.
869. agradesce] gradece - B
869. lloro] llorar - B
869. no] non - A
869. infintuosa] infintosa - Ms.
870. antes] ante - B
871-872. de saber mi penar te contentes, syn por el cómo es y el quién lo faze de saber trabajarte] de saber trabajarte - B; de saber mi penar te contentes sin por el cómo es y el quyén lo haze de saber trabajarte - Ms.
873. porque antes] mas no quieras porque ante - B
873. perescer] padescer - A
873. peresca] perezca - B
874. mía, sabrás que] mía que - A
874. fuerça] fuerca - Ms.
874. voluntad] voluntat - Ms.
874. de] que de - B
875. leyes] leys - A
875. vbe] oue - B
875. ser subiecto] subiecto ser - A; ser sugeto - B
876. hizo] fizo - B
877. padescer] padecer - B
877. rremedio] medio - B
877. cuya] mi - B
877. todos] de todos - B
878. ánima] alma - B
879. avnque el bien] avnque bien - B
879. combatiesse] conbatiese - A
879. ni] nin - A
880. ni] nin - A
880. llegar no podría] llegar non podría - A; llegar podría - B

amor defiende con priessa, e ventura conbate de espacio. Pues con
estremos tales, sy el bien con la muerte no viene, tarde hallarme
podrá. Pero tú, hermana mía, de mis congoxas no te congo[f. d⁴v.]xes;
antes te hufana y alegra, viendo que tienes hermano que en la fuerça
885 de su esfuerço tanto mal puede sufrir. E si merçed hazerme quieres,
no vea yo tan tristes lágrimas en tan hermosa cara; que si por
lloros cobrarme pudiese, syn ayuda de los tuyos los míos a mí en mí
rrestituyrme podrían; pero pues ellos la passión acrecientan y el mal
no guaresce, mejor es rrefrenarlos que en ellos perseuerar; de cuya
890 causa es mi consejo çerrarles la puerta y no abrirles la voluntad.
Tú para alegre biuir y yo para triste ser nascimos. Los plazeres que
para mí sy no amara elegidos estauan, yo te los rrenuncio porque
a ti de derecho te vienen, que las syllas perdidas por ellos, ansyas

881. con priessa] con priesa - A; apriessa - B; con prissa - Ms.
881. de] a - B
882. no] non - A
883. podrá] podrían - B
883. no] non - A
883. congoxes] congoxas - B
884. hufana] vfanas - B
884. alegra] alegras - B
884. fuerça] fuerca - Ms.
885. sufrir] sofrir - B
885. merçed] mercet - Ms.
885. quieres] quisieres - B
886. no] non - A
886. yo] ya - A
886. tan hermosa cara] su hermosura - A
886. que] porque - Ms.
886-887. por lloros] por los lloros - B
887. pudiese] pudiesse - B
887. tuyos] tuys - B; tuoyos - Ms.
887. mí en mí] mí - A
888. podrían] pudieran - B
888. pues ellos] pues a ellos - Ms.
888. passión] pasión - A
889. no] non - A
889. guaresce] guarece - B; guarnescen - Ms.
889. rrefrenarlos] refrenallos - B
889-890. que en ellos perseuerar; de cuya causa] y pereceran no dando les causa - B
890. çerrarles] cerralles - B
890. no] non - A
890. abrirles] abrilles - B
890-891. voluntad. Tú] voluntad que tú - A; voluntat tú - Ms.
891. biuir] veuir - A
891. nascimos] nacimos - B
891-892. plazeres que para] plazeres para - Ms.
892. mí sy no] mí sy non - A; mi mismo - B
892. elegidos] elegados - Ms.
893. ti de] ti sola de - B
893. derecho] drecho - Ms.
893. que las syllas perdidas por ellos, ansyas] que si los has perdido ansias - B

mortales ocupadas las tienen. Y los trabajos y enoyos que tú avías
895 de aver, yo tomo la posesión dellos; porque yo como hombre los
poderé mejor sufrir, pues en tu posada tan estrecho aposentamiento
para las adversidades ay. E porque tú toda alegre e yo todo triste
viuamos, te suplico que [asý] lo concedas; y sy [f. d⁵r.] ál quieres,
antes menos que más creheré que me quieres. Asý que pues ver tu
900 tormento con doble passión el mío atormenta. Grand merçed recibiré
que de mi cuidado te descuydes, syn en quién me trabaja más
trabajarte.

Arnalte al auctor.

Como la hermana mía vido que en el dexo de mi rresponder
905 de hazer su rruego dexaua, sy vino con voluntad sana, con quebrado
coraçón fue los muchos males de mi mal conosciendo; y como en
las obras de amor la destruyción de los hombres esté juzgando lo
por venir, presente angustia lleuó, la qual a las tristezas mías acom-
pañó. Pues como ella se fuese, yo me quedasse como syempre hazía,

894. ocupadas] ocupados - B
894. las] los - B
894. y enoyos] enojosos - B
895. posesión] passión - B; possesión - Ms.
895-896. los poderé] que los podré - B; los poré - Ms.
896. mejor] mijor - A
896. sufrir] sofrir -B
898. que asý] e si - B; que ansí - Ms.
898. concedas] conoces - B
898. y sy ál] y ál - B
898-899. quieres, antes] quieres que antes - Ms.
899. creheré] crehe - Ms.
899. Asý] assí - B; ansí - Ms.
899. pues ver tu] pues tu - Ms.
900. passión] pasión - A
900. atormenta] atormenta y - A
900. Grand] gran - B
900. recibiré] rrescibiría - A
901. de mi ciudado] de cuydado - Ms.
901-902. descuydes, syn en quién me trabaja más trabajarte] descuydes sino más
          trabajo me será saber más trabajarte - B
903. Arnalte al auctor] Arnalte al autor - A; Buelue Arnalte al auctor - B
905. vino] viuo - A
905. quebrado] quebrantado - A
906. coraçón] coracon - Ms.
906. mi mal conosciendo] mi coraçón conosciendo - A; mi mal buscar - B
907. destruyción] destrucción - Ms.; discreción - B
908. lleuó] lleua - B; leuó - Ms.
908. tristezas] tristes - Ms.
908-909. acompañó] aconpaña - B; aconpanyó - Ms.
909. fuese] fuesse - B
909. yo me quedasse] E yo me quedase - A; yo quedasse - B

910 a dolerme de mí començé. No ay nadi que mis dolores contemplar
pudiesse, sy no aquel que la esperiencia dellos maestro hizo. ¡Quántas ansias, quántas [agonías] en mí sus fuerças mostraban! [f. d⁵v.]
Pues con todo mi poder trabajando, cansando mi variable memoria,
a las asonadas de mis pensamientos vn acuerdo llamé, del qual
915 [valer] y aprouecharme pensé. Y fue tal: vn cauallero que syempre
nuestras vidas por la estrecha amistad tuuo juntas e conformes,
junto con la casa de Luçenda posaua; en el qual ençerrar mis
secretos muchas vezes pensé. E quanto por mi rremedio lo desseaua,
tanto por el daño del descubrirlo rrehuýa, porque quando las tales
920 cosas no se guardan, la negociación se borra y el que negocia se
daña, porque el secreto es del amador corona. Pero como la vida se
fuese, la determinación llamé; y como ella mi descobrirme aconse-
jase, a Elierso mi amigo enbié a suplicar [verme] quisiese, el qual

910. No] non - A
910. nadi] nadie - B
911. pudiesse] pudiese - Ms.
911. no] non - A
911. esperiencia dellos maestro] esperança dellos maestro - A; esperiencia maestro - B
911. hizo] fizo - A
911-912. Quántas ansias, quántas agonias] quántas angustias quántas ansias - A;
quántas ansias quántas congoxas - B
912. fuerças] fuercas - Ms.
912. mostraban] mostraua - Ms.
913. trabajando] trabajado - A
913. cansando] cansado - A; y cansando - B
914. asonadas] sonadas - Ms.
914-915. llamé, del qual valer y] llamé y - B; llamé del qual valerme y - Ms.
915. tal: vn] tal que vn - B
916. amistad tuuo juntas] amistad juntas - B
916-917. conformes, junto] conformes estauan junto - B
917-918. ençerrar mis secretos muchas veces] muchas vezes encerrar mis secretos - Ms.
918. rremedio lo desseaua] rremedio deseaua - A
919. daño] danyo - Ms.
919. del] de - A
919. descubrirlo] descobrirlo - B; descubirlo - Ms.
919. rrehuýa] rehusaua - B
920. no] non - A
921. daña] danya - Ms.
921. es del amador] del amador es - Ms.
921. como la vida] con vida - Ms.
922. fuese] fuesse - B
922. ella mi] ella a mi - B
922. descobrirme] descubrirme - A
922-923. aconsejase] aconsejasse - B
923. a Elierso] al Yerso - B
923. enbié a suplicar] embié suplicar - B
923. verme] que verme - B; me - Ms.
923. quisiese] quisiesse - B; quisiese ver - Ms.

925

930

en su venida ninguna tardança puso; el qual, no menos alegre por
yo llamarlo que triste por no creerlo, vino, porque muchas vezes me
estrañaua porque con el seso pudiendo ser vençedor, vencido de la
voluntad me sometía, no porque sus quexas oluidasse, porque en
darle parte de mis secretos estra[f. d⁶r.]ño lo hazía. Pues como él
venido fuese, en el solo rretraymiento mío lo puse; e después que la
conpaña libres nos dexó, en esta manera le dixe.

Arnalte a su amigo Elierso.

935

Elierso, sy agora en el descobrir pongo lo que fasta aquí en el
callar he guardado, es confiança de la virtud tuya, y sy fasta agora
lo he dexado, ha sido porque ya tú sabes quánto en las leyes enamoradas el encobrir es loado y quánto lo contrario defendido; de
cuya causa gran confusión guerra me ha fecho. Pero tu gran bondad
en mis letijos ha puesto sylencio y junto con esto el poder del dolor

924. no] non - A
925. no] non - A
925. creerlo] creello - B
926. estrañaua] estranyaua - Ms.
926. pudiendo] podiendo - A
926. vencido] a vencido - A
927. no] non - A
927. oluidasse] oluidase - A
928. darle] dalle - B
928. parte de] de - A
928. estraño] estranyo - Ms.
928. lo hazía] lo non hazía - A
929. fuese] fuesse - B
929. lo] le - A
930. conpaña] conpanya - Ms.
930. en esta manera le dixe] en esta manera dixe - A; desta manera le dixe - B
931. Arnalte a su amigo Elierso] Arnalte al Yerso su amigo - B
932. Elierso] Ierso - B
932. en] con - B
932. descobrir] descubrir - A
932. fasta] hasta - A
933. es] es con - A
933. confiança] confianca - Ms.
933. virtud] virtut - Ms.
933. y] que - B
933. fasta] hasta - Ms.
934. sido] seydo - A
934. sabes] sepas - A
934. leyes] leys - A
935. encobrir] encubrir - A
935. defendido] es defendido - B
936. causa gran] causa causa grand - A
936. fecho] hecho - Ms.
936. gran] grand - A
937. en mis letijos] en mis letigios - A; a mis letijos - B; en mi letigos - Ms.
937. puesto sylencio] puesto en silencio - B

ha enflaqueçido el secreto. ¿Pues, dónde yo mejor ponerlo pudiera
que en las manos de tu virtud?, porque ella y la amistad que me
940 tienes estarán para guardarlo conformes. Tú, Elierso, sabrás que
con la muerte e mi vida ha grandes días que muy rronpida batalla
tengo, con la muerte porque no me quiere, y con la vida porque
no la quiero. [f. d⁶v.] Y esta guerra cruel mía, quando su padre
de Luçenda murió fue senbrada, e quando aquel día yo la vi fue
945 nascida; y ha sydo tan rrota, que treguas entre ella y mí jamás han
podido ponerse. E como a sus mandamientos el amor tan sometido
me [ouiese], con todas sus ponçoñosas plagas ofendido me tiene.
Y como sus conbates son tan rrezios y tan pequeña mi fuerça, hanme
en estrecho mortal puesto. E como sus ofensas son tan muchas e
950 mis defendimientos tan pocos, aquellas gentes de quien valerme
solía, haziéndome traición cada qual por su parte se yendo, hanme
en grand soledad dexado. Negóme el esperança; huyóme el rremedio; dexóme la rrazón; el seso no quiso valerme, de tal manera
que de necessaria fuerça en las manos de presto morir me conuerná
955 darme, e de verdad puedo dezirte que de la priuación de mi juyzio

938. enflaqueçido] enflaquescido - Ms.
938. mejor] mijor - A
938. ponerlo] ponello - B
939. virtud] virtut - Ms.
939. la amistad] el amistad - B; la amistat - Ms.
940. guardarlo] guardallo - B
940. Elierso] el Yerso - B
942. no] non - A
943. no] non - A
945. ella y mí] mí y ella - A
945. jamás han] han - B; jamás ha - Ms.
946. a sus mandamientos el amor] el amor a sus mandamientos - B
947. ouiese] touiesse - B; viese - Ms.
947. sus ponçoñosas plagas] sus enponcoñosas plagas - A; las ponçonjas y plagas - Ms.
947. tiene] tienen - B
948. pequeña] pequenya - Ms.
948. fuerça, hanme] fuerça - B; fuerça a me - Ms.
949. mortal puesto] mortal me han puesto - B
950. aquellas] las - B
951. haziéndome] faziéndome - B
951. traición cada qual] trayción yéndose cada vno - B; trayción quada qual - Ms.
951-952. parte se yendo, hanme en grand soledad dexado] parte en gran soledad
me han dexado - B; parte siendo hanme en tan grand soledat dexado - Ms.
953. seso] socorro - B
953. no] non - A
953. de tal manera] en tal manera - A; de manera - B
954. necessaria] nescesaria - A
954. de presto] del presto - B
954. morir me conuerná] morir conuenía - B
955. dezirte] dezir - B
955. que de la] que la - B

no me pesara, porque tales daños no conosciera, e porque no conociéndolos no me dolieran. Y asý del seso seyendo priuado, ni bien esperara, ni mal syntiera, de manera que, nada es[f. d⁷r.]pe-rando, de nada desesperara, como agora de la vida y del bien lo

960 hago. Pues como yo, Elierso, [como vees] que me veo, me [viese], no supe de quién socorrerme sy no de la fortaleza de tu amistad y de las armas del consejo tuyo, y pensé que pues tan cercana [tu] posada y la de Luçenda son, que desde la tuya, pues de sus mer-çedes no puedo, de su vista gozar podré. Y para la cuenta de mi

965 vida darte, e para tu paresçer pedirte, e para esto suplicarte, te pedí por merçed que verme quisieses; pues sy el amistad en la necessidad se conosce y en las obras se confirma, agora tienes tiem-po de en el rremedio de mi parescer tu virtud mostrar. E porque

956. no me] non me - A
956. daños] danyos - Ms.
956. no conosciera] non conosciera - A; no conociera - B
956-957. no conociéndolos] non conosciéndolos - A
957. no] non - A
957. dolieran] doliera - A
957. asý] assí - B
957. seso seyendo priuado] seso priuado - Ms.
957. ni] mi - A
958. ni mal] mi mal - A; ni bien - B
958. syntiera] consintiera - B
959. de nada] no - B
959. lo] que - B
960. yo] ya - B
960. Elierso] el Yerso - B; lierso - Ms.
960. como vees] como agora vees - A; me veas qual me vees - B
960. que me veo, me viese] que me veo me vea - A; que me veo - B; que me veo me va - Ms.
961. no supe] non supe - A
961. no de] non de - A
961. fortaleza] fuerça - B
962. tan cercana] tanto çercanas - A
962-963. tu posada y la de Luçenda son que] la ponsada tuya y la de Luçenda son que - A; es tu posada y la de Lucenda que - B; es tu posada y la de Lucenda son que - Ms.
963. tuya, pues] tuya que pues - B
964. no] non - A
965. paresçer] parecer - B
965. pedirte] pedir - A; pidirte - Ms.
965-966. e para esto suplicarte, te pedí por merçed que verme quisieses; pues sy el] e porque la - B; y para esto suplicarte te pidí por merced que verme quisieses pues si el - Ms.
967. conosce] conoce - B
968. mi parescer] tu parescer - A; mi parecer - B; mi padescer - Ms.
968. virtud] virtut - Ms.

creo que tú mejor gana para el fazer q*ue* yo saber para el pedir
970 ternás, no quiero más de lo dicho dezirte.

Responde Elierso a Arnalte.

Arnalte, co*n* todas mis fuerças de tus dudas y desconfiança me
querello; para lo qual terné yo mayor razón que tú para de mí
encobrirte has tendio, avnq*ue* en las leyes de bie*n* [f. d⁷v.] amar
975 otra ordenança halles; porq*ue* qu*a*nto las encubiertas co*n* los du-
dosos ganan, ta*n*to co*n* los ciertos pierde*n*. Pero más durara la pena
de tu sofrir en penarme q*ue* la rrazón de mi q*ue*xa en q*ue*xarte;
porq*ue* tanto lo q*ue* te duele me duele, q*ue* en ál la memoria no
puedo tener, y sy de por medio tu dolor sufrirse pudiese, no con
980 peq*ue*ña gana mi parte tomaría; pero a la volu*n*tad rremito lo q*ue*
co*n* la obra esecutar no se puede. Dízesme q*ue* la hermosura de
Luçe*n*da tu vida destruye; tu cuydado y el mío vna causa los
causa; y sy ella tu bie*n* adolesce, mi salud atorme*n*ta. Mas porq*ue*

969. mejor] mijor - A
969. fazer] hazer - Ms.
969. que yo saber para] que yo para - B; que saber para - Ms.
969. pedir] dezir - B; pidir - Ms.
970. no] non - A
970. dezirte] dizirte - A
971. Elierso] El Yerso - A
972. tus dudas] tu bondad - A
973. querello] quexo - B
973. para] paro - A
973. terné] tener - A
973. razón] rrozón - A
974. encobrirte] encubrirte - A
974. leyes] leys - A
975. halles] falles - B
975. las encubiertas] los encubiertos - B
975-976. dudosos] dubdosas - A
976. ganan] gana - A
976. ciertos] cierto - A
976. durara] dura - Ms.
977. sofrir] sufrir - Ms.
977. quexa] quexar - B
978. que en ál la memoria] que en ál la memeria - A; que ya la memoria - B
978-979. no puedo] non puedo - A; no puede - B; puedo - Ms.
979. sufrirse pudiese] sufrir pudiesse - B; sofrirse puede - Ms.
979. no] non - A
980. pequeña] pequenya - Ms.
980. voluntad] voluntat - Ms.
981. con la obra] con obra - Ms.
981. esecutar] secutar - B; execur - Ms.
981. no] non - A
983. adolesce] adolece - B

diuersidad en tu voluntad y en la mía no se conosca, desde oy de
985 tal cuydado me descuydo dándote seguridad por seruicio hazerte,
de poner en paz mis guerras, avnque dello pena rresciba, porque
tú de lo contrario sentir no te puedas. Comoquiera que esto no tengas en mucho, que tanto por libre hazerme como seruido hazerte
lo hago; porque quanto mi seruir asegura, tanto su bondad des-
990 confía; y desta causa, de mi salida tú seruido y yo libertado seremos. Dizes que tu mal quie[f. d⁸r.]res quexarme y mi consejo
pedirme; sy mi consejo tanto aprouecharte pudiese como tu daño
puede dolerme, de mi aconsejar, syn pena quedarías. Pero como
mejor puedo, digo que me espanto cómo consentir puedes que la
995 fuerça de tu esfuerço de tan grand flaqueza esté sojuzgado. Tú
que de las cosas más peligrosas heres vencedor, ¿cómo puedes de
vna muger ser vencido? Acuérdate quánto es vergonçosa la me-

984. diuersidad] diuersidat - Ms.
984. en tu] entre tu - Ms.
984. y en la] y la - Ms.
984. no] non - A
984. conosca] conozca - B; conoçca - Ms.
985. seguridad] seguridda - A; seguredat - Ms.
985. seruicio] seruido - Ms.
985. hazerte] fazerte - B
986. paz] paç - Ms.
986. rresciba] reciba - B
986-987. porque tú de] por de - A
987. no te] non te - A
987. esto no] esto non - A
988. hazerme] fazerme - B
988. como seruido] como por seruicio - A
988-989. hazerte lo hago] fazerte hago - B
989. seruir] sentir - Ms.
989. asegura] assegura - B
990. salida] sallida - Ms.
990. seruido y yo] seruido yo - B
990-991. libertado seremos. Dizes] libertados seremos. Dizes - A; libertado. Dizes - B
991. que tu mal quieres quexarme] mas que tu quieres aquexarme - B
991-992. y mi consejo pedirme; sy] si - B; y mi conseio pidirme si - Ms.
992. pudiese] pudiesse - B
992. daño] danyo - Ms.
993. puede] puedo - A
993. aconsejar] aconsejado - A
994. mejor] mijor - A
994. espanto] espante - B
995. grand] gran - B
995. sojuzgado] sojuzgada - B
995-996. Tú que] que tú - Ms.
996. cosas más peligrosas] cosas peligrosas - Ms.
996-997. de vna muger ser] ser de vna muger - B
997. vergonçosa la] vergonçosa a la - Ms.

moria que de tal ynfamia se ynfama. Con tu seso suelta tu fe; con
la rrazón desata tu daño; con tu saber a ti te liberta. Ten des-
1000 amor a los engaños de amar; por tal ley no te rrigas, ni que del
todo desobediente le seas no te aconsejo; pero que la ames y la
quieras y la temas y la rrehúses, que no es menos daño mucho
fuylla que mucho obedecerla. Asý que con el oluido debes templar
el amor y con las aparencias engañarlo, pues [que] con sus obras
1005 es engañador, que en la ley suya quien menos ama más bien tiene.
Asý que no te aconsejo que del todo lo dexes, pero que [a ti de-
tengas]; no estés en tan grand manera desesperado, [f. d⁸v.] ni asý
del todo desconfíes. Cata que la condición de la esperança en las
cosas más deseadas muestra menos camino. E desta causa, deues,

998. ynfama. Con tu] infama tu - B
998. fe] fee - A
999. daño] danyo - Ms.
999. ti te liberta] ti liberta - B
1000. engaños] enganyos - Ms.
1000. no] non - A
1000. rrigas] rijas - B
1000. ni] nin - A
1001. desobediente] desobedeciente - B
1001. seas no te aconsejo] seas non te aconsejo - A; seas te consejo - B
1002. quieras] temas - B
1002. temas] quieras - B
1002. no] non - A
1002. daño] danyo - Ms.
1002-1003. mucho fuylla] mucho vsarla - A; huyrlla - Ms.
1003. obedecerla] obedescerla - A; obedecella - B
1003. Asý] assí - B
1003. oluido] miedo - B
1003. templar] contenplar - A
1004. engañarlo] engañallo - B; enganyarlo - Ms.
1004-1005. pues que con sus obras es engañador que] pues con sus obras es engaña-
       dor que - B; que - Ms.
1005. menos ama] menos a ama - Ms.,
1005. más] mayor - B
1006. Asý] assí - B
1006. que no te] que non te - A; que te - B
1006. aconsejo] consejo - B
1006. que del] no que del - B
1006. lo] la - B
1006. pero] por - A
1006-1007. a ti detengas] avnque asý tengas - A; de si tengas - B; de si detengas - Ms.
1007. no] non - A
1007. grand] gran - B
1007. asý] assí - B
1008. de la] del - B
1009. deseadas] delgadas - B; desseadas - Ms.
1009-1010. E desta causa, deues, pues] e desta causa pues - A; y por esto deues
       pues - Ms.

1010   pues su condición conosces y sabes, de sus bienes no desesperar. Cata que la Fortuna da en las cosas variables fynes; y asý como ella de enojo y dolor te ha sydo causa, sy en su esperança tu vida sostienes, semejantemente te podrá ser alegre; e sy de mi consejo aconsejarte quieres, verás como ganarás con él lo que con tu acuer-
1015   do pierdes. En lo que mandas de a mi posada yrte, en no hazello syn mandallo, grand vergüença rrescibo; pues que sabes que la obediencia del dueño todo lo suyo te haze franco. Y porque querría más con mi consejo alegre azerte que con mis palabras enojo darte, pongo en mi habla silencio y doy priessa en tu mando; por eso,
1020   de oÿ más, vamos quando quisieres.

Arnalte al auctor.

    Quando asý Elierso su habla acabó, no pudo negar que al tiempo que de Luçenda se quexó, rrece[f. e¹r.]lo de çelos no me tocase. Pero por sospechoso de mi intención no [hazello], disymulé; co-
1025   moquiera que havnque en sus palabras sentý el temor, en su virtud

1010. conosces] conoces - B
1010. no] non - A
1010. desesperar] debes desesperar - A
1011. y asý] assí - B
1012. y dolor] y de dolor - A
1012. sydo] seydo - B
1012-1013. esperança tu vida sostienes] esperança sostienes tu vida - B; esperanca tu vida sostienes - Ms.
1013. te podrá] podrá - B
1014. quieres] quisieres - A
1015. en no] en non - A; y no - B
1015. hazello] hazerlo - A
1016. mandallo] mandarlo - A
1016. grand] gran - B
1016. vergüença] vergüenca - Ms.
1016. rrescibo] recibo - B
1016. que sabes que la] que la - B
1017. del dueño] de su dueño - Ms.
1018. que con mis] que mis - B
1019. priessa] priesa - A; prissa - Ms.
1019. mando] mandado - Ms.
1019-1020. por eso, de] de - B; por esso de - Ms.
1021. Arnalte al auctor] Arnalte al autor - A; Buelue Arnalte al auctor - B
1022. Quando asý Elierso su habla] Quando asý Elierso su fabla - A; Quando ya su habla - B
1022. no pudo] non puedo - A
1023. rrecelo de çelos] recelos - B
1023. no] non - A
1023. tocase] tocassen - B
1024. por] porque - A
1024. no hazello] non me fallase - A; no halle - Ms.
1025. virtud] vittud - A

hallé la seguridad. Y pensándome por aquello q*ue* más amor q*ue*
desconfiança me hizo pensar, desde allý adelante más que Elierso
su posada co*n*tinué, pe*n*sando desde [allá] a la hermosa Luçe*n*da
ver. Pero el fruto que de mis trabajos esperaua, su e*n*çerramie*n*to
1030 y mi dicha lo negauan. Y asý muchos días pasaro*n*, q*ue* qua*n*to
yo por verla más penaua, menos ella parescía; e como mi mal más
y en más manera creçiesse, todas las ge*n*tes sobre la causa dél daua*n*
sente*n*cias. Y como Belisa, —la hermana mía de quien tengo fa-
blado—, mirando mi pena mi peligro viese, sus industrias para
1035 saber quién me penaba fueron gra*n*des. Y como jamás sus pesqui-
sas cessasen, pudo saber que Luçe*n*da de las grabes ansias mías
hera causa. Y como de su sospecha çierta ynformación touiesse, syn
nada dezirme, por de morir librarme, su honesto viuir y áuito en
otra costum[f. e¹v.]bre quiso mudar. Y como Luçe*n*da y ella amis-
1040 tad estrecha touiesen, con la co*n*uersació*n* más la confirmauan. Y

1026.   hallé] fallé - A
1026.   seguridad] seguredat - Ms.
1026.   pensándome] pasándome - Ms.
1027.   hizo] fizo - A
1027.   Elierso] el Yerso - B
1028.   posada] possada - Ms.
1028.   continué] catiué - Ms.
1028.   allá] allí - B; ella - Ms.
1028.   hermosa] fermosa - A
1029.   trabajos] palabras - A
1030.   negauan] tomaban - A
1030.   asý] assí- B
1030.   muchos días] muchas vezes - Ms.
1030.   pasaron, que] passaron que - B; que - Ms.
1030.   quanto] quando - B
1031.   verla] ella - B; verlla - Ms.
1031.   parescía] parecía - B
1032.   creçiesse] cresciese - Ms.
1033.   sentencias] sentenias - Ms.
1033-1034.   fablado] hablado - Ms.
1034.   mirando] mirado - B
1034.   pena mi] pena y mi - B
1034.   viese] viesse - B
1034.   para] por - A
1035.   fueron] eran - A
1036.   cessasen] çesasen - A; cessassen - B
1037.   hera causa] causa era - B; era la causa - Ms.
1037.   como de su] como su - B
1037.   touiesse] tuuiese - Ms.
1038.   por de morir] sy non por den morir - A
1038.   honesto] cierto - B
1038.   viuir y áuito] viuir - B
1039-1040.   amistad estrecha] estrecha amistad - A
1040.   touiesen] touiessen - B; tuuiesen - Ms.
1040.   con la conuersación] con conuersación - B
1040.   más la confirmauan] confirmauan - A; más la confirmaron - B

como muchas vezes ju*n*tas estuuiesen, vna siesta q*u*e a dormir se
retraxeron, mi hermana desta manera vna fabla le fizo.

Belisa a Luçenda.

    Luçenda, pues tan discreta eres, por lo que dezirte quiero, has-
1045   ta q*u*e mi propósito sepas, no me juzgues; el qual sabido, más por
la intenció*n* loada q*u*e por las palabras rreprehendida espero ser,
porq*u*e más ageno dolor que gana mía pone en mi condició*n* nueuas leyes; y sabida por ty la verdad, verás como mucha rrazón
la culpa de mi desuergüença desculpa. Tú, Luçe*n*da, sabrás que
1050   ha grandes y muchos días que mi hermano Arnalte cresce en dolor
y descreçe en salud, de [manera que] mucho padescer y poco
rremedio le so*n* enemigos. Y como yo ta*n* poca su vida e ta*n* mucho su mal aya vysto, muchas vezes co*n* muchas lágrimas sus encubiertas passiones le he rrogado q*u*e me descubra, y syempre su
1055   negar [f. e²r.] a mi pedir ha vencido. Y como yo de su sofrir con
tanta rrazón deviese dolerme, co*n* grandes yndustrias su mal pes-

1041. estuuiesen] estouiesen - A; estuuiessen - B
1042. retraxeron] rretruxieron - A
1042. fabla] habla - Ms.
1042. fizo] hizo - Ms.
1044. tan] tanto - A
1044. dezirte] dizirte - Ms.
1044-1045. hasta] fasta - A
1045. mi propósito sepas] el propósito mío sepas - B
1045. no] non - A
1045. juzgues] juzges - Ms.
1045. sabido] sabiendo - Ms.
1047-1048. mía pone en mi condición nueuas leyes; y sabida por ty la verdad, verás
    como mucha] mía pone en mi condición nueuas leys y sabida por ty la
    verdad verás como mucha - A; mía mucha - B; mía pone en mi condición
    nueuas leyes y sabida por ti la verdat verás como mucha - Ms.
1049. la] a la - B
1049. desuergüença] vergüença - A
1050. grandes y muchos] muchos y grandes - B
1050. mi hermano Arnalte] Arnalte mi hermano - B
1050. cresce] crece - B
1051. descreçe] descresce - Ms.
1051-1052. de manera que mucho padescer y poco rremedio] de causa de mucho
    padescer y poco rremedio - A; y los remedios - B
1052. yo] ya - B
1054. passiones] pasyones - A
1055. pedir] pidir - Ms.
1055. sofrir] sufrir - Ms.
1056. deviese] deuiesse - B
1056. dolerme, con] dolerme he con - Ms.
1056-1057. pesquisando] pesquisado - Ms.

quisando con desseo de quién le penaua certificarme; y con mucho
trabajo, los yndicios que he visto y la sospecha que tenía hanme
ynformado que tú eres su matadora. Y como tan al cabo su biuir
1060 viese, de dañar a mí por rremediar a él determiné. Y no quieras
otra esperiencia para que su mal creas, syno yo quexártelo; porque
si su daño no sopiera, mi desvergüença no la sopieras. Pero ya tú
vees para su rremedio buscar, quanto, avnque mi bondad [me]
rrefrena, su dolor me aguija; porque el amor que le tengo es tan
1065 grande, que de mi honrra desamorada me faze. Pues sy a muerte
por su vida debo ponerme, tú lo conosces e sabes, que tanto por
la soledad mía como por la salud suya debo fazerlo; porque tú
sabes bien que la corrupta pestilençia passada, de nuestros padres
y parientes nos dexó solos. Pues sy tú por pequeño ynconueniente
1070 quieres el linaje acabar, más rreprehendi[f. e²v.]da que loada serás.
Pues cierta puedo fazerte que sy el rremedio le niegas, que sola la
muerte en paz su vida porná; porque a ty de ser enojada y a él

1057. con] y con - A
1057. desseo] deseo - A
1057. penaua certificarme] penaua çerteficarme - A; penaua quise certificarme - B
1057-1058. mucho trabajo] muchos trabajos - A; mucho trabajallo - Ms.
1059-1060. tan al cabo su biuir viese] tan al cabo su veuir ouiese - A; su cabo de viuir viese - B
1060. dañar] danpñar - A; danyar - Ms.
1060. no] non - A
1061. syno] synon - A
1061. yo quexártelo] quexártelo yo - B
1061-1062. porque si su daño] porque su daño - A; porque si yo su danyo - Ms.
1062. no sopiera] non sopiera - A; no viera - B; no supiera - Ms.
1062. no la sopieras] non la sopieras - A; no supieras - B; no la sabieras - Ms.
1063. vees para] vees que para - A
1063. rremedio buscar, quanto] remedio quanto - B
1063. avnque mi] mi - A
1063-1064. bondad me rrefrena] bondad rrefrena - A; bondad lo refrene - Ms.
1064. su] tanto su - A
1065. faze] hago - B; haze - Ms.
1066. conosces] conoces - B
1066. que tanto] que havn tanto - A
1066-1067. por la soledad] por soledad - B
1067. salud] soledad - B
1067. fazerlo] hazello - B; hazerlo - Ms.
1068. sabes bien] sabes en tanto bien - A
1068. corrupta] corruta - A
1068. passada] pasada - A
1069. sy tú por pequeño] si por poco - B; si tú por pequenyo - Ms.
1070. quieres el linaje acabar] el linaje quieres acabar - A
1071. Pues] porque - A
1071. fazerte] hazerte - Ms.
1071. rremedio le] remedio que le - A
1071-1072. niegas, que sola la muerte en paz su vida porná] niegas a él la muerte su vida en paz porná - A; niegas que sola su muerte en paz tu vida porná - B; niegas que sola la muerte en paç su vida y la tuya porná - Ms.

de ser enojoso librará. Pues mira quánto le mereces: que quanto
más le dañas más te quiere, y por ser tú de su perdición la causa,
1075 él bien perdido se llama. Y por lo que más le atormentas, doble
paga le debes; [e] porque nadi conozca tu cruel condición y porque
tu honrra por su causa no se turbe, muestra fyngido plazer, que es
grand grabeza para él padescer pero quanto aquellos plazeres son
enemigos de sus deseos, lo que más syente es tener necessidad de
1080 mostrar contrario rrostro a su voluntad. Pues no consientas que
tal fe en la fondura de tus malas obras [perezca], que sy tu agradescer con ella no atas, syn ninguna duda puedo certificarte que
tu oluido e su firmeza acabarán dél. Pues con solo que le escriuas,
la batalla de sus passiones despartir podrás. E sy por él no quieres
1085 y por tu bondad lo niegas, por mí lo quiere, pues tu sierua allende

1073. librará. Pues] librará y pues - A
1073. le] lo - Ms.
1073. mereces] mereçe - A
1074. dañas más] dañas tanto más - A; danyas más - Ms.
1074. tú de su] tú su - A
1074. perdición la] perdición a la - A
1075. por lo que] porque - B
1075. atormentas] atormenta - Ms.
1076. paga le debes; e porque] paga le eres obligada porque - B; pagalle deues que porque - Ms.
1076. nadi] nadie - B
1076. conozca] conosca - A
1077. su] tu - Ms.
1077. fyngido] fengido - B
1078. grand] grande - A; gran - B
1078. él padescer pero] él pero - B
1078. quanto] quando - A
1078. plazeres] plazeras - A
1079. deseos] desseos - Ms.
1079. lo] y lo - Ms.
1079. necessidad] necesidad - A; necessidat - Ms.
1079-1080. de mostrar contrario rrostro a su] de contrario rostro de su - B
1080. no] non - A
1081. fe] fee - A
1081. fondura] orden - B; hondura - Ms.
1081. perezca] padesca - A; paresca - Ms.
1081-1082. agradescer] agradecer - B
1082. no atas] non atas - A; notas - B
1082. syn ninguna duda puedo certificarte] puedo certeficarte syn ninguna dubda - A; sin ninguna duda puedo certificar - B
1083. acabarán] cabo - A
1083. dél. Pues] dél syn tardança darán. Pues - A
1083. escriuas] escuches - A
1084. passiones] pasyones - A
1084. despartir podrás] departir podrás - A; podrás despartir - Ms.
1084. no] non - A
1084. quieres] lo quieres - Ms.
1085. allende] aliende - Ms.

de amiga sy lo fazes [f. e³r.] me farás. Bástete que ha dos años
que porque no muere no viue; no des lugar a tanto mal, pues de
su bien puedes ser causa.

Responde Luçenda a Belisa.

1090   Belisa, no temas, como temes, por lo dicho ningún vltraje recebir, que no has puesto tu bondad ta*n* a peligro para que de me*n*gua
ofendida puedas ser; ni pienses que tu culpa la pena q*ue* recelas
meresce, que tu virtud sabida y tu intención juzgada, más cargo
por tu sufrimiento que culpa por tu habla te pueden dar. Y los
1095 testigos desto, tu fama y mi conocimiento sean, porque con tu vergüença sanas lo que con tu pedir adolesces; asý que más del mal
de tu hermano que de la mengua tuya debes dolerte. Pero pésame,
porque plazer mi rrespuesta dar no te podrá. La pena de tu hermano no la dudo, ni tu rruego p*ara* su remedio no lo estraño;
1100 p*er*o si lo q*ue* él q*ui*ere yo q*ui*ero, sin que de mí me duela, no

1086. amiga sy lo fazes me farás. Bástete] amiga me farás. Si lo fazes bástate - B;
amiga si lo hazes me harás bástete - Ms.
1086. años] añyos - Ms.
1087. que porque no muere no] porque non muere non - A; que ni muere ni - B
1087. no des lugar a tanto mal, pues] non des logar a tanto mal pues - A; no des
más lugar pues - B
1089. Responde Luçenda a Belisa] Responde Lucenda - Ms.
1090. Belisa] O Belisa - A
1090. no] non - A
1090. ningún] ningund - A
1090-1091. recebir] rresceuir - A
1091. que no] non - A
1091. de mengua] de muerte o mengua - B
1092. recelas] rresçela - A
1093. meresce] merece - B
1093. virtud] verdad - B
1093-1094. cargo por] cargo de - A
1094. habla] fabla - A
1094. te pueden] se deue - A
1095. desto] de - Ms.
1095. conocimiento] consentimiento - A; conoscimyento - Ms.
1096. pedir] pidir - Ms.
1096. adolesces] adoleces - B
1096. asý] assí - B; ansí - Ms.
1096-1097. del mal de] de - A
1098. porque plazer mi] porque mi - A
1098. rrespuesta dar no te podrá] rrespuesta plazer non te podrá - A; respuesta darte
no podrá - B; respuesta dar no te podría - Ms.
1099. no la dudo] non la dubdo - A
1099. remedio no lo estraño] remedio non lo estraño - A; remedio estraño - B; remedio no lo estranyo - Ms.
1100. sin que de mí me duela] de mi medula - A
1100. no] non - A

podrá él de dolerse dexar, porque no menos yo mi fama que tú
su muerte debo temer; e pues ya tú sabes quánto la [f. e³v.] honrra
de las mugeres cahe quando el mal de los honbres pone en pie, no
quieras para mí lo que para ty negarías. Bien sabes tú quánto
1105 escura mi bondad quedaría, sy a su desseo lunbre diese. Pluguiera
a Dios que cosa tan graue no me pidieras, porque la esperiencia
de las obras de la voluntad te fiziera cierta. Quando sus dolores
me [dezían], ¡quántas vezes de ser hermosa me [pesaua]! ¡Quántas
vezes, quando sola me hallo, sus lloros lloro! En especial quando
1110 pienso que cosa ymposible piensa. Más desseo yo rremediarlo que
tú guarecerlo. E sy por otro precio, —que honrra no fuese—,
pudiesse hazello, tan libre en el dar como él en el recebir [yo]
sería. Pero pues que su ganancia, sin que yo pierda, ser no puede,
de su sufrimiento y mi voluntad debe valerse. Y tú, señora mía,

1101. él de dolerse dexar, porque] él no dolerse porque - B
1101. no] non - A
1102. temer] themer - Ms.
1102. quánto] quando - Ms.
1103. pone] ponen - Ms.
1103. no] non - A
1104-1105. quánto escura] quánto a escuras - A
1105. mi bondad quedaría] quedaría - A
1105. desseo] deseo - A
1105. diese] diesse - A
1106. no] non - A
1107. fiziera] fiziesse - B; hiziera - Ms.
1107. Quando] quánto - B
1108. dezían] doliessen - B; dizen - Ms.
1108. hermosa] formosa - A
1108. pesaua! ¡Quántas] pesaua que quántas - A; pesa quántas - B; pessa quántas - Ms.
1109. vezes, quando sola] vezes sola - A
1109. hallo] fallo - A
1110. que cosa ymposible] que quando cosa ymposible - A; que cosa tan impossible - B; como cosa imposible - Ms.
1110. desseo] deseo - A
1110. rremediarlo] remediallo - B
1111. guarecerlo] agradescerlo - A; guarecello - B
1111. precio] prescio - Ms.
1111. no] non - A
1111. fuese] fuesse - B
1112. pudiesse hazello] pudiese fazerlo - A
1112. tan] tanto - A
1112. recebir] resceuir - A
1112-1113. yo sería] sería - A; sería yo - Ms.
1113. pues que su] pues su - A
1113. no] non - A
1114. de su] su - B
1114. valerse] valerle - B
1114. mía] mira - A

101

1115 le di quánto de su pesar me pesa, la seguridad de lo qual con mucha firmeza puedes darle. Y sy tú en mi rresponder lo que quieres no hallas, a mi bondad y no a mí da la culpa; que sy, syn ésta ofender, yo remediallo pudiese, el dolor que del suyo tengo [verías]; y tú por esto enemistad no me guar[f. e⁴r.]des, que más
1120 gracias por la voluntad que pena por lo que no hago merezco. Y porque mucho alargar y poco hazer en la persona rrogada es tan mal, quiero antes de [corta rrazón] que de larga porfía preciarme, dexando de más dezirte.

Arnalte al auctor.

1125 [Como yo] de la negociación que mi hermana traýa syn sospecha estouiese, quando a mí vino y todo lo que fecho avía me rrecontó, quisiera del negar valerme. Pero como en su habla palabras conoscidas conosciese, no pude con su declarar más encobrirme. Y como todo lo que [pasó con Luçenda supiese, vi que

1115. le di quánto] quánto - A
1115. me] a mí - A
1115. seguridad] seguredad - Ms.
1115-1116. qual con mucha] qual mucha - A
1116. puedes darle] debe darle - A; puedes dalle - B
1117. no hallas] non fallas - A
1117. bondad] voluntad - Ms.
1117. no a] non a - A
1117. que] y - A
1118. remediallo pudiese] rremediarlo pudiese - A; remediallo pudiesse - B
1118. el] por cierto lo haría por el - B
1118-1119. tengo verías; y tú por esto] tengo. Y por esso - B; tengo vieras y tú por esto - Ms.
1119. no] non - A
1119-1120. que más gracias por la voluntad que pena por lo que no hago merezco] que más gracias por la voluntad que pena por lo que non fago meresco - A; que pena por lo que hago no merezco - B
1121. hazer] fazer - A
1121-1122. es tan mal] está mal - A
1122. corta rrazón] corta de razón - B, Ms.
1122. larga porfía] larga de porfía - Ms.
1122. preciarme] presciarme - Ms.
1123. dexando de más dezirte] dexándome de más dezir - A
1124. Arnalte al auctor] Arnalte al autor - A; Buelue Arnalte al auctor - B
1125. Como yo] Porque - B; Yo que - Ms.
1125. negociación que mi hermana traýa syn] negociación la hermana mía sin - A
1126. estouiese] estuuiese - B
1126. fecho] hecho - B
1126-1127. avía me rrecontó] auía rrecontó - A
1127. del] de - A
1127. habla] fabla - A
1128. conoscidas conosciese] conocidas conociese - B
1128. no] non - A
1129. como] come - A
1129-1130. pasó con Luçenda supiese, vi que más por entremeterme que por rre-

102

1130   más por entremeterme que por rremediar poderme de mis males]
pesar mostraua; no pudo la hermana mía tanto dezirme que pudiesse alegrarme, porque quando fallecen las obras, las palabras
deben por dudosas tenerse. Y como en esta desordenada orden de
amor suele por la mayor parte [ser] la rrazón vencida, pensé, pues
1135   della valerme no podía, de la manera aprouecharme, porque muchas
vezes suele el fingido oluido [dar] lo que el cierto seruicio niega.
Y como Luçenda ál mostra[f. e⁴v.]se, y yo supiesse que de mi mal
más burlaua que se dolía, acordé de oluidarme; e supliqué a la hermana mía que de mi oluido cierta la hiziese; la qual no con menos
1140   dolor que gana le plugo asý hazello; y antes que a Luçenda fuese,
para lo que deuiese hazer, fue de mi aviso ynformada, diziéndole
que todas las señales, quando la enbaxada [fiziese], mirase, porque
de aquéllas mejor que de sus palabras certificarse podría. En es-

mediar poderme de mis males] por remediar mis males - B; con Lucenda
passó supiese vi que más por entretenerme que por remediarme de mis
males - Ms.
1131. mostraua] mostrando - A
1131. no] non - A; y no - Ms.
1131-1132. pudiesse] pudiese - A
1132. alegrarme] engañarme - B
1132. fallecen] falta - A; falescen - Ms.
1132. obras, las palabras] obras palabras - B
1133. deben por dudosas] deben por dubdosas - A; por dudosas deuen - Ms.
1134. parte ser la] parte la - A, B
1134. rrazón vencida] rrazón ser vencida - A
1135. valerme no podía] valerme non podía - A; valer no me podía - B
1136. suele el] suele dar el - B
1136. fingido] fengido - B
1136. oluido dar lo] oluidar lo - A; oluido lo - B
1137. como Luçenda] como havnque Lucenda - Ms.
1137. ál mostrase] administrase - A; ál mostrasse - B
1137. y yo] yo - Ms.
1137. supiesse] supiese - Ms.
1139. la hiziese] le fiziese - A; la hiziesse - B
1139. no] non - A
1140. plugo] plogo - A
1140. asý] assí - B; de así - Ms.
1140. hazello] fazerlo - A
1140. fuese] fuesse - B
1141. deuiese] deuiesse - B
1141. hazer] fazer - A
1141. fue de mi] ouo mi - B
1141. ynformada, diziéndole] ynformada deziéndole - A; diziéndole - B
1142. señales] senyales - Ms.
1142. la enbaxada fiziese] su embaxada diesse - B; la enbaxada oyese - Ms.
1142. mirase] mirasse - B
1143. mejor] mijor - A
1143. que de sus] que sus - B; que de las - Ms.
1143. certificarse] certeficase - A
1143. podría] pudiese - B
1143. En] y en - B

pecial le dixe que mucho su rrostro mirasse, porque en las atalayas
1145 de las celadas del coraçón descubrir pudiese; y que mirasse le dixe,
si, quando ella su rrazón acabasse, Luçenda enmudescida o descuy-
dada quedaua; y también que mirasse le dixe, si con rronquedad
alguna sus palabras mesclaua, y no menos, sy alguno a la sazón
le hablasse, sy atenta o desatinada rrespondía, porque pueden estas
1150 cosas, quando passión las gouierna, mal encobrirse. Y la amada
hermana mía, que mis palabras en el alma escriuía, en la memoria
a buen rrecabdo las puso; las quales oýdas, para Luçenda se fue.
E después que su habla le hizo, como [f. e⁵r.] de mí de lo que
deuiese hazer auisada fuese, quanto mi enbaxada me despedía,
1155 tanto sus aquexados rruegos me concertauan, los quales en esta
manera le hizo.

1144. mirasse] mirase - A
1144. en las] las - B
1145. de] del - B
1145. coraçón] coracón - Ms.
1145. descubrir] descobrir - Ms.
1145. pudiese] pudiesse - B
1145. mirasse] mirase - A
1145-1146. dixe, si, quando] dixe quando - A
1146. ella su rrazón acabasse] ella su rrazón acabase - A; su razón acabasse - B; ella su raçón acabasse - Ms.
1146. Luçenda] si Luçenda - A
1146. enmudescida] enmudecida - B; enmudescia - Ms.
1147-1148. y también que mirasse le dixe, si con rronquedad alguna sus palabras mesclaua, y no] o sy con rronquedad alguna sus palabras mesclaua y non - A; y también que mirasse le dixe, si con ronquedad algo de sus palabras mostraua e no - B; y tan bien que mirasse le dixe si con ronquedat alguna sus palabras mesclaua y no - Ms.
1149. hablasse] fablase - A; hallasse - B; hablasse - Ms.
1149. sy atenta] si con atenta - B
1149. desatinada rrespondía] desatinada razón respondía - B
1150. passión] pasyón - A
1150. encobrirse] encubrirse - A
1150. Y la] y a la - B
1151. escriuía] escriuió - B; escreuía - Ms.
1153. después] duspués - A
1153. habla] fabla - A
1153. hizo] fizo - A
1153. mí de lo] mí lo - B
1154. deuiese] deuiesse - B
1154. hazer] fazer - A
1154. fuese] fuesse - B
1154. quanto] quando - A
1154. despedía] despidía - A
1155. tanto] tantos - A
1155. concertauan] contentauan - B
1156. hizo] fizo - A

Belisa a Luçenda.

Luçenda, sy tú has de mi rrogar tanto enojo como yo de rogarte
he vergüença, yo me espanto cómo verme puedes. Pero los males
1160 de aquel catiuo tuyo y hermano mío, a ti enojada y a mí enojosa
es por fuerça que hagan. Mas esforçándome en el amor que te
tengo y confiando en la virtud que tienes, con mis rruegos oso delante ty parescer; los quales [te] suplico sufrir quieras, pues yo
syn [hazellos] sofrir no me puedo. Luçenda, sy el hermano mío de
1165 ty [tu seruicio] se despide, no entiendas que de lo tal su fe consentidora [sea], que no con tan lebes clauos tu hermosura en su
coraçón puso, que sola muerte tal poder tener [pueda]. Pero dí-
zelo, porque quiere para nunca boluer partirse, haziendo su absen-
cia entre tu matar y su morir medianera, pensando lo que la pre-
1170 sencia le niega en ella [f. e⁵v.] hallar. Pues sy tú tal consientes,

1158-1159. de rogarte he vergüença] he vergüença - A; he de rogarte vergüença - Ms.
1160. catiuo] captiuo - B
1160. tuyo y hermano] tuyo hermano - Ms.
1160-1161. mío, a ti enojada y a mí enojosa es] mío enojosa e a ty enojada es - A
1161. hagan] fagan - A
1161. esforçándome] esforcándome - Ms.
1161-1162. que te tengo] que tengo - B
1162. confiando en la virtud] en la virtud - B; confiando en la virtut - Ms.
1162. oso] ose - A
1163. parescer] parascer - A; parecer - B
1163. los quales te] lo qual te - A; los quales tu - B, Ms.
1163. sufrir] sofrir - Ms.
1164. syn hazellos sofrir no] syn fazer lo soportar non - A; sin ellos sufrir no - B
1164. el] al - B
1164-1165. de ty tu seruicio se] de ty sieruo se - A; de ti su seruir te - B; de tu
            seruicio se - Ms.
1165. no] non - A
1165. su fe] su fee - A; fuesse - B
1165-1166. consentidora] consentidor - A
1166. sea, que] faze que - A; que - B
1166. no con tan] non tan - A
1166. lebes] pequeños - B; lieues - Ms.
1166. hermosura] fermosura - A
1167. coraçón] coracón - Ms.
1167. puso] clauo - B
1167. sola muerte] solamente - B
1167. tener] y tener - B
1167. pueda] poder - B; podrá - Ms.
1168. haziendo] faziendo - A
1169. tu] su - A
1170. hallar] fablar - A

de su destierro y mi muerte serás causa. ¡O qué edificios tan malos
obran tus obras! ; pues syn tardança con su vida y la mía en el
suelo darás, que ni él partiendo veuir podrá, ni yo quedando la
vida querré. ¡Quánto amor te he tenido! ¡Quánto desagradesci-
1175 miento tienes! ¡Quánto bien pareces quánto mal hazes! ¡Quánto
tratas mal a fe tan firme! Nunca nadi como mi hermano quiere
quiso. Nunca vi por tan pequeña merçed encarescimiento tan grande. No quieras por tener entera tu voluntad su vida pedaços fazer.
En tu propósito por causa mía estableçe nueuas leyes, y no porque
1180 por ellas las de tu bondad quiero que quiebres. Podráste, sy lo
hazes, alabar que con vna merced saluaste dos vidas. Estiende tu
galardón, pues no encojes por él tu virtud; en qual él yrá piensa,
y en qual yo quedaré contenpla; su perdición mira; mi soledad
no oluides; de su dolor haz memoria; de mi angustia te acuerda.

1171. y] de - B
1171. serás] ser - A
1171. O qué] qué - A
1171. edificios] hedeficios - A
1171-1172. tan malos obran] tan de malas obras - B
1172. tus obras! ; pues] tus obras y - A; tus obras obran, pues - B
1173-1174. quedando la vida querré] quedando la vida querría - A; quedando biua
     querré - B
1174-1175. Quánto desagradescimiento] tanto desagradecimiento - B
1175. tienes] tiens - Ms.
1175. Quánto bien] a tanto bien - A
1175. pareces quánto mal hazes] quánto mal fazes - A; pareces tanto mal hazes - B;
     paresces quánto mal hazes - Ms.
1175-1176. Quánto tratas] quánto trates - A; quando tratas - B
1176. a fe] a fee - A; la fe - B
1176. nadi] nadie - B
1176. como] tanto como - A
1176-1177. quiere quiso] te quiso - A
1177. pequeña] pequenya - Ms.
1177. encarescimiento] carecimiento - B; en acrescimiento - Ms.
1178. No] y non - A
1178. tu voluntad] su voluntad - B; tu voluntat - Ms.
1178. fazer] hazer - Ms.
1179. estableçe] establesce - Ms.
1179. leyes] leys - A
1179. no] non - A
1180. Podráste, sy] podría ser sy - A
1181. hazes, alabar] fezes alabarte - A
1181. vna merced] vn amén - A
1182. galardón] gualardón - Ms.
1182. no encojes] non encoxas - A
1182. virtud] virtut - Ms.
1182. en qual] qual - B
1182. él yrá piensa] yrá piensas - A
1183. y en qual] y qual - B
1183. su] la su - B
1184. no] non - A
1184. haz] faz - A; haç - Ms.

1185   Tu opinió*n* destierra; tu porfía fuye; faz a él alegre y a mí co*n*-
solada y a ty seruida. No dañes a ty; no destruyas a él; no [f. e⁶r.]
atormentes a mí. El acuerdo de tu voluntad desacuerda. Cata q*ue*
todas las cosas por ella rregidas, más arrepentimie*n*to q*ue* ganancia
tiene*n*. No quieras de mis ymportunidades más aq*ue*xada ser. Q*ui*é-
1190   rele escriuir, porq*ue* en lo mejor de su vida no perezca. Cata q*ue*
dar pena do no ay culpa, es delante las gentes cosa muy vergonçosa.

Responde Luçenda a Belisa.

Belisa, por vn solo Dios te rruego q*ue* tus lágrimas rrefrenes
1195   y tus passiones amanses. Alégrate ya, que ya lo que quieres quiero.
E pluguiera a Dios q*ue* agora yo lengua no touiera, porq*ue* con
ella tal palabra no hablara. Pero avnque por lo dicho el daño sea
pasado, el consuelo para engañarme fue ligero, pues podré llamarme
de tu fuerça forçada y no de mi voluntad vencida; e pues tú de

1185. tu porfía] porfía - B
1185. fuye] huye - Ms.
1185. faz] haç - Ms.
1186. no dañes] y non dañes - A; no danyes - Ms.
1186. no destruyas] ni destruyas - A
1186. él; no] él ni - A
1187. de] en - B
1187. voluntad] voluntat - Ms.
1189. tienen] vienen - B
1189. No] y non - A
1190. escriuir] escreuir - B
1190. mejor] mijor - A
1190. no perezca] non peresca - A
1191. dar] en dar - A; dan - Ms.
1191. no] non - A
1193. Responde Luçenda a Belisa] Responde Luçenda a Belisa su hermana de
        Arnalte - A; Responde Lucenda - Ms.
1195. passiones] pasiones - A
1195. ya, que ya] ya que - A; que ya - B
1196. E pluguiera] pluguiera - B
1196. agora yo lengua] agora lengua - A; agora yo la lengua - Ms.
1196. no touiera] yo non touiera - A; no tuuiera - B
1196. porque con] para que con - Ms.
1197. ella tal] ella la tal - A
1197. no hablara] non fablara - A; hablara - Ms.
1197. daño] danyo - Ms.
1198. pasado] passado - B; pesado - Ms.
1198. consuelo] consejo - A
1198. para engañarme] para me engañarme - B; para enganarme - Ms.
1198. fue] non fue - A
1198. llamarme de] llamar de - A; yo llamarme de - B
1199. forçada] forcada - Ms.
1199. y no de] y non de - A; y de - B
1199. voluntad] voluntat - Ms.

1200 mi yerro touiste la culpa, tú me desculpa. E puedes de fuerte
alabarte, pues en tus lágrimas touiste armas, con que vençer la
fuerça de mi propósito podiste. Pero yo he por bien mi pe[f. e⁶v.]li-
gro por ver tu descanso; y tanto amor te tengo, que quiero porque
ganes tú, perder yo; mas mucho te encomiendo que menos agrades-
1205 cida que porfiada no seas. E rruégote que el prescio de mi sý nunca
desprecies; porque es regla por general tenida, que todas las cosas
quando aver no se pueden son estimadas, y después de avidas
suelen en menosprecio venir. Mira como de oy más quedas [mi]
debdora, cuya paga en tu agradescer nunca se oluide. Mira como
1210 por ty de la bondad oy quiebro el filo, que jamás en mi linaje muger
quebró. Pero sy con lo dicho he caýdo, con lo que haré en pie me
pongo; porque nunca fyn ni comienço terná. Mas por a tu hermano,
de la fe que le tengo, dale rrehenes, yo le quiero escriuir, a condición que mi carta de sus guerras despartidora sea. Y sy más en-
1215 tiende pedir, a perder lo cobrado se aperciba. Y pluguiera a Dios
que quando esta determinación en mi voluntad rescebí que la tierra

1200. culpa, tú me desculpa. E puedes] culpa puedes - A
1201. touiste] tuuiste - Ms.
1204-1205. agradescida] agradecida - B
1205. no] non - A
1205. E rruégote] ruégote - B
1205. prescio] precio - B
1205. sý] que - B
1206. regla por general] regla por natural - A; regla general - B
1207. quando] que - B
1207. no] non - A
1208-1209. mi debdora, cuya paga] deudora mía. La paga - B; deodora cuya
          paga - Ms.
1209. agradescer] agredescer - A; gradecer - B
1210. bondad] bondat - Ms.
1210. oy quiebro] quiebro oy - B
1210. filo] hilo - Ms.
1210. en mi linaje muger] muger en mi linaje - B
1211. con lo dicho] en lo dicho - A; con lo fecho - B
1211. haré] herraré - A
1212. ni] nin - A; mi - Ms.
1212. por] pero - B
1213. fe] fee - A
1213. que le tengo, dale] que le tengo darle - A; que dizes que me tiene dale - B
1213. yo le] le - A; yo - B
1213. escriuir, a] escriuirle a - B
1214-1215. más entiende] más non entiende - A
1215. pedir] pidir - Ms.
1215. perder] pedir - A
1215. aperciba] apreciba - A
1215. Y pluguiera] pluguyera - Ms.
1216. voluntad] voluntat - Ms.
1216. rescebí que la] conçeuí que la - A; recebí la - B

para syenpre me recibiera, porque no es grabe el dolor que ligera[f. e⁷r.]mente peresçe. Y con la muerte pudiera el que en el coraçón ha de permanescer acabar; pero él lo sufra, pues por
1220 piedad agena contra sý fue cruel. Y avn porque de lo otorgado [arrepentida] me aya, desdezir no me puedo. Porque en alegre costumbre tus ansias conbiertas, quiero en obra tu mandado poner, lo qual [fazer] comienço porque de vista lo veas.

Carta de Luçenda a Arnalte.

1225   Arnalte, no te hallará menos alegre mi carta quando la veas, que a mí quando la acabé de escriuir me dexó triste. E no de [mi] dicha me quexara, sy quando la mano en ella puse, la gouernadora della peresciera, pues de libre, catiua quise ser, dándote prenda syn nada deberte. Pero ni porque te escriuo te ensoberuezcas, ni
1230 porque más no te escriua no te congoxes. Asý que con la esperança por venir, debes la gloria presente templar. E mucho te rruego que con senblantes tenplados hospedes [f. e⁷v.] mi carta, y que con autos mesurados sea de ty festejada, y con mucha cordura las alteraciones del gozo te rruego que encubras, y con mucho seso

1217. recibiera] rresciuiera - A
1217. no] non - A
1218. peresce] paresce - A; perece - B
1218-1219. muerte pudiera el que en el coraçón ha de permanescer acabar] muerte
          el que en el coraçón ha de permanescer acaba - A; muerte pudiera lo
          que en el coraçón ha de permanescer acabar - B
1219. pues por] por que por - Ms.
1220. agena] a guerra - B
1220. Y avn porque] y porque - A
1220. de] havnque de - Ms.
1221. arrepentida] arrepentiendo - A; arrepentido - B; arepentido - Ms.
1221. aya, desdezir] ya desdezir - A; aya del dezir - B
1221. no] non - A
1221-1222. alegre costumbre] alegres costumbres - B
1222. mandado] manda - A
1223. qual fazer] qual yo - B; qual ha hazer - Ms.
1224. Carta de Lucenda a Arnalte] Sigue la carte primera de Luçenda a Arnal-
          te - A
1225. no] non - A
1226. escriuir] escrebir - B
1226. no] non - A
1226-1227. mi dicha] dicha - A; derecho - B
1227. ella] el papel - B
1228. ser, dándote] se dándote - A; hazerme dándote - B
1229. porque te escriuo] porque escriuo - A
1229. ensoberuezcas] ensoberbescas - A; ensoberueçcas - Ms.
1229. ni] nin - A
1230. más no] más non - A; más - B
1230. escriua no te] escriua te - A
1230. Asý] Assí - B
1233. autos] abtos - A; auctos - Ms.

109

1235   los misterios enamorados rrefrena. Cata que quando las tales vitorias los ho*n*bres pregona*n*, de la honrra de las mugeres faze*n*
justicia. Pues tú para lo q*ue* te cumple tanto sabes, para lo que a
mí toca no sepas menos. Y pues, por tu descanso, de señora quise
ser sierua, nunca tu secreto [ni agradescimiento] perezca; e pues
1240   me quise ser enemiga por no fazerte [enemigo], nunca lo oluides;
y acuérdate q*ue* q*ua*ndo tú gozes tu gloria, lloraré yo mi culpa,
y por alegre hazerte, no solamente vn daño causé; antes, después
de mi honrra enturbiar, de los ajenos plazeres me fize enbidiosa,
porque jamás entiendo alegrarme. ¡O quánto llegar la mano al pa-
1245   pel rrehusé! ¿Pero q*ui*én de tus porfías defenderse pudiera? Agora
tu pena descanse, agora tus dudas se quiten, agora tienes de q*ue*
preciarte, agora no tienes de que dolerte. De tu hermana supe que
yrte querías; de mi [f. e⁸r.] carta sabrás el pesar que de lo tal
recibiera, porq*ue* quien de ningún bien puede ser causa, de ningún
1250   mal debe ser ocasión, avnq*ue*, diziéndote verdad, más tu engaño
sospeché que tu yda creý. Pero sy pensaste engañarme, asý lo he-

1235. rrefrena] refrenes - B
1235. Cata] Mira - Ms.
1235-1236. vitorias los honbres] vitorias honbres - A; victorias los hombres - Ms.
1236. fazen] hazen - Ms.
1237. Pues] E pues - B
1237. que te cumple] que cumple - A
1237. para] paro - A
1238. no] non - A
1239. nunca tu] nunca en tu - B
1239. ni agradescimiento] el gradecimiento - B; agradescimyento - Ms.
1239. perezca] peresca - A; pereçca - Ms.
1239. e pues] pues - A
1240. por no fazerte enemigo] por non fazerte enemigo - A; por serte amiga - B; por no hazerte enemiga - Ms.
1240. oluides; y acuérdate] oluides. Acuérdate - B
1241. gozes] començares - B
1241. culpa] pena - B
1242. hazerte] fazerte - A
1242. no] non - A
1242. daño] danyo - Ms.
1243. plazeres] plazeros - Ms.
1243. fize] hize - Ms.
1244. al] el - A
1246. dudas] dubdas - A
1247. no] non - A
1248. querías] querrías - A
1249. recibiera] rrescibiera - A
1249. ningún bien] ningund bien - A
1249-1250. ningún mal] ningund mal - A
1250. debe ser] sea - B
1250. diziéndote] deziéndote - A
1250. engaño] enganyo - Ms.
1251. engañarme] enganyarme - Ms.
1251. asý] assí - B
1251-1252. heziste] feziste - A; hiziste - Ms.

ziste. Mas quiero que sepas que lo supe, porque no vendas a mí
por engañada y a ti por engañador; que los que las enamoradas
leyes seguís, quando con cautela vençéys, gran vitoria pensáys que
1255 ganáys. Pero ni a ty por tan mañoso, ni a mí por tan poco sentida
tengas que no pude entenderte. Asý que más por la pena sabida
que por el engaño presente determiné de escriuirte. Y avnque de
tu mal dudosa estouiera, el cierto de tu hermana para hazérmelo
hazer bastara, cuyas lágrimas en mucha manera mi coraçón entris-
1260 tecieron. Mas rrequiérote que con lo hecho, syn que más pidas,
te contentes; sy no, la voluntad que tienes ganada podrás perder.
Y como discreto, con mi carta te vfana, y por mi vista no [te tra-
bajes], porque de tu presuroso pedir y de mi espacioso no fazer,
malas obras no rrescibas.

[f. e⁸v.]

1252. no] non - A
1253. engañada] enganyada - Ms.
1253. engañador] enganyador - Ms.
1254. leyes] leys - A
1254. gran] grand - A
1254. vitoria] victoria - Ms.
1255. Pero ni] Pero nin - A
1255. por tan] tan - B
1255. mañoso] manyoso - Ms.
1255. ni a mí] nin a mí - A
1256. no] non - A
1256. pude] puedo - B
1256. Asý] assí - A
1257. engaño] enganyo - Ms.
1257. de escriuirte] de te escriuir - A; de escreuirte - B
1257-1258. Y avnque de tu] avnque tu - A
1258. dudosa] dubdoso - A
1258. estouiera] estouiesse - A; fuera - Ms.
1258-1259. para hazérmelo hazer bastara] para hazerme lo hazer bastaba - A; bastara
para que yo lo hiziera - B
1259-1260. mucha manera mi coraçón entristecieron] mucha manera me entristecie-
ron - B; muchas maneras mi coracón entrestecieron - Ms.
1260. rrequiérote] quiérote - B
1260. que con lo hecho] que con lo fecho - A; hazer cierto que con lo hecho - B
1261. contentes] contenta - B
1261. no] non - A
1262. carta] carte - A
1262-1263. vfana, y por mi vista no te trabajes, porque] vfana y por mi vista non te
trabajes porque - A; vfana e por mi vista no trabajes porque - B; hufana
porque - Ms.
1263. presuroso] pressuroso - B
1263. pedir] pidir - Ms.
1263-1264. espacioso no fazer, malas obras no rrescibas] especioso fazer daño non
rrescibas - A; espacioso no fazer, malas obras no recibas - B; espacio no
hazer malas obras no rescibas - Ms.

111

1265   *Arnalte al auctor.*

Quando la amorosa hermana mía de acabar su negocio vino,
fallóme en el solo rretraymiento mío, del cargo de mis cuydados
no descargado. Y como en su rrostro mi vista pusiesse, conosció
que por conocer en las señales de mi enbaxada asý la miraua.
1270   E porque sus palabras de sus señales me çertificasen, syn mucho
detenerse me dixo que en mis trabajos sylencio pusiesse, pues ya
la deliberación dellos traýa. En aquella sazón, su dezir e mi escuchar en acordado plazer se acordauan. Pues como todo lo que
con Luçenda passó de dezirme acabasse, de sus hermosos pechos
1275   la enbaxada de mi rremedio sacó; y como carta de Luçenda en
mi poder viese, de grandes alteraçiones fue el coraçón sufridor,
y tanto la desseaua que apenas que la tenía podía creer; e besando
la carta y las manos de quien la traxo, todo aquel tiempo gasté.

1265. Arnalte al auctor] Arnalte al autor - A; Buelue Arnalte al auctor - B
1266. negocio] negociación - B
1267. fallóme] falléme - A; hallóme - Ms.
1267. mío, del] del - B
1268. no] non - A
1268. su] mi - B
1268. mi] su - B
1268. pusiesse] pusiese - A
1268. conosció] conoció - B
1269. que por] por - Ms.
1269. conoscer] conocer - B
1269. señales] senyales - Ms.
1269. asý] assí - B
1270. çertificasen] certificassen - B
1271. sylencio] scilencio - Ms.
1271. pusiesse] pusiese - A
1271-1272. ya la] ya - B; y la - Ms.
1273. acordado] concordado - B
1273. Pues] y - A
1274. passó de dezirme] pasó de dezirme - A; passó dezirme - B
1274. acabasse] acabase - A
1274. sus] sy - Ms.
1274. hermosos] fermosos - A
1275. enbaxada] embaxadora - Ms.
1275. rremedio sacó] remedio en vna carta sacó - B
1275. carta] la carta - B
1276. viese] viesse - B
1276. alteraçiones] alteracones - Ms.
1276. coraçón] coracón - Ms.
1276. sufridor] su seruidor - B
1277. desseaua] deseaua - A
1277. creer] crer - Ms.
1278. traxo] truxo - Ms.
1278. gasté] gastaua - B

Quien entonçes mi rrostro mirara, de ligera passión lo pudiera
1280 juzgar, porque el matiz de las nuebas su desco[f. f¹r.]lor coloraua.
Pues las cosas que a mi hermana dezía, ¿quién contemplarlas podiera? Y sy más amor ouiera del que yo le tenía, allý se doblara.
Pues después que nuestras alegres hablas en calma estuuieron, mi
carta a leer començé. Y como las rrazones della no menos [des-
1285 esperança] que saber truxesen, después de leýda, por vna pieça
muy grande callé. Y quando yba alegrarme, su poca esperança no
me dexaua; y quando yua a entristeçerme, su mucha voluntad no
lo sufría; asý que para lo que deuiese hazer, consejo faltaua. Y
estando del temor del mal más estrechado, que de la merçed rres-
1290 ceuida muy satisfecho, a su carta en esta manera [pensé] rresponder.

1279. mi] a mi - B
1279. passión] pasyón - A
1279. lo] le - A
1280. juzgar] juçgar - Ms.
1280. matiz] matiç - Ms.
1280. su descolor] mi descolor - B; su discolor - Ms.
1281. que a mi] que mi - B
1281-1282. contemplarlas podiera?] contemplar sabe podrá sentir - B; contemplarlas
    pudiera - Ms.
1282. amor] amar - A
1282. ouiera del] del - B
1282. tenía, allý] tenía ouiera allí - B
1283. Pues] y - A
1283. hablas] fablas - A
1283. estuuieron] estouieron - A
1284. no] non - A
1284-1285. desesperança] de esperança - A, Ms.
1285. saber] plazer - A
1285. truxesen] troxiesen - A; truxesse - B
1285-1286. por vna pieça] por mí vna pieça - A; por vna pieca - Ms.
1286. yba] ya - Ms.
1286. no] non - A
1287. y quando yua a entristeçerme] y quando entristeçerme - A; quando yua a
    entrestecerme - Ms.
1287. voluntad] virtad - A; voluntat - Ms.
1287. no] non - A
1288. asý] assí - B
1288. deuiese] deuiesse - B
1288. hazer] fazer - A
1289. temor] themor - Ms.
1289. mal más estrechado] mal desesperado y estrechado - B
1289. que] qui - A; más que - B
1289. merçed] mercet - Ms.
1289-1290. rresceuida] rescibida - B
1290. muy satisfecho] satisfecho - B
1290-1291. manera pensé rresponder] manera presente a rresponder acordé - A; ma-
    nera comienço responder - B; maña pensé responder - Ms.

113

[*Respuesta de*] *Arnalte a Luçenda.*

Luçenda, recebí tu carta y la gloria que con ella sentí es ymposible dezirte. Pero sy viéndola me alegré, leyéndola me entristecí,
1295   porque çerrada mostraua el rremedio, y leyéndola confirmaua el
daño; y juzgada por su razonar tu yntención, señalas el mal por
venir, y no [f. f¹v.] rremedias la pena presente. Y desta causa no
puedo quanto deuo alegrarme, pero con la vanagloria de ser tuya
enrriqueçes mis penados pensamientos, avnque con lo que dizes
1300   en ella los bienes de mi plazer destruyes. Dizes, Luçenda, que
de mi mal te pesa, [pero] con las palabras dizes lo que con las
obras niegas. Sy tú de mí te dolieses, dirías lo que dizes, pero no
farías lo que fazes. Mas como mañosa, engañas con la voluntad

1292. Respuesta de Arnalte a Luçenda] Responde Arnalte a Luçenda - A; Carta de
Arnalte a Lucenda - B
1293. recebí] rresceuí - A
1293. gloria que con ella sentí] gloria que en ella sentí - A; alegría que con ella
recebí - B
1293-1294. ymposible] impossible - B
1294. leyéndola] liéndola - Ms.
1294. entristecí] entrestecí - Ms.
1295. rremedio] romedio - B
1295. leyéndola] liéndola - Ms.
1295. confirmaua] confirma - B
1296. daño] danyo - Ms.
1296. juzgada] juzgaba - A
1296. señalas] señales - A; señala - B; senyalas - Ms.
1297. no rremedias] non rremedias - A; no remediar - B
1297. Y desta] y a esta - A
1297. no] non - A
1298. quanto] quando - A
1298. deuo] quiero - A
1298. tuya] tuyo - A
1299. enrriqueçes] se enrriquecen - B
1299. mis penados pensamientos] los mis penados pensamientos - B; mis pensamyen-
tos penados - Ms.
1299. avnque con lo que dizes] avnque dizen - B
1301. pesa] peso - A
1301. pero] pero que - A; porque - B; para que - Ms.
1301-1302. las obras] la voluntad - B
1302. dolieses] doliesses - B
1302. dirías] farías - A
1302. no] non - A
1303. farías] harías - Ms.
1303. fazes] hazes - Ms.
1303. mañosa] mañoso - A; manyosa - Ms.
1303. engañas] enganyas - Ms.
1303. con la] y en la - A
1303-1304. voluntad y atormentas] voluntad atormentas - A; voluntat y atormentas - Ms.

y atormentas con la esperança. ¿Pues para qué, para quien es
1305 tanto tuyo, tanto engaño? Tú me pones el nonbre, e tú te arreas
de la obra. Más querría que mi mal no creyeses, que no creyéndolo
no lo rremediases. Dízesme más, que templadamente de tus fauores goze, porque las alteraciones de los rrequebrados misterios
ordenan. Sy asý como puedo sufrirme pudiesse valerme, ni tú me
1310 penarías ni yo penaría, porque syempre andouieron mis obras al
son del secreto, syn de su compás vn punto salir. Pues tus fauores
no vienen tan dulçes, que qui[f. f²r.]tada la corteza de la aparencia amargos no queden, ni menos tan senzillos que sus haforros
no quiten lo que ellos ponen. Asý que tú en rremediar mi cuydado
1315 entiende, y del tuyo te descuyda, pues no menos del encobrir que
tú del dañar yo me prescio. Suplícote que de tu habla tan rrota-
mente no me desesperes, [y no] del todo quieras aterrarme. Bástete que la mejor parte de mi vida tienes rrobada. Cata que mis

1304. la] el - A
1304-1305. para qué, para quien es tanto tuyo] para qué a quien es tuyo tanto - A;
       por qué para quien es tanto tuyo - B
1305. engaño] enganyo - Ms.
1305. e tú te] y te - Ms.
1305. arreas] arieas - A
1306. la obra] las obras - A
1306. mal no] mal non - A
1306. creyeses] creyesses - B
1306-1307. que no creyéndolo no lo rremediases] que non creyéndolo non rreme-
       diases - A; que creyéndolo no lo remediasses - B; que no que creyéndolo
       no lo remediases - Ms.
1308. porque] por - Ms.
1308. de] dellos - A
1308. rrequebrados] recrebados - Ms.
1309. asý] assí - B
1309. sufrirme] sofrirme - A; sufrir - B
1309. pudiesse] podiese - A
1310. yo penaría] yo te penaría - Ms.
1310. andouieron] anduuieron - B
1311. salir] sallir - Ms.
1311. Pues tus] Puesto - Ms.
1312. no] non - A
1312. de la] del - A
1313. no] non - A
1314. no] non - A
1314. Asý] assí - B
1315. no] non - A
1315. encobrir] encubrir - A
1316. dañar yo me prescio] dañar me precio - B; danyar yo me prescio - Ms.
1316. que de] que - A
1316. habla] fabla - A
1317. no me desesperes] non me desespere - A
1317. y no del] y non del - A; ni del - B; no del - Ms.
1318. mejor] mijor - A

115

lágrimas piden rremedio; y sy lo tardas, hallarán la muerte, la
1320 qual yo dado me abría, sy no que más que de mí propio de mi
fama me duelo. Y segund la dureza de mi sufrir, yo entiendo que
el primero y el postrimero soy en el padescer; pero helo por bien,
porque mis dolores, según la hermosura tuya, más por rrazón que
por voluntad son sofridos. Mas mi desdicha e tu desagradesci-
1325 miento viendo, ni puedo alegrarme, ni a nadi querría ver alegre;
antes a todos tratados del amor como yo soy desseo ver y viendo
mi fe tan mucha y tu agradescimyento tan poco, no [f. f²v.] dudes
que de yrme adonde voluer no espero acordado no tenga, porque
la muerte o necessaria oluidança suelen los desseos aplacar; y
1330 agora más mi yda confirmo, pues de tu vista del todo me desespe-
ras, lo qual no fiziera sy alguna esperança me dieras, porque aquella a sufrir el dolor me ayudara. Pues porque de daño tan grande

1319. lo] le - A
1319. hallarán] fallarán - A
1320. no que] non porque - A
1320. más que] más - A
1320-1321. mí propio de mi fama me duelo] mi fama que de mí me duelo - A; mí
       propio de tu fama me duelo - B; mí propio de mi fama me duelgo - Ms.
1321. segund] según - B
1321. sufrir] sofrir - A
1321. entiendo] entendio - B
1322. postrimero] postrero - B
1322. padescer] padecer - B
1323. según] siguen - A; segunt - Ms.
1324. voluntad] voluntat - Ms.
1324. son sofridos] sofridos - A
1324-1325. e tu desagradescimiento] y tu gradecimiento - B; y desagradescimiento - Ms.
1325. ni puedo] nin puedo - A
1325. ni a nadi] nin a nadi - A; ni nadie - B
1326. antes a todos tratados] antes tratados - A
1326. yo soy desseo ver y] yo soy ver quería y - A; yo desseo ver y - B
1327. fe] fee - A
1327. agradescimyento] agradescer - A; gradecimiento - B
1327. no dudes] non dubdes - A
1328. yrme adonde] yr adonde - A; yrme donde - B
1328. no espero] non espero - A
1328. no tenga] non tenga - A
1329. o necessaria] non necesaria - A
1329. suelen] suele - A
1329. desseos] deseos - A
1330. agora] ahora - A
1330. yda confirmo] yda te confirmo - B
1330. vista del] vista y del - Ms.
1330-1331. desesperas] desesperaras - B
1331. qual no] qual non - A; qual yo no - B
1331. fiziera] hiziera - Ms.
1331. porque] para que - Ms.
1332. de daño] a daño - B; de danyo - Ms.

ocasión no seas, suplícote verme quieras; y porque no pienses que
cosa que te dañase pedirte podría, no te pido que en lugar que
1335 soledad guarde el secreto me fables, más en parte que la rremediadora y hermana mía medianera sea. E esto más por seruida fazerte que por rremediarme te lo suplico, porque en mi mal veas
tu poder y porque en mi descolor y flaqueza las obras de tu fermosura conoscas; y sy allý consentidora fueres que mis ojos con
1340 tu mando y liçencia te miren, podrás el catiuo coraçón de sus
passiones libertar; y con esta merçed, no quedando pobre de honrra,
enrriqueçerme podrás; contemplando, sy asý lo mandasses, en cómo
te adoraría, no sé qué digo. Figúrome [yo a mí] [f. f³r.] puesto
a tus pies, las rrodillas en el suelo, y los ojos en ty. E poniéndome
1345 asý, contemplo cómo tú en tu altiuo meresçimiento te [gloriarías],
y cómo yo con que acatamiento te miraría. Y pues yo de ser tuyo

1333. no seas] non seas - A
1333. no pienses] non pienses - A
1334. dañase] dañasse - B; danye - Ms.
1334. podría] podía - B
1334. no] non - A
1335. fables] veas - B; hables - Ms.
1335-1336. rremediadora y hermana] remediadora hermana - B
1336. más por] por más - A
1336-1337. fazerte] hazerte - Ms.
1337. te lo suplico] te suplico - B
1338. descolor] discolor - Ms.
1338-1339. las obras de tu fermosura conoscas] conozcas las obras de tu fermosu-
        ra - B; las obras de tu hermosura conoscas - Ms.
1339. fueres] fuesses - B
1340. miren] vean - B
1340. podrás el catiuo coraçón de] podrás el coraçón mío de - A; podrás el catiuo
        coraçón de - Ms.
1341. passiones] pasiones - A
1341. no] non - A
1342. enrriqueçerme] enrequescerme - Ms.
1342. contemplando, sy asý] contemplando que si assí - B
1342. mandasses, en cómo] mandases cómo - A
1343. no] non - A
1343. digo] diga - B
1343-1344. Figúrome yo a mí puesto a tus pies] figúrome yo puesto a tus pies - B;
        figúrome a mí a tus pies puesto - Ms.
1344. ojos en] ojos puestos en - B
1344. E poniéndome] poniéndome - B
1345. asý] assí - B
1345. como tú en] como en - B
1345. meresçimiento] conocimiento - B
1345. gloriarías] glorificaras - B; glorias - Ms.

y en esto pensar cansar [no me espero], [cánsame] tú con tus
desesperanças offenderme.

Arnalte al auctor.

1350   Pues como mi carta asý acabasse, havnque la amada hermana
mía, segund su honesto biuir, de entender en tan afrontada negociación pena se le hiziese. Supliquéle no con menos vergüença que
dolor a Luçenda dárgela quisiese; y como de amor grande que
me tenía estuuiese vencida, forçando su voluntad por satisfazer a
1355   la mía, de asý fazerlo le plugo. E porque la costunbre de la dilación es alargar el dolor, encontinente para su casa de Luçenda se
fue, la qual, no [la] rrehusando, mi carta rresciuió; pero no porque en rresponderme quisiesse venir; y como de ver crescer su
porfía mi salud menguasse, la hermana mía, no menos [f. f³v.]
1360   amorosa que solícita, de mi rremedio buscar jamás no cessaua. Y
como las señales mías mi poco biuir declarasen, ella en consolar

1347.   no me espero, cánsame] non me espero cánsame - A; no merezco cáusasme - B;
no espero cánsate - Ms.
1347-1348.   con tus desesperanças] con tu desesperança - B; de con tus desesespe-
ranças - Ms.
1348.   offenderme] ofendiéndome - A
1349.   Arnalte al auctor] Arnalte al autor - A; Buelue Arnalte al auctor - B
1350.   asý] assí - B
1350.   acabasse] acabase - A
1350.   havque] havnque a - Ms.
1350.   la] el - A
1351.   segund] según - B; segunt - Ms.
1351.   biuir] veuir - A
1351.   afrontada] afrentada - B
1352.   hiziese] fiziese - A; hiziesse - B
1352.   no] non - A
1353.   dolor a Luçenda dárgela] dolor dársela - B; dolor a Lucenda dárjela - Ms.
1354.   tenía estuuiese] touiese estouiese - A; tenía estuuese - B
1354.   forçando] esforçando - B
1354.   voluntad] voluntat - Ms.
1355.   asý fazerlo] assí fazello - B; así hazerlo - Ms.
1357.   no la] non lo - A; no lo - Ms.
1357.   rresciuió] recibió - B
1357-1358.   no porque] non porque - A; no que - Ms.
1358.   quisiesse] quisiese - A
1358.   crescer] crecer - B
1359.   menguasse] menguase - A
1359.   no] non - A
1360.   rremedio buscar jamás no cessaua] rremedio buscar jamás non çesasse - A;
remedio jamás buscar no cessaua - B; remedio buscar jamás no cansaua - Ms.
1361.   señales] senyales - Ms.
1361.   mías] más - B
1361.   biuir] veuir - A
1361.   declarasen] declarassen - B
1361.   ella en] ella allá en - B
1361-1362.   consolar y] consolarme y - B

y el dolor en no sofrir el consuelo, pasáuamos tie*n*po. Y como ya
de fecho mis passos contados a la muerte me fuese, vn día Luçenda
e mi hermana mucho espacio en la habla e mucha priessa en el
1365   hablar touieron; y fue ta*n*to el porfiar de la vna que el defe*n*der
de la otra fuerça no tubo; y como en su habla q*ue* yo viese a
Luçe*n*da se concertasse, la hermana mía co*n* mucho gozo a pedirme por sus alegres nuebas albricias vino. Y como las vistas con-
çertadas truxesse, lo que el coraçón allý syntió, pues contemplar
1370   no se puede, dezir no lo debo. Pero quál yo estaría, al conosci-
mie*n*to de los penados de amores lo rremito; allý las angustias
estaua*n* alegres; allý los pe*n*samie*n*tos estaua*n* hufanos, vye*n*do
por sus industrias ta*n* gra*n*d vitoria ganada; allý el alma y el co-
raçó*n* la nueua de la enbaxada festejaua*n*; allý presunció*n* no fal-
1375   taua; allý nada tenía ni más desseaua. Pues ya como la hora del
concierto lle[f. f⁴r.]gada fuese, mi hermana y yo a ponerlo en obra

1362.   no] non - A
1362.   sofrir] sufrir - Ms.
1362.   pasáuamos] passamos - B; passáuamos - Ms.
1362-1363.   ya de fecho mis passos] ya de fecho mis pasos - A; ya a mis passos - B;
        ya de hecho mis passos - Ms.
1363.   fuese] fuesse - B
1364.   habla] fabla - A
1364.   priessa] priesa - A; prissa - Ms.
1364-1365.   en el hablar] en fablar - A
1365.   touieron] touiero - Ms.
1366.   no] non - A
1366.   habla] fabla - A
1366.   viese] viesse - B
1367.   concertasse] conçertase - A
1369.   truxesse] truxiese - A
1369.   coraçón] coracón - Ms.
1370.   no se] non se - A
1370.   no lo] non lo - A
1370-1371.   conoscimiento] conocimiento - B
1371.   los penados de] los de - Ms.
1372.   alegres] vfanas - B
1372-1373.   allý los pensamientos estauan hufanos, vyendo] allý los pensamientos
        estanan hufanos, vyendo - A; veyendo - B
1373.   industrias] endustrias - B
1373.   grand] gran - B
1373.   vitoria] victoria - Ms.
1373-1374.   coraçón] coracón - Ms.
1374.   la nueua] las nueuas - B
1374.   presunción] presumpción - Ms.
1374.   no] non - A
1375.   tenía] temía - Ms.
1375.   desseaua] deseaua - A
1375.   ya como] como ya - B
1376.   fuese] fuesse - B
1376.   yo a ponerlo] yo ponerlo - B

fuimos, y en vn monesterio, donde las vistas aplazadas estaua*n*, a
Luçenda hallamos; y bien antes que el sol lumbre nos diese, en
vn co*n*fesionario, donde el co*n*çierto estaua, me puse; y como allý
1380   con ella me hallase, comencé en esta manera a dezirle.

Arnalte a Luçenda.

Luçe*n*da, es ta*n* grande esta merçed q*u*e hazerme q*u*esiste, q*u*e
si yo de más valer o ella de menos susta*n*cia no fuese, seruicio
ninguno satisfazella podría, sy pena en cue*n*ta de seruir receuida
1385   no fuese; la q*u*al sy recebir quisieres, sy merescida te la te*n*go en
mí lo puedes bien ver, por*qu*e en mi desfiguridad a ella y a tus
obras pintadas verás; y no solame*n*te con mis lágrimas acreçe*n*tar
mis dolores me a bastado, mas vie*n*do mi padescer, a muchos enamorados de amar he fecho temerosos; y pues q*u*e asý es, suplícote
1390   yo q*u*e, arrepe*n*tida de lo passado, lo por venir emiendes. No seas

1377. fuimos] ouimos - B
1377. donde] adonde - A
1377. vistas] angustias - B
1378. hallamos] fallamos - A
1378. y bien antes] antes - A; y bien ante - B
1378. sol lumbre] sol la lumbre - B
1378. diese] diesse - B
1378. en] y en - A
1379. confesionario] confessionario - B; confessorio - Ms.
1379. donde] adonde - A
1380. hallase] hallasse - B
1380. comencé en esta manera a dezirle] en esta manera comencé a dezille - B
1381. Arnalte a Luçenda] Habla Arnalte a Lucenda - B
1382. grande esta merçed] grand merçed ésta - A
1382. quesiste] quisiste - Ms.
1383. no] non - A
1384. satisfazella] satisfazerla - A; satisfazello - B
1384. receuida] rresceuida - A
1385. no] non - A
1385. fuese] fuesse - B
1385. recebir quisieres] rresceuir non quisieres - A; recebir quyeres - Ms.
1385. merescida] merecida - B
1386. desfiguridad] disfiguridad - B; desfiguridat - Ms.
1387. no] non - A
1387. solamente con mis] solamente mis - A
1387. lágrimas acreçentar] lágrimas a acreçentar - A
1388. dolores me a] dolores me han - A; dolores que me ha - B
1388. viendo] veyendo - B
1388. padescer] parescer - A
1389. fecho] hecho - B
1389. temerosos; y pues] temerosos pues - Ms.
1389. asý] assí - B; ansí - Ms.
1389-1390. suplícote yo que] suplícote que - A
1390. passado] pasado - A
1390. emiendes] ymyendes - Ms.
1390. No] non - A

en el dañar siempre vna; pon con tus obras mis guerras en paz;
no sé por qué pudiendo has dexado [f. f⁴v.] de seruida ser. Todas
lo quieren e tú lo rrehúyes; bien paresce que yo he más necessidad de tus merçedes, que tú voluntad de mis seruicios tenías. ¡O
1395   qué conbates de mi mucha fe y tu poca esperança he rescebido!,
los quales, como vees, la fuerça de mi salud han enflaqueçido.
Quanto tú menos de mí te dolías, más mi dolor me dolía. Sy
pudiese en la boca poner lo que en el alma he sentido, ¡quánta
culpa por mi pena te darías! Nunca nadi menos bien tubo; nunca
1400   nadi más mal sufrió; nunca de tanta memoria tanto oluido se tubo;
mi afición y tu menosprecio destruyen mi salud. Todo esto, Luçenda, te digo, porque más y en más mi querer tengas, y porque
en mi sufrimiento mi firmeza conoscas; que ni por todo ni mal
jamás en mudança pensé, ni de sufrir cansado me vi; antes ganado,
1405   porque tú me perdías, siempre me fallé, pero no con pequeña causa,
que no tenía yo menos rrazón para penar que tú hermosura para
penarme. Pues sauiendo tú cómo he sauido quererte, grand sin

1391. en el dañar] en dañar - A; en el danyar - Ms.
1391. pon con] porque con - B
1391-1392. paz; no] paz non - A; paz pongas no - B; paç no - Ms.
1392. por qué pudiendo has] porqué has - B
1392. de seruida ser] de ser seruida - Ms.
1392. Todas] todos - B
1393. quieren] quiren - B
1393. rrehúyes] rehúsas - Ms.
1393-1394. yo he más necessidad] yo he mayor necescidad - A; yo más necessi-
        dad - Ms.
1394. voluntad] voluntat - Ms.
1395. fe] fee - A
1395. y tu] y de tu - A
1395. he rescebido] he rresceuidos - A; he yo recebido - B
1396. enflaqueçido] enflaquescido - Ms.
1397. Quando tú menos] quanto menos - B
1397. mí te] mi dolor te - A
1398. pudiese] pudiesse - B
1399. nadi] nadie - B
1400. nadi] nadie - B
1401. afición] afección - A
1401. mi salud] la salud mía - Ms.
1403. conoscas] conozcas - B
1404. en mudança] en mi mudança - B; en mudanca - Ms.
1404. sufrir] sofrir - B
1404. cansado] acusado - Ms.
1405. tú me] tú - A
1405. fallé] llamé - B; hallé - Ms.
1405. no] non - A
1405. con] por - A
1405. pequeña] pequenya - Ms.
1406. no] non - A
1406. tú] tn - A
1407. grand] gran - B

121

[f. f⁵r.]justiçia a tu virtud y a mi fe harías, sy en tu condición nueba costumbre no pusieses, rrestituyendo con tus galardones
1410 los bienes que con tus desesperanças destruyste; y porque obras de arrepentida hazer comienças, consiente que por la merçed hecha, tus manos bese, y aquí ni más pedir ni más enojar queden; y sy vieres que el contrario hago con mi sufrir y tu oluidar me da la paga.

1415 *Responde Luçenda.*

Arnalte, sy como tú quexarte rresponderte supiese, no menos alegre de lo que dixiesse que triste de lo que hago me fallaría. Pero la presencia tuya y la vergüença mía en tal estrecho me tienen, que no sé qué diga ni saberlo quiero; que pues ya con lo que fago
1420 mi honrra adoleçí, mal con lo que dixere guarecerla podré, quanto más que para de la culpa que me das desculparme, mi bondad syn mi rrazón basta, a la qual, por no ofender a ty, en peligro he puesto. Dizes que como arrepentida de los males passados en bienes pre-

1408. fe] fee - A
1408. harías] farías - B
1409. no pusieses] non pusieses - A; no pusiesses - B
1409. galardones] gualardones - Ms.
1410. desesperanças] desesperancas - Ms.
1410. destruyste] destruyes - B
1411. arrepentida hazer] arrepentida a hazer - B
1411. comienças] comiences - B
1411. hecha] fecha - A
1412. bese] besse - Ms.
1412. y aquí ni] y aquí mi - A; aquí ni - Ms.
1412. pedir] pidir - Ms.
1412. ni más enojar queden; y sy] y mi más enojar queden y sy - A; ni más enojarte que de mí si - B
1413. hago] fago - A; yo hago - Ms.
1413. sufrir] soffrir - B
1415. Luçenda] Lucenda a Arnalte - B
1416. quexarte] quexar - B
1416. supiese] supiesse - B
1416. no] non - A
1417. dixiesse] dixiese - A; dixesse - Ms.
1417. hago] fago - A
1417. fallaría] hallaría - Ms.
1419. no] non - A
1419. quiero; que pues] quiero pues - A
1419. fago] hecho - B; hago - Ms.
1420. adoleçí] adolescí - Ms.
1420. dixere] dixiere - A
1420. guarecerla] guarescerla - A; guarecella - B
1421. para de la] para la - B
1421-1422. syn mi rrazón] syn rrazón - A; si mi razón - B
1422. la] lo - B
1422. no] non - A
1423. passados] pasados - A

sentes tu pena conbierta; con mayor rrazón de la mengua mía que
1425 [f. f⁵v.] del mal tuyo debo arrepentirme, porque tus males heran
con honrra sufridos y los míos son con desonrra buscados, y tú
como honbre sufrieras y yo como muger no podré. ¡Qué mayor
desconcierto que conçertar de hablarte pudo ser! Syn el daño que
adelante en la ynfamia espero, el presente en la fama me condena,
1430 porque temo que tu vitoria no podrás en el callar detener, porque
la alteración suele al seso vençer; lo qual sy es, a mi costa será.
¡O quánto más tu porfiar que mi defender ha podido! ¡Quién
[que creerte] tenía [no] creer me hiziera! ¡O en el seguir de los hombres quánto lo que quieren fallan! ¡O las mugeres me crehan y de
1435 los comienços se guarden! Y porque yo de mí mesma engañada me
veo, asý las consejo. ¡O!, ¿quién pensar pudiera que asý las fuerças de mi propósito enflaqueçer tenían? Luçenda es agora vencida,
y tú, Arnalte, el vençedor. Pero guarda que las glorias de tu vencimiento sepas conseruar; no pierdas con la gloria lo que ganaste
1440 con el dolor. Acuérdate que sana el secreto quanto el des[f. f⁶r.]co-
brir adolesce. Rruégasme que consienta que mis manos beses; sy a
presunción no lo cuentas, so contenta, a condición que a mí de

1425. del] aquel - B
1425. porque] pues - B
1426. honrra] hora - Ms.
1427. sufrieras] sufrirás - B
1427. no] non - A
1428. Syn] si - B
1428. daño] danyo - Ms.
1429. la ynfamia] la mi fama - B
1429. condena] condempna - Ms.
1430. temo] themo - Ms.
1430. no] non - A
1430. detener] tener - Ms.
1431. sy es] si assí es - B
1433. que creerte tenía no creer me hiziera] el querer que te tenía creerme fiziera - A;
creerte ni a creerme hiziera - B; que creherte tenía creher me hiziera - Ms.
1434. fallan] fallar fallan - B; hallan - Ms.
1434. O las] las - B
1435. yo de mí mesma engañada] yo de mí misma engañada - B; yo mesma de mi
enganyada - Ms.
1436. asý] assí - B
1436. las consejo] las aconsejo - B; les conseio - Ms.
1436-1437. ¡O!, ¿quién pensar pudiera que asý las fuerças de mi propósito enflaqueçer tenían? Luçenda] Lucenda - B
1437. enflaqueçer] enflaquescer - Ms.
1438. el vençedor] el buen vencedor - B
1439. sepas conseruar] sepas guardar y conseruar - B
1439. no] y non - A
1440. dolor. Acuérdate] dolor y acuérdate - A
1440. secreto] segreto - Ms.
1440-1441. descobrir] descubrir - A
1441. adolesce] adolece - B
1442. no] uon - A

123

ymportunada y a ty de importuno esta merçed quite, y tal contrato
entre ty y mí quede, y que asý se guarde te pido. E a la hermana
1445 aquexadora mía y consoladora tuya hago testigo para todo lo que
adelante passare, sy quebrallo quisieres.

Arnalte al auctor.

Como Luçenda asý su fabla acabasse, y que besase sus manos
por bien touiese, fuymos del tiempo rrequeridos; el qual, porque
1450 ya el templo de gente se hinchía, con mucha priessa nos despartió;
y asý, sin más detenernos, Luçenda y las suyas por su parte, y la
hermana mía y yo por la nuestra, a nuestras posadas guiamos. Sy
señorear el vniuerso, o tener el bien que tenía, a escoger me dieran,
los que mucho aman lo pueden juzgar. Pues como la amada mi
1455 hermana mi grand caymien[f. f⁶v.]to viese, con todas sus fuerças,
por a mí en [mí] boluerme trabajaua. E con desseo de cómo solía

1443. ymportunada] importunidad - B
1443. de] te - B
1443. merçed] mercet - Ms.
1443. y] a - B
1443. contrato] contrabto - A; con tanto que - B
1444. ty y mí] mí y ty - A
1444. asý se] se assí - B
1444-1445. hermana aquexadora] hermana y aquexadora - A
1446. passare] pasare - A
1446. quebrallo] quebrarlo - A; quebralla - Ms.
1447. Arnalte al auctor] Arnalte al autor - A; Buelue Arnalte al auctor - B
1448. Como] E como - B
1448. asý] assí - B
1448. fabla] habla - Ms.
1448. acabasse] acabase - A
1448. besase] besar - B
1449. touiese] touiesse - B
1449. fuymos] fuemos - B
1449-1450. qual, porque ya el templo] qual por quexa que ya el templo - A; qual
      ya porque el templo - B
1450. hinchía] finchía - A
1450. priessa] priesa - A; prissa - Ms.
1451. asý] assí - B
1452. posadas] possadas - Ms.
1453. señorear] senyorear - Ms.
1453. vniuerso, o] vniuerso mundo o - A
1453. dieran] diesen - Ms.
1454. aman lo] amando - Ms.
1454. juzgar. Pues como la] juzgar pues como a la - B; juzgar qual más me conten-
      taría pues como la - Ms.
1454-1455. amada mi hermana mi grand] amada hermana mía gran - B
1455. viese] viesse - B
1455. con] co - A; en - B
1456. en mí] en las mías - B; en - Ms.
1456. boluerme] boluerse - B
1456. desseo] deseo - A

verme buelto, acordó de rrogarme que ha vn lugar suyo que junto
con la çibdad de Tebas estaua, a folgar con ella yrme quisiese,
porque la recreación del plazer en pie pudiese ponerme; lo qual,
1460   yo con alegre voluntad, de hazer me plugo, y en la hora nuestro
acuerdo con obra secutamos; y como el lugar de mucha caça abas-
tado fuese, fize mis aves allá leuar, porque con la merçed de
Luçenda y con los passatiempos míos en mí tornar pudiesse. Pues
ya que alla nuestro aposentamiento fue hecho, y nosotros allá
1465   llegados, de las fiestas de la hermana mía muy rrequerido y fes-
tejado hera; y con los muchos vicios yba las fuerças perdidas co-
brando. Y vn nubloso día que a caça salý, vi muchas señales y
agüeros que del mal venidero me çertificaron, y fueron tales como
yo aquel aziago día de mañana me lebantasse, vn sabueso mío en
1470   mi cámara entró, y junto con mis pies tres temerosos aullidos dio;
y como yo en agüeros poco mirasse, no curando [f. f⁷r.] de tal

1458.   la çibdad] la nuestra ciudat - Ms.
1458-1459.   a folgar con ella yrme quisiese] quisiesse yrme a folgar - B; a holgar con
          ella yrme quisiese - Ms.
1459.   pudiese] pudiesse - B
1459-1460.   qual, yo con] qual con - B; qual yo luego con - Ms.
1460.   voluntad] voluntat - Ms.
1460.   hazer] fazer - B
1460.   hora] obra - Ms.
1461.   con obra] en obra - A; con la obra - B
1461.   secutamos] esecutamos - A
1462.   fize] hize - Ms.
1462.   leuar] llevar - A
1462.   merçed] mercet - Ms.
1463.   passatiempos] pasatienpos - A
1463.   pudiesse] pudiese - A
1463-1464.   Pues ya] y después - A
1464.   aposentamiento] apossentamiento - Ms.
1464.   hecho] fecho - A
1466.   hera; y] era - B
1467.   nubloso] nuboloso - Ms.
1467.   caça] caçar - B
1467.   salý] sallí - Ms.
1467.   señales] sennyales - Ms.
1468.   agüeros] augüeros - Ms.
1468.   del mal venidero] del venidero - B; de mi mal venidero - Ms.
1468.   tales como] tales que como - A
1469.   aziago] azigo - Ms.
1469.   mañana] manyana - Ms.
1469.   lebantasse] lebantase - A
1470.   temerosos aullidos] ahullidos temerosos - A
1471.   agüeros] augüeros - Ms.
1471.   mirasse] mirase - A
1471.   no] non - A
1471.   de] del - Ms.

misterio, tomando vn açor en la mano, el camino pensado seguí;
y entretanto que la caça se buscaba, entre muchas cosas pensadas,
a la memoria traxe cómo aquel cauallero Elierso, de cuya confor-
1475 midad de amor entre él y mí ya conté, avía muchos tiempos que
la conuersación suya y mía estaua en calma, porque ni verme quería ni por mí preguntaua; y como las condiciones de los más honbres en las amistades mucha firmeza no guarden, por ello pasé, su
apartamiento a la mejor parte juzgando, creyendo que de mucho
1480 amor, por mis males no ver, de mí se escusaua. Y quando el tal
pensamiento de mí despedí, el açor que en la mano tenía, súpita-
mente muerto cayó. E que en aquello no mirase negar no lo quiero;
que syn dubda de grandes sobresaltos fue [enbestido] el coraçón;
y de ver las tales cosas, dexada la caça, puesto en vn alto rrecuesto,
1485 desde [él] la ciudad mirando por ver sy la casa de Luçenda entre
las otras señalar podría. Y estando asý puesto, el estruendo de muchos atabales y tronpetas llegó a mis oýdos; y [f. f⁷v.] como tan

1472. açor] ascor - Ms.
1472. la] mi - Ms.
1472. el camino pensado seguí] el camino seguí - B; en el camino pensado seguý - Ms.
1473. y entretanto] entretanto - B
1473. buscaba] buscasse - Ms.
1474. traxe] truxe - B
1474. Elierso, de] de - B
1474-1475. conformidad] enfermedad - Ms.
1475. ya] y - A
1475. muchos tiempos] mucho tienpo - A
1478. no] non - A
1478. guarden] guardan - Ms.
1478. pasé] puse - B; passé - Ms.
1479. mejor] mijor - A
1479. juzgando] juzgándolo - B
1480. no] non - A
1481. de mí despedí] despedí - B
1481. açor] asçor - Ms.
1481. mano] meno - A
1481. tenía] traýa - A
1482. no mirase] non mirase - A
1482. no lo] non lo - A
1483. dubda] duda - Ms.
1483. de grandes] grandes - B
1483. fue enbestido el] vestió el mi - B; fue vestido el - Ms.
1484. ver las tales] ver tales - B
1485. desde él la ciudad] faza la cibdad - A; desde allí la ciudad - B; desde él la ciudat - Ms.
1485. Luçenda] Lunçenda - A
1486. señalar] senyalar - Ms.
1486. podría] pudiera - B
1486. asý] assí - B
1486. puesto, el estruendo] puesto el destruendo - A; puesto en el estruendo - Ms.
1487-1488. como tan sin tiempo en el] como en tal tiempo el - A; como tan sin tienpo en - B

sin tiempo en el tal exercicio priessa le diesse, mucho sobre lo que
podía ser pensé, mucho de la sospecha de mi daño seguro; y en
1490   aquel alto puesto, porque desde la casa de Luçenda veýa, hasta
que ya el sol [los llanos del todo los] dexaua, estuue. E como ya,
[porque] la noche venía, de allý partirme conbino, guié [faza]
el lugar donde mi estancia hera; y como a la puerta de la posada
llegase, vy que mi hermana, [no como] hera su costumbre, a re-
1495   cebirme salía, de lo qual en mucha manera me marauillé. Y como
ya donde ella estaua entrasse, su lengua enmudeçida y su cara
llorosa vy, y tan entristeçida toda ella, que dezir no se puede. Y de
vella yo tal, me paré; [y] ni ella hablarme quería, ni yo osarle
preguntaua, temiendo de sus palabras mala nueba oýr. Pero seyendo
1500   el largo sylencio por mí quebrado, por la causa de su tristeza le
pregunté, la qual por las muchas lágrimas rresponder no me pudo.

1488. priessa] priesa - A; prissa - Ms.
1488. le diesse] se diese - A
1488-1489. lo que podía] lo alto puesto sobre lo que podría - A
1489-1490. daño seguro; y en aquel alto puesto, porque desde la casa de Luçenda
veýa; hasta] daño seguro estando y en aquel alto rrecuesto puesto porque
del la casa de Luçenda veýa y fasta - A; daño seguir. Y en aquel alto
puesto, porque desde la casa de Lucenda veýa hasta - B; danyo seguro
y en aquel alto puesto porque desde el la casa de Lucenda veýa hasta - Ms.
1491. los llanos del todo los] de todo en todo los llanos - B; el día - Ms.
1491. estuue] estobe - A
1491-1492. como ya, porque la noche venía] como ya por la noche que venía - A;
como la noche venía - B
1492. de allý partirme] partirme de allí - Ms.
1492. conbino, guié faza] conuino fasta - B; me conuino guyé azea - Ms.
1493. estancia] estación - B
1493. hera; y] era - B
1493-1494. la posada llegase] mi hermana llegase - B; la possada llegasse - Ms.
1494-1495. que mi hermana, no como hera su costumbre, a recebirme salía] que
mi hermana non como hera su costumbre a rresçeuirme saliese - A; como
era su costumbre a recebir no me salía - B; que mi hermana como era
su costunbre a recebirme sallía - Ms.
1495. lo qual en mucha manera me] lo qual mucho me - Ms.
1495-1496. como ya donde] como do - B
1496. entrasse] entrase - A; llegasse - Ms.
1496. enmudeçida] enmudecido - B; enmudescía - Ms.
1496-1497. y su cara llorosa] auía y su cara vellosa - B
1497. no] non - A
1498. vella] verla - A
1498. tal, me] tal tal me - A
1498. y ni] que nin - A; ni - B
1498. hablarme] fablarme - A
1498-1499. osarle preguntaua, temiendo] osarle preguntaua estando temiendo - A;
preguntar le osaua temiendo - B; osarle preguntaua themiendo - Ms.
1499. seyendo] siendo - Ms.
1500. quebrado] quebrantado - B
1500. por la] la - B
1501. no] non - A

Pero ya después que el mucho llorar su ha[f. f⁸r.]bla libertada
dexó, con sobrada cordura, con deuidos consuelos, como Luçenda
desposada con aquel amigo mío era me dixo. E que en la sazón
1505 de fazerse acabada. Allý mis señales fueron asueltas; allý el estruendo que en la cibdad oý me fue rreuelado; allý, syn palabra
le rresponder, fallescida la fuerça e creçido el dolor, comigo en
el suelo di; y fue el golpe tan grande, que ya mi hermana e los
míos por muerto me juzgauan. Y como la salud mía rrestituyda
1510 tuue, las carnes de [Arnalte] feridas a fazer con mis manos pedaços
comencé; y de mis muchos cabellos el suelo ynchiendo. E havnque
los semejantes autos mugeriles sean, las hordenanças de la pena de
amor los hombres a ellas sometidos tienen. E después que los
consuelos de la hermana mía e los míos mi atormentar pusieron
1515 en calma, mucho e muy doloroso luto hize traher de lo qual a mis
criados e a mí vestir hize. E como vna muger de Luçenda, de quien

1502. Pero ya después] pero después - B
1502. habla] fabla - A
1503. cordura, con] cordura y con - A
1504. amigo mío era] amigo hera - A
1505. fazerse] hazerse - Ms.
1505. señales] senyales - Ms.
1505. asueltas] absueltas - A
1506. en la cibdad oy] oy en la ciudad - Ms.
1506. rreuelado] reuellado - Ms.
1507. le rresponder] le respondí - B; el responder - Ms.
1507. fallescida] fallecida - B
1507. fuerça] fuerca - Ms.
1507. creçido] cresciendo - Ms.
1507. comigo] conmigo - Ms.
1508. fue el golpe] fue golpe - B
1509. míos] nuestros - B
1509. salud] salut - Ms.
1510. tuue] fue - A
1510-1511. carnes de Arnalte feridas a fazer con mis manos pedaços comencé] carnes
    de Arnalte feridas a fazer con mis manos comencé - A; cartas de Lucenda
    recebidas fazer con mis manos pedaços comencé - B; carnes de Lucenda
    heridas a hazer con mis manos pedaços comencé - Ms.
1511. y de] de - B
1511. muchos cabellos] cabellos - Ms.
1511. ynchiendo] henchí - B
1512. autos] abtos - A; auctos - Ms.
1513. ellas] ellos - Ms.
1513. sometidos] sometidas - A
1513. tienen] a ellos tienen - B
1514-1515. atormentar pusieron en calma] atormentar en calma pusiesen - A; tor-
    menta pusieron en calma - B; atormentar pusieron en calma - Ms.
1515. mucho e muy doloroso luto hize] mucho e muy doloroso luto fize - A; mucho
    doloroso luto hize - B
1516. hize] fize - A

ella grand confiança hazía, [f. f⁸v.] de su parte a mí viniese, a que
por el casamiento hecho sus desculpas me diese, mostrando que más
fuerça de parientes que voluntad suya ge lo hizo hazer; y después
1520 de averla bien escuchado y mejor satisfecho, con doblada culpa
que traxo se falló. E como allý la vi, antes que a Luçenda con mi
enbaxada boluiese, hize vna capa hazer de la lutosa librea que el
coraçón y la persona cubría, en la qual vnas letras de seda negra
hize bordar, las quales desta manera dezían:

1525   Dezilde, pues quiso ser
                           catiba de su catiuo,
                           que esto viue porque viuo.

E como la enbaxadora discreta fuese, de mi dolor mucho se doliendo, la letra de la capa en la memoria tomó; y asý se va. E me
1530 dexa con tanta pena [de] su casar de Luçenda, quanto enojo del
[caso], por la trayción dél rrecibida; y como ella se fuese, acordé

1517. grand] gran - B
1517. hazía] tenía - A; fazía - B
1517. viniese] veniese - A; viniesse - B
1518. hecho sus desculpas] desculpas - A
1518. diese] diesse - B
1519. fuerça] fuerças - B; fuerca - Ms.
1519. suya ge lo hizo hazer; y después] suya ge lo fizo fazer y después - A; suya
        hazérselo hizo y después - B; suya ge lo hizo hazer después - Ms.
1520. averla] averlo - A; auella - B
1520. mejor] mijor - A
1520. doblada] dublada - Ms.
1521. que traxo] que me truxo - Ms.
1521. falló] voluió - B; halló - Ms.
1521. la vi, antes] ante - B
1522. boluiese] boluiesse - Ms.
1522. hize vna capa hazer de la lutosa] fize vna capa fazer de la lutosa - A; hize
        hazer vna capa de la lutosa - B; hize vna capa de lutosa - Ms.
1522-1523. que el coraçón y la persona cubría, en] que el coraçón y la persona
        cobría en - B; en - Ms.
1524. hize] fize - A
1524. desta] en esta - A
1525. Dezilde] Dezile - Ms.
1526. catiba] captiua - B; catiua - Ms.
1526. catiuo] captiuo - B
1528. fuese] fuesse - B
1528-1529. se doliendo] doliéndose - B
1529. en la] en su - B
Σ_Ms.
1529. asý] assí - B
1530. de] con - B
1531. caso] casado - B
1531. rrecibida] recebida - B
1531. fuese] fuesse - B

[q*ue* Elierso] su maldad y quién yo hera supiese; y syn más tardança le enbié vn cartel, las rrazones del q*ua*l [dezían asý].

[f. g¹r.]

[*Cartel de Arnalte a Elierso.*]

1535   [Elierso], porque tus secretas [faltas] en mis palabras públicas
se vean, callar no las quiero; y porque a otros tu castigo enxiemplo
sea, las quiero a plaça sacar; y tanbién porq*ue* tu culpa la pena
que meresçe rresciba, quiero con las manos [vençerte] y con las
palabras afearte. Y esto [en] esfuerço de la maldad tuya y en con-
1540   fiança de la rrazón mía, y porq*ue* tu yerro te avergüençe y [nin-
guna desculpa] te salue. [Acuérdate quánta] amistad [tanto] tiempo en estrecho amor nos ha tenido, y trahe a la memoria co*n*
quánta seguridad que de ti tenía, de todos mi secretos te di parte
sin [nada negarte y syn nada encubrirte]. E [que] la causa dellos
1545   Luçe*n*da hera, no [te lo negué; ante, que tú y yo mi rremedio
buscásemos te rrogué, lo qual con muchas firmezas] para valer[me],
y co*n* muchas rrazones para [engañarme], q*ue* te plazía me dexiste,
dándome fe, que [avnque tú] la seruías, de dexar de ser suyo
porque ella mi señora fuese; en cuyos [prometimie*n*tos] mucha

1532. que Elierso] del Yerso - B
1532. supiese] supiesse - B
1533. dezían asý] eran éstas - B
1534. Cartel de Arnalte a Elierso] El cartel que Arnalte embió al Yerso - B
1535. Elierso] Yerso - B
1535. tus] tu - B
1535. faltas] palabras - B•
1536. no] non - A
1536. enxiemplo] enxemplo - B
1538. meresçe] merece - B
1538. rresciba] reciba - B
1538. vençerte] vencer - B
1538. en] con - B
1540-1541. ninguna desculpa] ninguno de culpa - B
1541. Acuérdate quánta] acuérdate de quánta - B
1541. tanto] quánto - B
1544. nada negarte y syn nada encubrirte] ninguna cosa encobrirte y sin nada negarte - B
1544. que] porque - B
1545. no] non - A
1545-1546. te lo negué; antes, que tú y yo mi rremedio buscásemos te rrogué, lo
qual con muchas firmezas] terná firmeza - B
1546. valerme] valerte - B
1547. engañarme] me engañar - B
1548. fe] fee - A
1548. avnque tú la] avn tú que la - B
1549. fuese] fuesse - B
1549. prometimientos] pensamientos - B

130

1550 esperança tube, pen[f. g¹v.]sando que más de cierto que de engañoso te [preciabas]. Y agora, de mí te encubriendo, por muger la
rresceuiste, faziéndote del galardón de mis trabajos posehedor; [y
sin más mirar, por ganar a ella, tu honrra perdiste. Y por el bien
que me quitaste, de ti non me quexo, porque en sus obras jamás
1555 lo fallé; antes, quanto más mi vida menguaba tanto más su voluntad crescía]. Pero quéxome porque [tan] enemigo de tu [vo-
luntad] y de mí ser quesiste, en especial sauiendo tú quánto las
obras del amistad a la [verdad] son conformes; antes, esto [non]
mirando, [de] tu clara fealdad tu memoria escureçer quesiste; y
1560 más a ty que a otro lo que [fecho] has te toca, porque [asý] como
[en] lo blanco más lo negro se conosce, asý [en] tu lympio linaje
[más tu] yerro se paresce. [Y] porque de vieja falta nueba vergüença rrescibas, te [rrebto] y fago saber que con las armas que
deuisar quisieres, te mataré o echaré del campo [o faré] conoscer
1565 que la mayor [fealdad] que pensarse puede feziste; y con ayuda
de Dios, mis manos e tu mal[f. g²r.]dad me darán de ty entera
vengança. Por eso las armas que dadas te son a escojer escoje,
que darte el campo y señalarte el día, [en viendo] tu rrespuesta
lo haré.

1551. preciabas] tratauas - B
1552. rresceuiste] recebiste - B
1552. posehedor] posseedor - B
1552-1556. y sin más mirar, por ganar a ella, tu honrra perdiste. Y por el bien que
me quitaste, de ti non me quexo, porque en sus obras jamás lo fallé;
antes, quanto más mi vida menguaba tanto más su voluntad crescía.
Pero] Pero - B
1556. tan] tu - B
1556-1557. voluntad] bondad - B
1558. verdad] virtud - B
1558. esto non] esto - B
1559. de] con - B
1560. fecho] dicho - B
1560. porque asý como] porque como - B
1561. en lo] con lo - B
1561. asý] assí - B
1561. en tu] el tu - B
1562. más tu] más en tu - B
1562. paresce] parece - B
1562. Y] pues - B
1563. rrescibas] recibas - B
1563. rrebto] ruego - B
1564. o faré] o te haré - B
1564. conoscer] conocer - B
1565. fealdad] falsedad - B
1565. feziste] heziste - B
1567. eso] esso - B
1568. en viendo] hauiendo - B
Σ
1569. haré] faré - A

131

1570 [*Responde Elierso a Arnalte.*]

Arnalte, rresceuí vn cartel tuyo y segund lo que vy en él, puedo dezirte que sy tienes ta*n* esforçados los fechos como [desmedidas] las palabras, en este debate que comie*n*ças, más por vençedor que vençido te juzgo. Pero al rrebés lo piensa, porque no hallarás tú
1575 menos furia en mis manos que yo descortesía en tu lengua. E segund lo que tus rrazones dizen, tú para el dezir y yo para el hazer nascimos. Y has causado co*n* tu soberuioso hablar q*ue* los ajenos por lo que tú dizes se rrían, y los tuyos por lo que yo hiziere te llore*n*, que grand ynjusticia sería sy con la muerte castigo no
1580 recibieses segund con quánta rrazón merescida la tienes. Dizes que, para que mi yerro claro se parezca, que de la amistad con que tus secretos me descubriste me acuerde; sy tal te negasse, mucho co*n*tra virtud [f. g²v.] yría. Pero yo supe mejor guardar el amistad que tú conserualla, y si en plaça no me afearas de mi

1570. Responde Elierso a Arnalte] Responde El Yerso a Arnalte - B; Respuesta de Elierso - Ms.
1571. rresceuí] recebí - B; rescibí - Ms.
1571. segund] según - B; segunt - Ms.
1572. esforçados] esforcados - A
1572. fechos] hechos - B
1572. desmedidas] desdemidas - B; demasiadas - Ms.
1573. más por] por más - Ms.
1574. piensa] juzga y piensa - B
1574. no] non - A
1574-1575. hallarás tú menos] hallarás menos - A
1576. segund lo que tus rrazones] según tus razones - B
1576. dizen, tú] tú - B; dicen tú - Ms.
1577. hazer] fazer - A
1577. nascimos] nacimos - B
1577. Y has causado] ya cansa - B
1577. hablar] fablar - A
1577. que los] que harás que los - B
1578. dizes se rrían, y] dizes y - B
1578. hiziere] fiziere - A
1579. grand] grande - B
1579. sería] será - B
1579. no] non - A
1580. recibieses] rrescibieses - A; recibiesses - B
1580. segund] según - B; segunt - Ms.
1581. parezca] paresca - A
1581. que de la] que si con el - B
1581-1582. con que] que con - Ms.
1582. acuerde] acuerdo - B
1582. negasse] negase - A
1583. contra virtud] contra la virtud - B
1583. yría] yrá - B
1584. conserualla] conseruarla - A
1584. no] non - A
1584. afearas] afrontaras - A

1585 desculpa en secreto satisfecho fueras, la qual sauiendo, más por
cierto que por engañoso me juzgaras, porque más por rremedio
tuyo que por prouecho mío a Luçenda por muger rresciuí, creyendo que su casamiento para tus males atajo sería; y como yo
en disposición de mucha pena y poco veuir te viese, de hazer lo
1590 que hize pensé, porque la desesperança tu salud rrestytuirte pudiesse; comoquiera que los que por el aparencia juzgaren más por
dudosa que por cierta abrán mi desculpa. Pero como la yntención
salua o condena, a ella me rrefiero; y como la verdad desto más
en las manos que en las palabras se ha de mostrar, para el día
1595 del hecho la sentencia se quede, y allý verás quánto en callar ga-
naras e quánto en hablar has perdido, porque allý de mi derecho
y tu soberuia serás juzgado. Y porque para en los auctos semejantes
es deuida cosa acortar en la rrazón [f. g³r.] y alargar en la obra,
digo que, para lo que he dicho verdad fazer y para el contrario de
1600 lo que dizes defenderte, que yo escojo las armas en esta manera:
a la brida, armados los cuerpos e cabeças como es costumbre, y
los braços derechos syn armas ningunas; las lanças yguales con
cada dos espadas; los caballos con cubiertas y cuello y testera. Por

1585. satisfecho] satisfeche - B
1586. engañoso] enganyoso - Ms.
1587. rresciuí] recebí - B; recebir quise - Ms.
1588. para tus] para en tus - A
1589. en disposición] en tu disposición - B
1589. mucha pena] mucho sofrir - B
1589. veuir te viese] viuir deuiesse - B; biuir te viese - Ms.
1590. hize] fize - A
1590. rrestytuirte] restituyr - B
1590-1591. pudiesse] pudiese - Ms.
1591. comoquiera] como quisiera - Ms.
1591. el aparencia] ella parescía - Ms.
1592. dudosa] dubdosa - A
1592. Pero como] y como - B; pero como como - Ms.
1593. condena] condempna - Ms.
1595. hecho] fecho - A
1595. sentencia se quede] sentencia quede - Ms.
1596. porque allý de mi] porque mi - B
1597. y tu] y de tu - A
1597. serás juzgado] serán juzgados - B
1597-1598. para en los auctos semejantes es deuida cosa acortar en la rrazón] para
en los abtos semejantes es deuida cosa acortar en rrazón - A; a vosotros
semejantes es deuida cosa acortar en la razón - B
1599. fazer] hazer - A
1602. derechos] drechos - Ms.
1603. dos] sendas - A
1603. y cuello y testera] y con cuello y con testera - B

esso, quando quisieres, escoje el campo y señala el día, que con
1605 ayuda del que entre tu [ynjusticia] y mi verdad ha de ser juez,
te entiendo matar o echar del campo o vençerte con las armas
dichas.

Arnalte al auctor.

Pues como las armas por Elierso señaladas fuesen, fuyme al rrey
1610 y fízele de todo lo pasado ynformación cierta; y como la fealdad
de Elierso en manera estraña mal le pareciesse, porque la verdad
de aquello su vencimiento o el mío averiguasse, guardando las
leyes sobre los rreutos estableçidas, de darnos el campo fue con-
tento. E como ya su se[f. g³v.]guridad para en aquello touiesse,
1615 venido el día del trançe por mí señalado, Elierso y yo delante
del rrey al canpo venimos; y después de aver nosotros visto que las
armas en ygualdad estaban puestas, las palabras passadas en oluido, en las obras presentes touimos memoria; y como ya yo para
él y él para mí mouidos fuésemos, en la fuerça de los encuentros

1604. esso] eso - A
1604. quisieres] guisieres - A
1604. señala] senyala - Ms.
1605. ayuda] ajuda - A
1605. ynjusticia] justicia - B, Ms.
1605. verdad] derecho - A
1605. juez] jues - A; jueç - Ms.
1606. vençerte] vencer - B
1608. Arnalte al auctor] Arnalte al autor - A; Buelue Arnalte al auctor - B
1609. Elierso] el Yerso - B
1609. señaladas fuesen] fuessen señaladas - B; senyaladas fuesen - Ms.
1610. fízele] fízile - B; hízele - Ms.
1610. pasado] passado - B
1610. fealdad] falsedad - A; fealdat - Ms.
1611. de Elierso] del Yerso - B
1611. estraña] estranya - Ms.
1611. pareciesse] paresciese - A
1611. verdad] verdat - Ms.
1612. averiguasse] averiguase - A; la veriguasse - Ms.
1613. leyes] leys - A
1613. rreutos] rectos - B
1613. estableçidas] establescidas - Ms.
1614. para en aquello] para aquello - Ms.
1614. touiesse] touiese - A; tuuiesse - B
1615. del] quel - B
1615. señalado] senyalado - Ms.
1615. Elierso] el Yerso - B
1616. del] el - B
1616. aver nosotros] aver en nosotros - Ms.
1617. ygualdad estaban puestas] ygualdad puestas - B; egualdat estauan puestas - Ms.
1617-1618. passadas en] pasadas puestas en - A
1618. como ya yo] como yo - A
1619. fuésemos] fuéssemos - B; fuemos - Ms.

1620 el odio de las voluntades mostramos. Y como Elierso no menos
buen cabalgador que puntero fuese, en el braço desarmado me
hirió, lo qual mi golpe a él no fizo, porque puesto que en la vista
le di, no pude tan en lleno alcançarle que daño le fiziese. Y asý
nuestras lanças rrompidas, con mucha presteza echando mano a las
1625 espadas, no con poco denuedo a conbatirnos començamos; y tanto
el espacio de la priessa nuestra duró, que los que miraban de
mirar, y nosotros del trabajo, estábamos en mucha manera cansados; y como los corajes creciesen, no quanto deuieran las fuerças
menguaban; y porque la prolixidad en las tales co[f. g⁴r.]sas más
1630 enojo que agradable sea, no quiero nuestro trançe por estenso dezir,
más de quanto Elierso fue al cabo vençido, en el qual vencimiento
su [fealdad] y mi verdad se conosció. E como Elierso en más la
honrra que la vida touiese, guardando las leyes que de su lympieza
heredó, no queriendo desdezirse, quiso antes morir con honrra que
1635 biuir con vergüença. Pues como Luçenda biuda e yo vençedor fué-

---

1620. Elierso] el Yerso - B
1620. no] non - A
1621. fuese] fuesse - B
1621. braço desarmado] braço que desarmado leuaua - B
1622. hirió] firió - A
1622. no] non - A
1622. fizo] hizo - Ms.
1623. no] non - A
1623. pude] fue - A; puede - B
1623. tan] tanto - A
1623. en] el - B
1623. alcançarle] alcançalle - B
1623. daño] danyo - Ms.
1623. fiziese] fiziesse - B; hiziese - Ms.
1623. asý] assí - B
1625. no] non - A
1626. priessa nuestra] priesa nuestra - A; nuestra prissa - Ms.
1627. mucha] nueua - A
1628. creciesen] creciessen - B; cresciesen - Ms.
1628. no] non - A
1628. fuerças] fuercas - Ms.
1630. enojo] enojosa - A
1630. no] non - A
1631. Elierso fue] fue el Yerso - B
1632. fealdad] falsedad - B; maldat - Ms.
1632. conosció] conoció - Ms.
1632. E como] como - A
1632. Elierso] el Yerso - B
1633. touiese] tuuiesse - B
1633. leyes] leys - A
1633. lympieza] limpieça - Ms.
1634. heredó] heredero - B
1634. no] non - A
1634. desdezirse] desdeçirse - Ms.
1635. biuir con vergüença] syn ella viuir - A; beuir con vergüença - Ms.
1635-1636. vençedor fuésemos] vençendor fuésemos - A; fuesse vencedor - B

135

semos, llebado él a la final casa de la tierra y puesto yo en mi
posada haziendo de mis llagas curar, sabiendo los lloros que Luçenda por Elierso hazía, de escreuirle acordé, ofreciéndome por su
marido, si a ella asý le pluguiesse, pensando que comigo el dolor
1640   por su perdido esposo oluidaría. Las rrazones de mi carta fueron
tales.

Carta de Arnalte a Luçenda.

Luçenda, no me tengas a loca osadía porque en tiempo de
tanta guerra paz te pido; lo qual sy hago, es por ser mayor tu
1645   virtud que mi [f. g⁴v.] yerro. Y sy de la muerte del rrobador de
mis bienes e marido tuyo me pesó, sólo Dios es jueç. Pero si me
pesó por su causa, por la tuya me plugo, porque sy yo no te herra-
ra, nunca la virtud de tu perdonar mostrarse pudiera, la qual sobre
todas es muy tenida. Y porque a mí perdonando loada tú seas, el
1650   pesar con plazer matizé, porque todas tus virtudes heran conoscidas y ésta encubierta; el qual perdón sy no hazes, mucho de
rreprehender serás, y con sola esta merçed podrás a ty y a mí

1636. llebado él a] lleuando a él a - B; leuado él a - Ms.
1636. puesto] buelto - Ms.
1637. haziendo de] haziendo yo de - B
1638. Elierso] el Yerso - B
1638. hazía] fazía - A
1638. escreuirle] escriuirle - Ms.
1638. ofreciéndome] ofresciéndome - Ms.
1639. si a ella] y a ella que - A
1639. asý] assí - B
1639. pluguiesse] pluguiese - A
1639. comigo] conmigo - Ms.
1639-1640. dolor por su] dolor que por su - B; dolor de su - Ms.
1640. fueron] fuaron - A
1641. tales] éstas - B
1643. no] non - A
1644. paz] paç - Ms.
1644. pido] pida - Ms.
1644. hago] fago - A
1644. ser mayor] ser tan mayor - Ms.
1645. virtud] virtut - Ms.
1645. la muerte del] la del - B
1646. sólo Dios] Dios solo - Ms.
1646. es jueç] es el jues - A; es sabidor - B
1647. plugo] plogo - A
1647. no] non - A
1648. virtud de] virtud tuya de - B
1650. con plazer] con el plazer - Ms.
1650-1651. conoscidas] conocidas - B
1651. encubierta; el] encubierta estaua el - B
1651. no] non - A
1651. hazes] fazes - A
1652. y con] y no con - B

satisfazer. Pues pedirte las que demandarte solía será escusado; pues que con seruicios alcançar no las pude, ¿con enojos cómo
1655 podré? Y desta causa nada que te enoje osaré suplicarte, porque si la pena lo pide, el temor lo rrefrena. Avnque sy tú, por ley de rrazón guiarte quieres, más enemiga de ty que de mí ser debes, porque sy yo el marido tuyo maté, fue vna muerte la suya; pero tú con muchas mataste a su matador, de lo qual jamás arrepentida
1660 te vy. Pues [f. g⁵r.] sy la orden que para ty quieres comigo no quiebras, por perdonado me quiero tener. Las llagas que de tu marido rresceuí, havnque los que las curan peligrosas las fallan, ni de su peligro temo, ni su dolor me duele; porque las graues que tú me heziste con mayor tormento me atormentan, porque agora
1665 de nuebo se rrenueban. Y aquí, donde curando las del cuerpo y no guaresciendo las del alma estó, pienso mil cosas, pensando en alguna descanso para esta cansada vida tuya hallar. Y todas con

1653. Pues pedirte las que demandarte solía será] pues pedirte las que deuía darte será - B; pues que pidirte las que demandarte solía será - Ms.
1654. pues que] porque - A
1654. no] non - A
1655. podré] podrá - Ms.
1655. desta] a esta - A
1655. enoje osaré] onoje te osaré - A
1655-1656. suplicarte, porque] suplicar que - A
1656. temor] themor - Ms.
1656. sy tú] tú sy - A
1657. quieres] quisieres - A
1660. sy la] su tú la - B
1660. quieres] quisires - A
1660. comigo] conmigo - Ms.
1660. no] non - A
1661. tener] llamar - B
1662. rresceuí] recebí - B
1662. havnque] que avn - B
1662-1663. curan peligrosas las fallan, ni su peligro temo, ni] curan peligrosas las fallan nin su peligro temo nin - A; curan dizen que son peligrosas ningún peligro temo, ni - B; curan peligrosas las hallan ni su peligro temo ni - Ms.
1664. heziste] feziste - A; ysiste - Ms.
1664. mayor tormento me atormentan] mayor tormentan - Ms.
1664. porque] que - A
1665. curando las] curando de las - A
1665-1666. y no] y non - A; no - B
1666. guaresciendo] guarneciendo - B
1667. alguna] algunas - B
1667. descanso] algún descanso - Ms.
1667. cansada] descansada - B
1667. hallar] fallar - A

enemiga mortal la cara me bueluen. Y sola vna en que abrigo hallé
quiero dezirte, porque de mi poco engaño y de mi mucha fe segu-
1670 ridad rrescibas; y es ésta: las cosas que con la muerte se pierden,
bien sabes tú que no queda en la vida con qué se puedan cobrar;
y tan syn rremedio la tal pérdida es, que ni oraciones ni votos ni
lloros cobrar no la pueden. E pues esta regla para todos es notoria,
no entiendo que el poder de tus fuerças ni la [f. g⁵v.] muche-
1675 dumbre de tus lágrimas a tu marido darte podrán. Y comoquiera
que la fe que con él touiste para mí te faltó, sy tú por mal no lo
has, yo te quiero dar a mí, pues a él te quité; y sy çeguedad de
amor pensar te hiziere que yo como él no te merezco, ynfórmate de
agenos sesos, porque los engaños de amar ternán el tuyo vencido,
1680 e verás como los otros e el tuyo serán en consejo enemigos. E sy
desto esperiencia cierta quieres, mira que quien lo pudo vençer

1668. que] quyen - Ms.
1668. abrigo] algo - B
1668. hallé] fallé - A
1669. engaño] enganyo - Ms.
1669. mucha] poca - Ms.
1669. fe] fee - A
1670. rrescibas] recibas - B
1670. ésta: las] ésta que las - A; éste las - Ms.
1670. con la muerte] en la muerte - B; con muerte - Ms.
1671. tú que no] que tú non - A
1671. puedan] pueden - Ms.
1672. oraciones] coraçones - B
1672-1673. ni votos ni lloros] nin lloros ni votos - A
1673. no] non - A
1673. esta regla para todos es notoria] es tan ygual para todos es tan notorio - A;
esta regla para todos está notoria - Ms.
1674. no] non - A
1674. ni] en - B
1675. Y comoquiera] E no comoquiera - B
1676. fe] fee - A
1676. mí te faltó] mí faltó - A
1676. mal] enojo - B
1676. no] non - A
1677. quiero dar] daré - B
1677. él te quité; y sy] él quité que si - B
1677. çeguedad] ceguedat - Ms.
1678. hiziere] fiziere - A; hiziesse - B
1678. no] non - A
1678. merezco] meresco - A
1678. ynfórmate] informarte - Ms.
1679. engaños] enganyos - Ms.
1679. amar] amor - A
1679. ternán el tuyo vencido] el tuyo vencido terná - A
1681. lo] le - A

podrá merecerte; que en linaje e en tener hablar no te quiero, pues tú más conosces que yo dezirte podré. Pues sy por penar debo cobrarte, tú lo sabes, [y] sabes quánto tus amores de la vida desamo-
1685 rado me han hecho; y sy en este acuerdo acordares, que me lo hagas saber te suplico.

Arnalte al auctor.

Quando así mi carta acabada fue, hize a la hermana mía llamar; la qual no menos [f. g⁶r.] triste por las heridas mías que
1690 alegre por mi vencimiento estaba, comoquiera que la muerte del vencido mucho a pesar la vençía. Y después de mi acuerdo averle fecho rrelación, su parescer le pedí; la qual no con menos amor que cordura me rrespondió, no aviendo por mal el casamiento de Luçenda; y avnque por vn cabo lo rrehusaua, por mi dolor lo
1695 quería. Pues después que su acuerdo y el mío de vn acuerdo estuuieron, recebida la carta, se fue para Luçenda, y bien descuidada

1682. merecerte] merescerte - A
1682. en linaje] en el linaje - B
1682. e en tener hablar] e en tener fablar - A; y en el tener hablar - B; ni en tener hablar - Ms.
1682. no] non - A
1683. conosces] conoces - B
1683. dezirte] dizirte - A
1683. podré] poder - Ms.
1684. y sabes] que sabes - B; sabes - Ms.
1684-1685. desamorado] desamorada - Ms.
1685. hecho] fecho - A
1685-1686. acordares, que me lo hagas] acordares me fagas - A
1687. Arnalte al auctor] Arnalte al autor - A; Buelue Arnalte al auctor - B
1688. asý] assí - B
1688. acabada fue] fue acabada - Ms.
1688. hize] fize - A
1689. no] non - A
1689. menos] menoa - A
1689. heridas] feridas - A
1690. mi] el - B
1690. estaba] esta estaua - Ms.
1691. a] de - Ms.
1692. fecho] dicho - B; hecho - Ms.
1692. rrelación, su parescer le pedí] su parescer le pedía - B; relación su parecer le pedí - Ms.
1692. no] non - A
1693. rrespondió] respondía - B
1693. no] non - A
1694. Luçenda; y avnque] Lucenda avnque - B
1695. Pues] y - A
1695. de] en - Ms.
1695-1696. estuuieron] estouieron - A
1696. recebida] rresceuida - A
1696. se fue] fuesse - B
1696. descuidada] descuydado - Ms.

139

de su cuydado a su casa llegó. E como Luçenda la viese, que a las
bodas que yo dado le avía quisiese yr le rogó. Y la amada mi
hermana que la ynformación de aquella habla saber quisiera, sobre
1700 la absolución della la ynportunó. Y Luçenda, que más con las
obras que con palabras rresponderle quiso, a la hora ella e toda
su parentela que junta para çelebrar la triste fiesta estauan, salen
de su posada y a ponella en vna casa de rreligión muy estrecha
que ella avía escogido se van. Y como las çerimonias acostunbradas
1705 para el tal auto se [f. g⁶v.] acabassen, la hermana mía quiso su
enbaxada dezirle, porque el tiempo fasta los autos fechos lugar
no le dio. Y no queriendo la oýr, con açelerado enojo y sobrada
pasión la [dexó], deziendo al abadesa que no su casa avía ella
escogido para que la hermana de su enemigo en ella estar consyn-

1697. casa] cassa - Ms.
1697. llegó] lleguó - Ms.
1697. viese] viesse - B
1697. que a] a - A
1698. yo dado le avía quisiese] yo le avía dado que qsiese - A; yo dado le auía
       quisiesse - B
1698. rogó] rogué - Ms.
1698-1699. la amada mi hermana] la hermana mía - B
1699. de aquella habla] de aquella fabla - A; de la habla - B
1699. quisiera] quisiese - B
1699-1700. sobre la absolución] sobre absolución - B
1700-1701. con las obras] con obras - B; con la obra - Ms.
1701. con palabras] con las palabras - A
1701. rresponderle] respondelle - B
1701. hora ella] ora que ella - B
1702. estauan] estaua - Ms.
1702. salen] sallen - Ms.
1703. posada y a ponella] posada y a ponerla - A; posada a ponella - B
1703-1704. rreligión muy estrecha que] religión que - B
1704. escogido se van] escogido muy estrecha se ua - B
1704. çerimonias] cirimonias - Ms.
1705. auto] aucto - Ms.
1705. acabassen] acabasen - A
1706. dezirle] dezille - B
1706. porque] pero porque - A
1706. fasta] hasta - B
1706. autos] auctos - Ms.
1706. fechos] hechos - Ms.
1707. no le] non le - A
1707. Y no] y non - A
1707. queriendo] quiriendo - Ms.
1707. oýr, con] oýr la dexó con - B
1707-1708. enojo y sobrada pasión la dexó, deziendo] enojo diziendo - B; enoio y
       sobrada pasión la dexa diziendo - Ms.
1708. al] el - B; a la - Ms.
1708. abadesa] abadessa - B
1708. no su casa avía ella] non su casa avía ella - A; su casa no auía ella - B; no su
       casa ella auía - Ms.
1709. enemigo en ella] enemigo ella - Ms.
1709-1710. consyntiese] consentiese - B; consintiesse - Ms.

1710   tiese. Y como la hermana mía de mi passión y su corrimiento aquexada se viesse, salida del monesterio a mí se vino; la qual con cau-
telas las tristes nuebas quiso encobrirme; pero como de mi sospecha su engaño fuese vencido, ovo de necessidad la verdad
dezirme. Pues quienquiera que amare si tal nueba supiere, de la
1715   muerte le rruego que se socorra; lo qual yo asý hiziera sy premia
de los míos no me lo estorbaran; e oviéralo por bien porque la
muerte más que mi dicha pudiera. Pues como ya todos los rreme-
dios me huyessen, e todos los bienes del bien me desesperasen;
teniendo de todas las esperanças el esperança perdida, de socorrer-
1720   me del diuino [f. g⁷r.] socorro acordé. E como yo [de] Nuestra
Señora muy deuoto fuese, [fazerle de sus angustias memoria, por-

1710.   mi] su - B
1710.   passión] pasión - A
1710.   su] mi - B; de su - Ms.
1710-1711.   aquexada se] se - B; muy aquexada se - Ms.
1711.   viesse] viese - Ms.
1711.   salida] sallida - Ms.
1711-1712.   vino; la qual con cautelas] vino la qual con cautela - A; vino con
        cautelas - B
1712.   encobrirme] encubrirme - A
1713.   engaño] enganyo - Ms.
1713.   necessidad] necesidad - A; necessidat - Ms.
1713.   verdad] verdat - Ms.
1714.   si] que - A
1715.   rruego que se] ruego se - Ms.
1715.   asý] assí - B
1715.   hiziera] fiziera - A
1715.   premia] premias - Ms.
1716.   no] non - A
1716.   estorbaran] estoruara - B; esturbaran - Ms.
1716.   oviéralo] houiera - B
1718.   huyessen, e todos] oviesen faltado e todos - A; fuyessen todos - B
1718.   los bienes del bien me desesperasen] me desesperasen - A; los bienes del bien
        me desampararon - B; los bienes del bien me dessesperasen - Ms.
1719.   esperanças] esperancas - Ms.
1719.   el] la - B
1719-1720.   socorrerme] sofrirme - B
1720.   diuino] devino - Ms.
1720-1726.   E como yo de Nuestra Señora muy deuoto fuese, fazerle de sus angustias
        memoria, porque de mi dolor se doliese y porque por las suyas de las
        mías me liberase acordé, poniendo en obra los metros syguientes, avnque
        temeroso de con mi rrudeza y más que menguado saber en la diuina
        exçelencia suya tocar, a las quales en esta manera di comienço] E como
        yo Nuestra Señora muy deuoto fuese fazerle de sus angustias memoria
        porque de mi dolor se doliese y porque por las suyas de las mías me
        liberase acordé poniendo en obra los metros syguientes avnque temeroso
        de con mi rrudeza y más que menguado saber en la diuina exçelencia
        suya tocar a las quales en esta manera di comienço - A; con la mayor
        deuoción que pude a Dios de mí se doliesse suplicar, el qual por el
        desmerescer mío a mis ruegos responder no quiso - B; y como yo de
        Nuestra Señora muy deuoto fuese por sus angustias que de las mías
        quisiesse librarme le supliqué a las quales en esta manera di comienco - Ms.

qu*e* de mi dolor se doliese y porque por las suyas de las mías me
liberase acordé, poniendo en obra los metros syguientes, avnque
temeroso de co*n* mi rrudeza y más que me*n*guado saber en la
1725   diuina exçele*n*cia suya tocar, a las quales en esta manera di co-
mienço].

[*Ynvocación a Nuestra Señora*]

Virgen digna de alabança,
en quien todo el mundo adora,
1730   con esfuerço y confiança
de tu preciosa esperança
haré comienço, Señora;
tú que sueles alegrar
las personas tristes, mustias,
1735   te plega de me ayudar
para que pueda [trobar]
sÿn angustia tus angustias,

[Porque hyeren tan syn miedo]
las que en mi alma debaten,
1740   [f. g⁷r.] que haré harto sy puedo
sufrir el rrezio denuedo
con que ofenden y conbaten.
Mas tú, Rreyna, que nos guías,

Σ=A, B, Ms., BA, BL, BM, BP
Σ_{B, BA, BL, BM, BP}
1727.   Ynvocación a Nuestra Señora] Invocación - Ms.
Σ_B
1728.   Virgen] Virgo - A
1728.   digna] dina - BM
1728.   alabança] alabanza - BM
1729.   en] a - BM
1729.   quien] que - BL
1730.   con] en - A, BM
1730.   esfuerço] esfuerzo - BM
1730.   confiança] confianza - BM
1731.   esperança] esperanza - BM
1732.   haré] faré - BA;   daré - BL, BP
1732.   comienço] comienzo - BM
1732.   Señora] senyora - Ms.
1736.   trobar] contar - BA, BL, BP
1738.   Porque hyeren tan syn miedo] porque hirien tan sin miedo - Ms.;   Y porque
          bien tú sintiendo - BA, BL;   Y porque bien sentiendo - BP
1740.   haré] faré - A, BA
1741.   sufrir] sofrir - A, BM
1741.   rrezio] recio - BM

de [rremediarme] no huyas,
1745 porque pueda yo en mis días
oluidar las tristes mías
y acordar las graues tuyas.

[*La primera angustia*]

La primera angustia triste
1750 en que agora yo contemplo
que tú, Señora, sufriste,
fue quando el Niño ofreciste
al vieio honrrado en el tenplo;
el qual viejo Symeón,
1755 que en virtud de Dios hablaba,
te denunció la Passión
que por nuestra saluación
el hijo tuyo esperaua.

El qual te dixo: Combierte
1760 en lloro tu gozo cierto,
[f. g⁸r.] pues que con tormento fuerte
por dar vida a nuestra muerte
ha de ser tu hijo muerto;
y sus ynjurias tamañas
1765 te darán mortal passión,
y sus llagas tan estrañas

1744. rremediarme] remediar - BA; remediarnos - BL; remediar no nos - BP
1744. no] non - A
1744. huyas] fuyas - BA, BP
1746. las tristes] tristezas - A
1747. acordar las graues tuyas] acordarme de las tuyas - A, BM
1748. La primera angustia] Comiença la primera angustia triste y dolorosa - A; Comiença la primera angustia - Ms., BM; La primera angustia tuya - BP
1749. primera] primer - Ms.
1751. sufriste] sofristes - BM
1752. Niño] ninyo - Ms.; nino - BM
1752. ofreciste] ofresciste - Ms., BL; ofrecistes - BM
1755. virtud] virtut - Ms.
1755. hablaba] fablaua - A
1756. Passión] Pasyón - A
1758. hijo] fijo - A, BA, BM
1760. lloro] gozo - BM
1761. con] tu - BL
1763. hijo] fijo - A
1764. tamañas] tamanyas - Ms.; tan mañas - BA
1765. darán] dará - BM
1765. passión] pasyón - A, BM
1766. estrañas] estranyas - Ms.

IVY A. CORFIS

traspasarán tus entrañas
[y abrirán tu] coraçón.

[*Contempla*]

1770   Quando tú tal nueua oýste,
Virgen, llena de enbaraços,
con el dolor que sentiste,
co*n* senblante [muerto y triste],
tomaste el Niño en [tus] braços;

1775   y començaste a dezir,
quexando del primer padre:
Muger que tal pudo oýr
y tal espera sufrir,
nunca deuiera ser madre.

1780   ¡O, ymagen glorïosa!
¡O hijo! ¿Para viuir,
quál rrazón sufre tal cosa
[f. g⁸v.] que viua yo dolorosa
teniendo [vos] de morir?

1785   ¡O angustia en que me fundo!
¡O cuerpo lleno de luz!
más [hérades] bien profundo

1767. traspasarán] traspassarán - BA, BL, BP
1767. entrañas] entranyas - Ms.
1768. y abrirán tu] por medio del - BA, BL, BP
1768. coraçón] coraçon - Ms.; corazón - BM
1769-1770. Contempla / Quando] Quando - BA, BL, BP
1770. tal] la - Ms., BM
1771. llena] libre - BL
1771. de enbaraços] denbarazos - BM
1773. muerto y triste] muerto triste - Ms., BA, BP
1774. Niño] ninyo - Ms.
1774. tus] los - BA, BL, BP
1774. braços] brazos - BM
1775. començaste] comenzaste - BM
1775. dezir] decir - BM
1778. espera] espera de - BP
1778. sufrir] sofrir - BM
1779. nunca deuiera ser] no hauía de ser - BL; como auía de ser - BP
1781. hijo] fijo - A, BA
1781. viuir] beuir - BA
1784. vos] tu - BA, BL, BP
1785. que] quien - BL
1786. luz] luç - Ms.
1787. hérades] eras tú - BA; eres tú - BL, BP

144

para viuir en el mundo
que para estar en la cruz.

1790   *[Dize Nuestra Señora a Symeón]*

¡O viejo, a quien prometiera
el Niño gloria conplida,
qué merçed que rrescibiera
si dixeras que pudiera
1795   darle mi muerte la vida!
Pero pues que por mi suerte
la pena [en él la] conbiertes,
la desonrra graue y fuerte
de la passión de su muerte
1800   me dará ynfinitas muertes.

La segunda angustia

La segunda angustia tuya,
madre Virgen y donzella,
porque [de] rrudeza huya
1805   dame gracia que concluya
[f. h¹r.] lo que tú pasaste en ella;
la qual fue quando perdiste
al Niño que el mundo es suyo,
y tres días anduuiste

1788. viuir] beuir - Ms.
1789. estar] morir - Ms.
1789. cruz] cruç - Ms.
1790-1791. Dize Nuestra Señora a Symeón / ¡O] ¡O - A, Ms., BM
1792. Niño] ninyo - Ms.
1792. conplida] cumplida - A, BL
1793. merçed] mercet - Ms.
1793. rrescibiera] recibiera - BA, BM, BP
1794. dixeras] dexaras - A; dexeras - BA
1795. darle] dalle - Ms., BM
1797. en él la] que en él - BA, BP; en él - BL
1799. passión] pasyón - A, BM
1801. La segunda angustia] La .ii. angustia - BL; Segunda angustia - BM
1803. Virgen] virgo - A; Vgen - Ms.
1803. donzella] doncella - BM
1804. de] mi - BL, BP
1804. rrudeza] rueda - BP
1804. huya] suya - A; fuya - BA, BP
1806. pasaste] passaste - BA, BL
1808. Niño] ninyo - Ms.; nino - BM
1809. anduuiste] andouiste - A, BA, BM

1810   a buscarlo, amarga y triste
con el viejo esposo tuyo.

¡Quién viera, Virgen sagrada,
para mejor recontallo,
la honestidad alterada,
1815   [la] turbación [sosegada],
con que andabas a buscallo!
¡Quién te viera quál andabas
mirando por ver tu espejo!
¡Quién viera cómo cansabas
1820   tú de la priessa [que] andabas
y el viejo de mucho viejo!

Glosa

¡Quien [mirara] la color
que el cansacio te traýa!
1825   ¡Quién viera la discolor
que el angustia y el dolor
te ponía, Señora mía!
[f. h¹v.] ¡Quyén te viera, pues me duele,
llorando dezir assí:
1830   Ya no sé quién me consuele,

1810. buscarlo] buscarte - A; buscallo - BL, BM
1812. Quién] guen - BP
1813. mejor] mijor - A, BM
1813. recontallo] rrecontarlo - A
1815. la] de - BA, BL, BP
1815. sosegada] muy turbada - BA, BL, BP
1816. andabas] andan - BM
1816. buscallo] buscarlo - A
1819. cómo] quando - A
1820. priessa] priesa - A, BM; prissa - Ms.
1820. que] en que - BA, BL, BP
1820. andabas] dabas - A, Ms.
1822-1823. Glosa / ¡Quien] ¡Quien - Ms.
1823. mirara] te viera - BA, BL, BP
1823. la] el - Ms.
1824. cansacio] cansancio - BA, BM, BP
1825. viera] te viera - BA, BP
1825. discolor] descolor - A, BM
1827. ponía] ponían - Ms.; ponen - BM
1827. Señora] senora - BM
1829. dezir] decir - BM
1829. assí] asý - A, BM
1830. no] non - A

mi vida [çedo se] asuele,
pues tal pérdida perdí!

¡Quien te oyera, pues me guías,
estas palabras que enxenplo
1835   que al santo Niño dezías
quando después de tres días
lo hallaste ya en el templo! :
Hijo mío, bien syn cuento,
¿qué es de ty? ¿dó te perdimos?
1840   que en buscarte gran tormento
[y] angustia y quebrantamiento
tu padre y yo padescimos.

La tercera angustia

El angustia y aflición
1845   tercera te fue tan fuerte
que con la [graue] passión
traspasó tu coraçón
con cuchillo de la muerte.
Ésta fue, Señora, quando
1850   [f. h²r.] Sant Juan y la Madalena
vynieron a ty llorando,
pidiéndote y demandando
las albricias de tu pena,

1831. çedo] biuiendo - BL; viendo - BP
1831. se asuele] se asuelue - Ms., BA; assuele - BL; asuele - BP
1832-1833. perdí! / ¡Quién] perdí / Otra / Quién - A
1833. oyera] viera - BM
1834. enxenplo] enxiemplo - A; exemplo - BL
1835. santo] sancto - BL, BP
1835. Niño] ninyo - Ms.
1835. dezías] decías - BM
1837. hallaste] fallaste - A, BA
1838. Hijo] fijo - Ms., BA
1840. gran] grand - A, Ms., BA
1841. y angustia] y angusta - Ms.; angustia - BA, BL, BP
1842. padescimos] padecimos - BM
1843. La tercera angustia] la angustia tercera - A; tercera angustia - Ms., BM; la .iii. angustia - BL
1844. aflición] aflicción - BL, BM
1846. graue] muy grave - BA, BL, BP
1846. passión] pasyón - A, BM
1847. traspasó] traspassó - BA, BL, BP
1847. coraçón] coraçón - Ms.; corazón - BM
1850. Sant] san - BM
1850. Madalena] Magdalena - BP
1852. pidiéndote] pidiendo - A

147

Sacando con rrabia esquiba
1855   sus cabellos a manojos,
diziendo: Madre catiba,
anda sy quieres ver viua
a la lumbre de tus ojos;
y débeste priesa dar,
1860   la mayor que tú podrás,
[que] sy ymos de vagar,
segund lo vymos tratar,
nunca viuo lo verás.

Haz tus pies apresurados,
1865   corre, pues tanto lo amabas,
porque no halles quebrados
aquellos ojos sagrados
en que tú te rremirauas;
y en llegando, avnque te aflijo,
1870   que te hable le dirás,
[f. h²v.] porque en la voz syn letijo
conozcas como es tu hijo,
que en la cara no podrás.

1856. diziendo] diciendo - BM
1856. catiba] captiua - BL, BP
1857. anda sy] anda acá sy - A, BM
1857. quieres] quies - BM
1859. priesa] priessa - BA, BL, BP
1861. que] porque - BA, BP; ca - BL
1861. ymos] vamos - BL
1862. segund] según - BL, BP
1862. vymos] viuos - BP
1862. tratar] tractar - BP
1863. nunca viuo lo verás] line cropped in BL (last line in col.)
1864. Haz] has - A; haç - Ms., faz - BA
1864. apresurados] apressurados - BL, BP
1865. lo amabas] lo amas - A; lamauas - Ms.
1866. no] non - A
1866. quebrados] quebrantados - BL
1868. que] quien - BL, BP
1869. avnque] que - BL, BP
1870. hable] fable - A
1871. voz] boç - Ms.
1871. letijo] litijo - Ms., BA
1872. conozcas] conoscas - A, Ms.
1872. hijo] fijo - A, BA
1873. no] non - A

El autor

1875
[Como] tú tal cosa oýste,
Virgen sagrada, preciosa,
fuera de seso saliste,
y contigo en tierra diste
con ansia cruel rrabiosa;

1880
y después que ya boluiste,
Señora, de amorteçida,
y después que ya supiste
como heras la más triste
que en el mundo fue nascida,

1885
Fuiste con dolor cubierta
por el rrastro que fallauas;
fuiste viua casy muerta,
de frío sudor cubierta
del cansacio que llebabas;

1890
y con ansias que passauas
de tus cabellos asýas,
y a menudo desmayabas,
[f. h³r.] y a las dueñas que topabas
desta manera dezías:

1895
Amigas, las que paristes,
ved mi cuyta desygual,

1874. El autor] El auctor - Ms., BA, BP; El actor - BM
1875. Como] Quando - BA, BL, BP
1875. cosa] nueua - BL
1877. saliste] salliste - Ms.
1880. que ya boluiste] que boluiste - A
1881. amorteçida] amortescida - BA, BP
1882. supiste] sopiste - BM, BP
1884. fue] era - BP
1884. nascida] nacida - BM, BP
1885. Fuiste] fueste - BA, BM, BP
1886. fallauas] hallauas - Ms., BL, BM
1887. fuiste] fueste - BA, BM, BP
1887. casy] quasi - Ms., BM
1887. muerta] muerte - BM
1889. cansacio] cansancio - BM, BP
1889. llebabas] leuauas - Ms., BA
1890. ansias] ansia - Ms.
1890. passauas] pasabas - A, BM
1891. asýas] assías - Ms.
1892. y a] a - Ms., BM
1893. dueñas] duenyas - Ms.
1894. dezías] decías - Ms., BM, BP
1895. Amigas] Amargas - A

149

las que maridos perdistes,
las que amastes y quesistes,
llorad comigo mi mal;
1900   mirad si mi mal es fuerte,
mirad qué dicha [es la] mía,
mirad [qué] catiua suerte,
que le están dando la muerte
a vn hijo que yo tenía.

1905   El qual mi consuelo hera,
el qual era mi salud,
el qual syn dolor pariera,
el qual, amigas, pudiera
dar virtud a la virtud;
1910   en Él tenía marido,
fijo [y] hermano y esposo;
de todos hera querido;
nunca hombre fue nascido
[f. h³v.] ni fallado tan hermoso.

1915   *La quarta angustia*

La quarta angustia [qve] yo
fallo que con cruda espada
el alma te penetró

1898. las que] que - BP
1898. quesistes] quisistes - A, BM
1899. llorad] llorat - Ms.
1899. comigo] conmigo - Ms., BP
1900. mirad si mi mal es fuerte] mirad que mal es tan fuerte - A; Line cropped in BL (end of col.)
1901. mirad] mira - Ms.
1901. dicha es la] dicha la - Ms., BA
1902. mirad] mira - Ms.
1902. qué catiua] mi catiua - A, Ms.; mi captiua - BL
1904. hijo] fijo - A, Ms., BA
1904. que yo tenía] que tenía - BP
1905. El] al - A
1906. salud] salut - Ms.
1908. pudiera] podiera - BM
1909. virtud a la virtud] virtut a la virtut - Ms.
1911. fijo] hijo - BL, BM, BP
1911. y hermano] hermano - A, BA
1913. nascido] nacido - BM, BP
1914. ni] nin - A
1914. fallado] hallado - Ms., BL, BM, BP
1915. La quarta angustia] la .iiii. angustia - BL
1916. que] en que - BA, BL, BP
1917. fallo] hallo - Ms., BL, BM, BP
1918. el] elll - BM

y a la muerte te llegó,
1920   fue, Virgen atribulada,
quando [a] tu fijo sagrado,
lleno de grandes passiones,
fallaste crucificado,
[herido, descoyuntado,]
1925   en medio de dos ladrones,

Al qual, con ansia y dolor
de verlo tal, le dexiste:
Fijo mío y mi Señor,
¿quién pintó vuestra color
1930   con matyz sangriento [y] triste?
Fijo eternal ynfinito,
¿para qué quise criaros?
Fijo precioso bendito,
¿quál culpa [ni] quál delito
1935   tanta pena pudo daros?

[Vos nunca a nadie enojastes,
hijo, coluna del templo,
siempre los buenos amastes,
siempre, hijo, predicastes
1940   dotrinas de gran exemplo;

1919. llegó] lleguó - Ms.
1921. a] el - BA; al - BL, BP
1921. fijo] hijo - BL, BM, BP
1922. passiones] pasiones - A, BM
1923. fallaste] hallaste - Ms., BL, BM, BP
1924. herido, descoyuntado] herido y descoyuntado - Ms., BL; ferido descojunta-
       do - BA; ferido y descojuntado - BP
1927. verlo] verle - A; vello - BA, BL, BM, BP
1927. dexiste] dixiste - Ms., BL, BM
1928. Fijo] hijo - A, BA
1930. matyz] matiç - Ms., mantiz - BA
1930. sangriento y triste] sangriento triste - BA, BL, BP
1931. Fijo] hijo - Ms., BL, BM, BP
1932. quise] quesistes - A
1932. criaros] criarvos - A
1933. Fijo] hijo - Ms., BL, BM, BP
1934. ni] nin - A; o - BA, BL, BP
1934. delito] delicto - BL, BP
1935. daros] darvos - A
$\Sigma_{A, \ B, \ Ms., \ BM}$
1937. hijo] fijo - BA
1937. coluna] columna - BL
1939. hijo] fijo - BA
1940. dotrinas] doctrinas - BP
1940. gran] grand - BA

151

siempre, hijo, fue hallada
en vuestra boca verdad;
pues ¿por qué es assí tratada
vuestra carne delicada
1945   con tan grande crueldad?]

[f. h⁴r.] ¡O ymagen a quien solién
los ángeles adorar!
¡O mi muerte, agora ven!
¡O mi salud y mi bien!
1950   ¿quién vos pudo tal parar?
¡O que tan bien me viniera,
o que tan bien yo librara,
[que deste mundo saliera
antes que yo tal os viera,]
1955   porque nunca asý os mirara!

Con esta muerte presente,
fijo, por mando del Padre
days salud enteramente
a toda la humana gente
1960   y matáys a vuestra madre.
Vida muerta viuiré,
con ansias muy desiguales.
Fijo mío, ¿qué haré?
¿Con quién me consolaré?
1965   ¿A quién quexaré mis males?

¡O muerte que siempre tienes
[f. h⁴v.] descanso quando destruyes!

1941. hallada] fallada - BP
1943. tratada] tractada - BP
Σ_B
1946. O ymagen a quien solién] O ymagen a quien solían - A; Ymagen en quyen solían - Ms.; O ymagen quien solién - BM
1950. vos] os - BM
1950. tal] así - Ms.
1951. viniera] venería - A
1953. que deste mundo saliera] que antes que tal vos viera - A; que antes que tal os viera - Ms.; o antes que tal os viera - BM
1954. antes que yo tal os viera] deste mundo yo saliera - A, BM; deste mundo yo salliera - Ms.; ante que yo tal os viera - BP
1955. asý] assí - BA, BL, BP
1957. fijo] hijo - Ms., BL, BM, BP
1958. salud] salut - Ms.
1963. Fijo] hijo - Ms., BL, BM, BP
1965. quexaré] contaré - BL

¡O enemiga de los bienes!,
a quien te huye le vienes,
1970   a quien te busca le huyes.
¡O cruel que sye*n*pre fuyste
muy [temida] sin letijo!,
pues ofenderme quesiste,
mataras la madre triste,
1975   dexaras viuir al hijo.

[*La quinta angustia*]

Pues desta pena llorosa
ya no sé qué más arguya,
con deuoción dolorosa
1980   vengamos, Virgen preciosa,
a la quinta angustia tuya;
la qual quien no desclauasse
de dentro de su memoria,
avnque a scuras caminase,
1985   [yos] digo que [no] herrase
del camino de la Gloria.

Ésta fue quando quitaron
el cuerpo fecho pedaços

1969. huye] fuye - A
1970. a] y a - Ms., BM
1970. quien te] quyen te te - Ms.
1970. busca] quiere - A
1970. huyes] fuyes - A
1971. fuyste] fueste - BA, BP; huiste - BM
1972. temida] tenida - A, BA
1972. letijo] litijo - Ms.
1973. quesiste] quisiste - BL, BM
1975. dexaras] y dexaras - BA; dejaras - BM
1975. al hijo] el fijo - A, Ms.; al fijo - BA
1976. La quinta angustia] Quinta angustia - Ms.; La quinta angustia y el auc-
    tor - BA, BP; La .v. angustia / y el autor - BL
1978. no] non - A
1980. vengamos] venga mas - Ms.
1982. no] non - A
1982. desclauasse] desclauase - A, BM
1984. a scuras] a obscuras - BA; a escuras - BL
1984. caminase] camnase y - A; caminasse - BA, BL, BP
1985. yos] yo vos - A, BP
1985. no] nunca - A, Ms., BM
1985. herrase] errasse - BA, BL, BP
1986. del] el - A
1988. fecho] hecho - Ms., BL, BM, BP
1988. pedaços] pedacos - Ms.; pedazos - BM

[f. h⁵r.] de la cruz los que [lo] amaron,
1990   y después que lo abaxaron
lo tomaste tú en tus braços;
el rrostro del qual rregabas
con lágrimas que vertías,
el qual muriendo mirabas,
1995   al qual mill besos le dauas,
al qual, Señora, dezías:

¡O fijo, rrey de verdad,
o glorïosa excelencia!
¿Quál dañada voluntad
2000   tubo tanta crueldad
contra tan grande paciencia?
¡O rrostro abofeteado,
o rrostro tan ofendido,
o rrostro tan mesurado,
2005   más para ser adorado
que para ser escopido!

¡O sagrada hermosura
que asý se pudo perder!
¡O dolorosa tristura
2010   [f. h⁵v.] o madre tan syn ventura
que tal has podido ver!
¡O muerte que no me entierra,
pues que della tengo hanbre,
o cuerpo lleno de guerra,

1989. cruz] cruç - Ms.
1989. que lo] que le - BL, BM; que - BP
1991. tú en] en - Ms.
1991. braços] bracos - Ms.; brazos - BM
1994. el] al - Ms.
1995. al qual mill besos] y mil besos - Ms.
1996. dezías] decías - BM
1997. fijo] hijo - Ms., BL, BM, BP
1998. excelencia] excellencia - Ms., BA, BL
1999. dañada] danyada - Ms.; danada - BM
2000. tubo] tobo - A
2001. grande] grand - A; gran - BM
2006. escopido] escupido - BL, BM
2008. asý] assí - BA, BL, BP
2008. pudo] puede - Ms.
2009. tristura] criatura - A
2010. o] a - BL
2011. ver] veer - BA
2012. que no me entierra] que non me atierra - A; que me entierra - BM
2013. della] dello - A
2014. guerra] sangre - A

2015
o boca llena de tierra,
o ojos llenos de sangre!

¡O cabellos consagrados,
o pies llagados feridos,
o miembros descoyuntados,
2020
como estáys disfigurados,
cómo estáys escarneçidos!
¡O hijo, que tanto es llena
de dolor esta desculpa,
pues para todos es buena,
2025
yo rrescibiré la pena,
pues Eua causó la culpa!

Mas desatar aquel nudo
desta muerte que ymprouiso
vos dyo dolor tan agudo,
2030
ni la triste madre pudo
[f. hᶜr.] ni el poder del Padre quiso.
Pero pues el mal esquiuo
sobre vos hizo concierto,
mi plazer será catiuo,
2035
mi dolor estará viuo,
pues mi bien está ya muerto.

Estas llagas que en notallas
rrenueuo mi mal en ellas,

2018. o] y - BL
2018. feridos] heridos - Ms., BM; y heridos - BL, BP
2020. estáys] estás - BA
2020. disfigurados] desfigurados - Ms., BM, BP
2021. escarneçidos] descarnecidos - Ms.; escarnescidos - BA
2022. hijo] fijo - BA
2023. esta] desta - Ms.
2023. desculpa] disculpa - BA, BL
2024. todos] todas - Ms.
2025. rrescibiré] rescibiera - Ms.; rescebiré - BL; reciviera - BM
2027. desatar aquel nudo] de sacar aqueste mundo - A; desatara aquel nudo - Ms.
2028. desta] de la - A; questa - BM
2028. que ymprouiso] que enprouiso - Ms., BA, BM
2029. vos] os - Ms., BM
2030. ni] nin - A
2031. ni] nin - A
2033. hizo] fizo - A
2033. concierto] concierta - BA
2034. plazer] placer - BM
2034. catiuo] captiuo - BA, BL, BP
2037. notallas] notarlas - A

yo padezco, syn passallas,
2040 mayor dolor en mirallas
que no vos en padescellas;
desde oy syn otras mañas,
hijo mío, mis amores
serán con ansias estrañas
2045 thesoreras mis entrañas
de todos vuestros dolores.

¡O vos, gentes que passáys
por [las calles,] yo os porfío
y rruego que me digáys,
2050 pues que mi pena miráys,
sy ay dolor ygual [del] mío!
Dígame agora quien quiera,
[f. h⁶v.] de quantos pesares vistes,
mirando bien la manera,
2055 sy llebaré la vandera
de las solas y las tristes.

La sexta angustia

El angustia de tristura
sesta, de mal syn rreposo,
2060 fue quando con pena dura
posiste en la sepultura

2039. padezco] padesco - A
2039. passallas] pasarlas - A; pasallas - BM
2040. mirallas] mirarlas - A
2041. no] non - A
2041. padescellas] padescerlas - A; padeçellas - Ms., BM
2042. mañas] manyas - Ms.; manas - BM
2043. hijo] fijo - BA
2044. ansias] angustias - A
2044. estrañas] estranyas - Ms.
2045. thesoreras] tesoreras - BM, BP
2045. entrañas] entranyas - Ms.
2047. passáys] pasáys - A, BM
2048. las calles, yo os] la carrera yo vos - A; la calle yos - BM; la calle vos - Ms.
2049. rruego] ruegos - Ms.
2051. del] al - Ms., BL
2052. Dígame] digaine - A
2054. la] mi - Ms.
2057. sexta] .vi. - BL; sesta - BP
2059. sesta] sexta - BL
2059. de] del - Ms.
2061. posiste] pusiste - Ms., BL
2061. sepultura] sepoltura - BM

a tu fijo glorïoso.
¡Quién contempla quál yrías
a ver tu postrera guerra,
2065   quién piensa qué sentirías
quando su cuerpo verías
meter debaxo la tierra!

Quién te oyera bozear,
diziendo al que tú pariste:
2070   Dexadme con vos entrar,
porque estén en vn lugar
el fijo y la madre triste;
[que] no abré por cosa fuerte
de entrar con vos, ni lo dudo,
2075   porque acabara mi suerte,
[f. h⁷r.] y juntarnos ha la muerte
pues que la vida no pudo.

[O Madalena cuitada,
llena dentrañable amor,
2080   triste, sola, desdichada,
mira qué rica morada
le dan al tu Salvador;
di, muger sin alegría,
¿qué remedio nos daremos?
2085   ¿quién nos terná compañía?
¿quién nos verá cada día?
¿con quién nos consolaremos?]

2062. a] al - BA, BP
2062. fijo] hijo - Ms., BL, BM, BP
2064. postrera] postrimera - A
2065. sentirías] sintirías - BA, BM
2067. la] de la - BP
2068. bozear] bocear - BM
2069. diziendo] deziendo - A; diciendo - BM
2070. Dexadme] déxame - Ms.
2071. lugar] logar - BM
2072. fijo] hijo - Ms., BL, BM, BP
2073. que] y - BA, BL, BP
2073. no] non - A
2074. ni] nin - A
2074. dudo] dubdo - A
2075. porque] horque - BP
2076. juntarnos ha] juntar nos en - A; juntara nos - Ms.
2077. no] non - A
Σ_{A, B, Ms., BM}
2082. al] a - BL

Yo seré, tierra, pues tales
me tomastes los rrehenes,
2090   [dende oy] con ansyas mortales
muy amiga de los males,
enemiga de los bienes.
¡O cuerpo tan sin herror,
o mi fijo, eterno Dios,
2095   o sagrado Rredentor,
o mi bien y mi Señor!,
¿qué será de mí syn vos?

¡O fijo que el mundo guía!
Quiero ya dexaros yo,
2100   pues que por la dicha mía,
no queréys la conpañía
de la madre que os parió;
mi comer será gemir,
mi beuer será dolor,
2105   mi viuir será morir,
mi hablar será dezir:
[f. h⁷r.] Nunca fue pena mayor.

Fijo mío, en conclusión,
beso vuestra santa faz,
2110   Y pues yo, con gran rrazón,
llebo guerra de passión,

Σ_B
2089.   tomastes] tomaste - BL, BP
2089.   los] las - Ms., BM
2090.   dende oy con] desde oy con - Ms., BM; diré con - BA, BL, BP
2092.   enemiga] y enemiga - Ms.
2093.   sin] sy - A
2094.   fijo] hijo - Ms., BL, BM, BP
2095.   Rredentor] Redemptor - Ms., BL, BP
2098.   fijo] hijo - Ms., BL, BM, BP
2099.   dexaros] dexarvos - A
2101.   no] non - A
2101.   queréys] queres - BM; queráys - BP
2101.   conpañía] conpanía - A; conpanya - Ms.
2102.   que os] que vos - A; quos - Ms.; que us - BL; cos - BM
2106.   hablar] fabla - A; fablar - BA
2106.   dezir] decir - BM
2108.   Fijo] hijo - Ms., BL, BM, BP
2108.   mío] mi - A
2109.   santa] sancta - BA, BL, BP
2109.   faz] haç - Ms.; haz - BM
2110.   gran] grand - A, Ms.
2111.   llebo] lieuo - BA
2111.   passión] pasión - A, BM

quedadvos, Señor, en paz.
¡O angustia triste, larga!
¿Cómo no habláis, mi Dios?,
2115 [pues] que ya de vos se alarga
[la] triste madre amarga
que se despide de vos.

¡O pena para morir,
o triste mal y rrabioso!
2120 ¿Quál rrazón [puede] sufrir
que me pueda yo partir
de vos, mi hijo precioso?
De cuya causa me quexo
de mí con justa rrazón,
2125 pero pues que yo me alexo,
con vos, fijo mío, dexo
el alma y el coraçón.

[f. h⁸r.] *La séptima angustia*

Digamos, pues la pasaste,
2130 la final angustia tuya,
la qual fue quando tornaste
a tu casa, y lo dexaste
al hijo tuyo en la suya;
y fue tan fuerte passión
2135 la que tú pasaste en ella,

2112. quedadvos] quedahos - BL, BP
2112. paz] paç - Ms.
2113. triste, larga] triste y larga - BA, BL
2114. no] non - A
2114. habláis] halláys - A; hablas - Ms.; fabláis - BA
2115. pues] y pues - BA, BL, BP
2116. la] a la - Ms., BM; esta - BA, BL, BP
2116. amarga] y amarga - A
2120. puede] quiere - Ms., BA, BM
2120. sufrir] sofrir - BA, BM, BP
2122. hijo] fijo - A
2126. fijo] hijo - BA, BL, BP
2127. coraçón] corazón - BM
2128. La séptima angustia] La séptima y postrimera angustia - A; La séptima y postrimera angustia - Ms.; La setena angustia - BA, BM; La .vij. angustia - BL
2129. pasaste] passaste - BA, BL
2133. hijo] fijo - BA
2134. y] que - A
2134. passión] pasión - A, BM
2135. pasaste] passaste - BA, BL, BP

que no syento coraçón
[de ninguna condición]
que no tome parte della.

Pensemos en nuestros días,
2140   Virgen llena de tormento,
las lágrimas que vertías,
y quántas vezes boluías
a mirar el monumento;
pensemos lo que sentiste,
2145   que en pensallo muero yo,
quando, Señora, boluiste
y la cruz preciosa viste
donde tu hijo murió.

[f. h⁸v.] Pensemos, Virgen sagrada,
2150   lo que tu alma syntió,
quando la viste pintada
de la sangre consagrada
que de su cuerpo salió;
contemplen todos aquellos
2155   que en esto no contemplaron,
lo que sentirías en vellos
aquellos santos cabellos
que por el suelo quedaron.

Pensemos qué sentirías
2160   quando de allý te partieses;
pensemos [qué tal] yrías

2136. no] non - A
2136. coraçón] corazón - BM
2137. de ninguna condición] en que haya contrición - BA, BL, BP
2138. no] non - A
2139. Pensemos] Pensamos - BM
2140. Virgen] Virgo - A
2142. vezes] veces - BM
2143. a] al - BL
2143. el] al - Ms.; del - BM
2145. pensallo] pensarlo - A; pessallo - Ms.
2147. cruz] cruç - Ms.
2148. hijo] fijo - Ms., BA
2155. no] non - A
2156. sentirías] sentiste - A; sintirás - BL
2156. vellos] verlos - A
2157. santos] sanctos - BA, BL, BP
2159. sentirías] sentieras - A; Line cropped in BL (end of col.)
2160. allý te] allí - BP
2160. partieses] partiste - Ms.; partiesses - BA, BL, BP
2161. qué tal] qual - A; en qual - Ms., BM

quando, Rreyna, no tenías
casa cierta donde fueses;
pensemos con deuoción,
2165   estemos syempre contigo,
cómo quantos allý son
cada qual de compasión
te quería llebar consigo.

Pensemos con gran herbor
2170   [f. iªr.] como con tan tristes modos
fuyste a la casa de amor,
adonde çenó el Señor
con sus discípulos todos;
[quiebren] nuestros coraçones
2175   pensando en lo que sufriste;
pensemos con mill passiones
[en estas] tristes rrazones
quen llegando allá dixiste.

[*Acaba*]

2180   Dixiste, con gran gemir,
a toda la gente honrrada
que contigo quiso yr:
¿Por qué quesistes venir
con muger tan desdichada?

2162. no] non - A
2163. donde fueses] do te fueses - Ms.; donde fuesses - BA, BL, BP
2167. cada] cade - A
2167. compasión] compassión - BA, BL, BP
2168. quería] quiere - Ms., BM
2168. llebar] leuar - Ms., BA
2169. gran herbor] grand feruor - A; grand themor - Ms.
2171. fuyste] fueste - BA, BM, BP
2173. con sus discípulos] con los sus dicíplos - Ms.
2174. quiebren] lloren - A, Ms., BM
2174. coraçones] corazones - BM
2175. sufriste] sofriste - BA, BM
2176. passiones] pasiones - A, BM
2177. en estas] aquestas - BA, BL, BP
2178. quen] que - A, BM
2178. llegando allá] llegando les - BA; llegando allí - BL; llegando - BP
2178. dixiste] dexiste - A
2179-2180. Acaba / Dixiste] ffin / Dixiste - Ms.; Dexiste - BA, BP; Dixiste - BL
2180. gran] grand - A, Ms.
2180. gemir] gimir - BM
2183. quesistes] quesiste - A, BM

2185
Pues que no puedo bolueros
las graçias por mi tristura,
el Hijo quiera valeros,
porque quesistes doleros
de la Madre syn ventura.

2190
[f. i¹v.] [*Oración*]

Pues, Virgen, por estas muertes
y tristes angustias tuyas,
te pido con fuerças fuertes
que mis males desconçiertes

2195
y mis [dolores] destruyas.
Fazme tu pena sentir,
fazme la mía oluidar,
[por] el que quiso morir
[y] fue muy manso [en sofrir]

2200
[y es muy justo en castigar.]

Tu dolor desigualado
planta, Rreyna mía, en mí,
porque sy, por mi pecado,
del mundo tengo cuydado,

2205
terné descuido de ty;
y aquellas plagas que llagan
a los que pensarlas quieren,

2185. no] non - A
2185. bolueros] boluervos - A
2187. Hijo] fijo - A
2187. valeros] valervos - A
2188. quesistes] quesiste - BM
2188. doleros] dolervos - A
2190-2191. Oración / Pues] Pues - BA, BL, BP
2193. fuerças] fuerzas - BM
2195. dolores] peccados - BA, BL, BP
2196. Fazme] hazme - Ms., BA, BM, BP
2196. tu pena] pena - Ms.
2197. fazme] hazme - Ms., BL, BM, BP
2198. por el] por que el - A, Ms., BM
2199. y fue] fue - A, Ms., BM
2199. en sofrir] en el sufrir - Ms., BA; en sufrir - BL; en el sofrir - BM, BP
2200. es muy justo] benigno - BA, BL, BP
2205. descuido] descuydado - A, BP
2206. y aquellas] aquellas - BP
2206. plagas] llagas - BL, BP
2207. pensarlas] pensallas - Ms., BM

faz que bien viuir me fagan,
porque mis obras desfagan
2210   [f. i²r.] lo que mis culpas fizieren.

Y el que te dio tal passión,
quite de mí [mi] malicia,
porque está en mi coraçón
pequeña la contrición,
2215   y es muy grande su justicia;
pídele que quiera oýr
mis bozes Su Magestad,
pues quiso, por nos guarir,
ser menor en el [viuir]
2220   y mayor en la humildad.

Fin.

A ty, Rrey, que syn dudar
con la gloria nos rrequieres,
te plega de me ayudar
2225   porque me pueda salbar
queriendo lo que Tú quieres;
faz que me fuya delante
mi pecado y que se acorte,
[f. i²v.] porque agora ni adelante

2208. faz] hac - Ms.; haz - BL, BM, BP
2208. bien viuir me] mi viuir - Ms.
2208. fagan] hagan - Ms., BL, BM, BP
2209. desfagan] deshagan - Ms., BL, BM
2210. fizieren] hizieren - Ms., BL; hicieren - BM
2211. Y el] El - Ms.
2211. te] me - BL, BP
2211. passión] pasión - A, BM
2212. mí mi] mí la - Ms., BL, BP; mí - BA
2213. coraçón] corazón - BM; coracón - Ms.
2214. pequeña] pequenya - Ms.; pequena - BM
2216. pídele] pídole - BL, BP
2217. bozes] voces - BM
2218. guarir] guardar - A
2219. viuir] morir - BA, BL, BP
2220. humildad] humilldad - A
2221-2222. Fin / A ty] ffinal / y a ti - Ms.; y a ti - BM
2222. dudar] dubdar - A
2226. queriendo] quiriendo - BL
2227. faz] haç - Ms.; haz - BL, BM, BP
2227. fuya] huya - Ms., BM, BP; huyga - BL
2228. acorte] corte - Ms.
2229. ni] nin - A

2230   ni mi flaqueza lo plante,
        ni tu justicia lo [corte].

Arnalte al autor.

    Pues como las angustias asý acabase, por el desmerescer mío no
merescí de Nuestra Señora ser oýdo; y como viese q*ue* en Dios ni
2235 en ella ni en las gentes rremedio no fallaua, de yrme donde gentes
ver no me pudiesen determiné. Y como la hermana mía de lo tal
certificada fuese, en mi partida el dolor de la muerte sufriendo, para
detenerme començó asý a dezirme.

Belisa a Arnalte.

2240   ¡O hermano mío!, ¿por qué el pensamiento de tan desacordado
viaje en obra quieres poner, de rrazón te desuiando y por voluntad
te rigiendo? Por vn solo Dios te pido q*ue* [f. i³r.] tu desacordado
acuerdo desacuerdes. [No quieras] hazer las agenas lenguas de tu
juyzio [infamadoras], [ni] quieras que de muchas sente*n*cias tu

2230. ni] nin - A
2231. ni] nin - A
2231. corte] açote - BA; açote / ¶ Deo gratias - BL; açote / ¶ A Dios gracias - BP
Σ=A, B, Ms.
Σ_B
2232. autor] auctor - Ms.
2233. acabase] acabasse - Ms.
2233. no] non - A
Σ
2234. viese que en] en - B
2234. ni] nin - A
2235-2236. ella ni en las gentes rremedio no fallaua, de yrme donde gentes ver no
me pudiesen determiné] ella nin en las gentes rremedio non fallaua de
verme donde gentes ver non me pudiesen determiné - A; el mundo
descanso para mis males no hallasse, determiné de yrme donde gentes
jamás ver me pudiessen - B; ella ni en las gentes rremedio no hallaua
de hirme donde gentes no me viesen determiné - Ms.
2237. fuese] fuesse - B
2238. començó asý a dezirme] començó a dezir - B
2239-2240. Belisa a Arnalte. / ¡O hermano] hermano - B
2240. por qué] que por - B
2240-2241. desacordado viaje] desacordado consejo - A; desaconsejado viaje - B
2241. de] desta - B
2241. te desuiando] desuiándote - B
2241. por voluntad] por la voluntat - Ms.
2242. rigiendo] rregiendo - A
2242. pido que tu] pido tu - B
2243. desacuerdes] desacuerdas - A
2243-2244. No quieras hazer las agenas lenguas de tu juyzio infamadoras, ni quieras
que] y hazer las agenas lenguas de tu juhizio ynformadas non quieras.
y que - A; no quieras que - B

2245   seso se juzgue. No quieras tan vergonçosa disfamia a tu fama poner. Cata que los que yr te vieren, más por temor de los parientes de Elierso que por ansias de enamorado dirán que lo hazes; mira los ynconuenientes del fyn antes que el comienço hagas. Cata que el arrepentimiento, quando el rremedio es ydo, suele venir. No quieras
2250   que con tu yda tu nonbre perezca. Y sy esto no te costriñe, que te acuerdes de mi soledad te encomiendo. Bien sabes tú que mi honrra por la tuya es conserbada. Bien sabes tú que, te yendo, que más por estraña que por natural seré tenida. Bien sabes tú que la muerte de mis padres y parientes me fizo sola. Pero contigo nunca de sole-
2255   dad me quexé; antes muy acompañada syempre me vi. Mira qué pierdes en tantos amigos perder. Mira la criança del rrey rresceuida. No oluides la naturaleza. De los tuyos [f. i³v.] te acuerda; de tu hazienda e lugares haz memoria; tu herrado camino dexa; mi çierto consejo toma. No hagas cosa porque de yerro rreprehendido seas.
2260   Cata que los montes alabar no saben. Cata que las bestias fieras

2245. se juzgue] te juzguen - Ms.
2245. No] non - A
2245. tan vergonçosa] ni tan vergonçosa - A; desuergonçosa - B; tan vergoncosa - Ms.
2246. temor] themor - Ms.
2246-2247. de Elierso] del Yerso - B
2247. hazes] fazes - Ms.
2248. hagas] fagas - A
2248. Cata] Mira - Ms.
2249. No] non - A
2249. perezca] peresca - A; pereçca - Ms.
2250. no] non - A
2250. costriñe] costrinye - Ms.
2251-2252. por la tuya es conserbada] es conseruada por la tuya - B
2252-2253. que, te yendo, que más por estraña] que más por estraño - A; te yendo que más por estranya - Ms.
2253. sabes tú que] sabes que - Ms.
2254. mis padres] nuestros padres - A; mi padre - Ms.
2254. fizo] hizo - Ms.
2254-2255. nunca de soledad] de soledad nunca - B; nunca de soledat - Ms.
2255. acompañada] aconpanyada - Ms.
2256. Mira] y - A
2256. rresceuida] recebida - B
2257. No] non - A
2258. oluides la] oluides de la - A
2258. hazienda] fazienda - B
2258. lugares] logares - A
2258. haz] ten - B; haç - Ms.
2258. herrado camino] camino errado - B
2259. No] non - A
2259. hagas] fagas - A
2259. seas] sean - A
2260. no] non - A

la bondad no conoscen. Cata que las aves sentimiento no tienen.
Pues tus hechos ya hechos, o los que hazer piensas ¿quién alabarlos
podrá? Pues ya sabes tú como por el alabança más el esfuerço en
los peligros se esfuerça. Pues sy esta ley no guardas, tu fama y tus
2265 obras con tu yda perescerán. Pues sy trabajos o males touieres,
¿quién a sostenellos te ayudará por los lugares solitarios? Aquellos
adonde naçiste no dexes. Cata que tu camino a desesperación lo
podrán rreputar; pues sy nombre de desesperado por el virtuoso
quieres tomar, mucho de las herias serás perdidoso. Ni tú allá con
2270 quien te consueles hallarás, ni yo acá a quien me querelle terné;
pues tú ydo, [yo] de los parientes de Elierso más ofen[f. iᵛr.]dida
que honrrada ser espero. Quiere agora tu dolor en sosiego poner,
e con rreposo tú de ti te aconseja, y verás quánto bien en mi consejo,
y quánto daño en tu yda hallarás. No quieras tu generoso coraçón

2261. la bondad] al bueno - B; la bondat - Ms.
2261. no conoscen] non conoscen - A; no conocen - B
2261. no tienen] non tienen - A
2262. tus hechos] tus fechos - A
2262. ya hechos] ya fechos - A
2262. o] a - B
2262. hazer] fazer - A
2262. alabarlos] alaballos - B
2263. Pues] que - A
2263. esfuerço] esfuerco - Ms.
2264. esfuerça] esfuerca - Ms.
2264. no] non - A
2265. con tu yda] con cuyta - A; por tu yda - B
2265. perescerán] perecerán - B; perescen - Ms.
2265. touieres] tuuieres - B
2266. sostenellos] sostenerlos - A
2267. adonde] donde - B; para donde - Ms.
2267. no] non - A
2267. desesperación] desperación - B
2267. lo] le - B
2268. podrán] podían - A
2268. nombre de desesperado] nombre desesperado - A
2268. virtuoso] viturioso - B
2269. las herias] las tales ferias - A
2269. Ni] nin - A
2270. hallarás] fallarás - A
2270. ni] nin - A
2270. acá] aquá - Ms.
2270. a] con - Ms.
2271. tú ydo, yo] tú ydo - B; ido tú - Ms.
2271. de Elierso] del Yerso - B
2272. ser espero] espero ser - B
2272. sosiego] sossiego - B
2274. daño] danyo - Ms.
2274. hallarás] fallarás - A
2274. No] non - A
2274. generoso] doloroso - B

2275 a tanta flaqueza someter; pues la tienes en paz. [En peligro tu honrra] poner no quieras. Que tú y yo de vna ferida muramos [no quieras]. Cata que quien a priesa dispone, de espacio se arrepiente.

Responde Arnalte a Belisa.

2280   No pienses tú, hermana mía, que quantas cosas has dicho, antes que mi camino hordenase, no las pensé; e de cada vna por sý pena graue he rresceuido, y de todas juntas mortal tormento. E la que el coraçón en partes parte, tú heres; que todas las otras no me tocan, porque las plagas de amores de todas me saluan y des[f. i⁴v.]culpan.

2285 Pues quien éstas no sabe no syente, pues la condición de los no sentidos es ninguna. Asý que sy los discretos me saluan, no me detengo en que los que no lo son me condenen. Pues la bondad conoscida ofensa ninguna rresceuir puede, de manera que los juyzios

---

2275-2277. pues la tienes en paz. En peligro tu honrra poner no quieras. Que tú y yo de vna ferida muramos no quieras. Cata que quien a priesa dispone, de espacio se arrepiente] pues la tienes en paz en peligro tu honrra poner non quieras que tú y yo de vna ferida muramos non quieras. Cata que quien a priesa dispone de espacio se arrepiente - A; que tú y yo de vna herida muramos - B; no quyeras pues la tienes en paç tu honra en peligro poner. No quyeras que tú y yo de vna herida muramos. Cata que quyen a prissa dispone despacio se arrepiente - Ms.
2279. Belisa] Belisa su hermana - A
2280. No] non - A
2280. has] haz - A
2280. dicho, antes] dicho que antes - B
2281. mi camino hordenase, no] mi camino hordenase non - A; en mi yda pensasse no - B; mi camino ordenasse no - Ms.
2281-2282. pena graue] graue pena - Ms.
2282. rresceuido] recibido - B
2283. coraçón] coracón - Ms.
2283. partes parte] partes me parte - A
2283. otras no] otras cosas non - A
2283. tocan] toquan - Ms.
2284. porque] y porque - Ms.
2284-2285. y desculpan. Pues] pues - B
2285. no sabe] non sabe - A
2285. no syente] non syente - A
2285. los no] los non - A
2286. Asý] assí - B
2286. que sy los] que los - B
2286. no] non - A
2287. en que los] los - B
2287. no] non - A
2287. condenen] condempnen - Ms.
2287. Pues la] la - B
2287. bondad] bondat - Ms.
2288. manera] maña - Ms.

sobre mí dados, más por falsos que por verdaderos serán tenidos.
2290 Dízesme, señora, que dezirse podrá que más temor de los parientes
de Elierso que pena mía hizo yrme, rrescelando rresceuir la paga por
él rresceuida. No creas tú que nadi tal diga, en especial sabiendo
q*ue* las ansias de amores la virtud del esfuerço [acrecientan]. Pues
no so yo tan malquisto ni tan poco conoscido, que para desfazer las
2295 falsas sentencias mi fama no vaste. Dizes que de mis criados e
lugares haga memoria. De los míos tanta haré, que todos los que
seguirme quisieren llebaré comigo; más porque tenga lugar de su
leal bondad mostrar que por necessidad que dellos [f. i⁵r.] tenga,
porque ésta en los tiempos del caymiento debe más estar en pie. La
2300 hazienda desde oy la hago tuya. Y no pienses tú en mí proveer tal
falta para que en soledad tan grande dexar te oviese, que ya quien
te haga compañía te tengo buscado, e de mano del rrey abrás tal

2289. sobre] por - Ms.
2289. dados] todos - B
2289. verdaderos] vencedores - Ms.
2290. dezirse] dizirse - Ms.
2290. más temor] más por temor - A; más themor - Ms.
2291. de Elierso] del Yerso - B
2291. hizo] fizo - A
2291. rrescelando rresceuir] rrescelando de rresceuir - A; recelando recebir - Ms.
2292. No] non - A
2292. nadi] nadie - B
2292-2293. especial sabiendo que] especial que - Ms.
2293. acrecientan] acreçientas - A; acrecienta - Ms.
2294. no] non - A
2294. ni] nin - A
2295. sentencias] senyas - Ms.
2295. no] non - A
2296. lugares] mis lugares - B
2296. haga] faga - A
2296. haré] faré - A
2297. llebaré] leuaré - B; leuaro - Ms.
2297. comigo] conmigo - Ms.
2297. lugar] logar - A
2297-2298. su leal bondad] su leal poder - A; tal bondad - B; su leal bondat - Ms.
2298. necessidad] necesidad - A; necessidat - Ms.
2299. debe más estar] Ay debe estar - B
2300. hazienda] fazienda - A
2300. desde] de - B
2300. oy la] oy más la - B
2300. hago] fago - A
2300. no] non - A
2300. mí proveer] proveer - A; mi poner - B
2301. en soledad] en la soledad - A; en soledat - Ms.
2301. oviese] touiese - A; ouiesse - B
2302. haga] faga - A
2302. compañía] companya - Ms.
2302. te tengo buscado] tengo buscado - A; te hago buscar - B

marido que satisfecha asý [tu] honrra como en acatamiento [y contentamiento] te faga. Asý que más en dispusición de honrra que
2305 [en] dessabrigo te entiendo dexar. Lo que te rruego es que con tu seso tu flaqueza esfuerçes, porque al tiempo de mi partida la pena tuya no doble la mía. Y pues la final cosa que pedirte espero es ésta, que la hagas, con todas mis fuerças te demando. E por no enojarte, dexando de más rresponderte a lo que para mi camino dexasse dexiste,
2310 te suplico que de tu parte y la mía a Luçenda querellarte quieras, de mi perdición y su crueldad haziendo memoria; y sy en términos de arrepentida la vieres, aquélla tu vengança sea; pues del rremedio tan syn esperança estará.

[f. i⁵v.]

2303. asý] assí - B
2303. tu] a tu - B; en - Ms.
2303-2305. como en acatamiento y contentamiento te faga. Asý que más en dispusición de honrra que en dessabrigo] como en acatamiento y contentamiento te faga asý que más en dispusición de honrra que en desabrigo - A; antes que dessabrigo - B; como en acatamyento te haga así que más en disposición de honra que de dessabrigo - Ms.
2305-2306. con tu seso] tu consejo - B
2306. esfuerçes] esfuerce - B
2306. al] en - B
2307. no] non - A
2307. doble] duble - Ms.
2307. Y pues] pues - B
2307. pedirte] pidirte - Ms.
2307. es ésta] ésta es - A
2308. la hagas] la fagas - A; hagas - B
2308. con todas mis] eon todas mis - A; con tus - B
2308. fuerças] fuercas - Ms.
2308. no] non - A
2309. rresponderte] responder - Ms.
2309. lo] la - A
2309. para mi] para que mi - Ms.
2309. dexasse] dexase - A
2309-2310. dexiste, te suplico que] te suplico - B; dixiste te suplico que - Ms.
2311. y su crueldad] y de la crueldad - Ms.
2311. haziendo] faziendo - A
2311. términos] término - Ms.
2312. arrepentida] arrepentimiento - A
2312. del] el - Ms.
2313. esperança estará] esperança que de mi espera ésta sea - B; esperanca estará - Ms.

169

Arnalte al auctor voluiendo al propósito primero.

2315   Pues después que el mucho hablar a mi hermana y a mí nos
despartió, —[y] de mis llagas yo guarido—, fuyme al rrey, al qual
supliqué en el casamiento de mi hermana forma diese, el qual con
grand voluntad lo otorgó. Pero después que el tal concierto conçertado fuese, del rrey sobre mi quedada muy ymportunado fuy. Mas
2320   como tan discordes sus rruegos y mi voluntad fuese*n*, en fyn de la
habla en desauenencia q*ue*damos. Y como ya mi determinació*n* supiesse, el dolor que por el partirme tenía, no quiso en [nada quedar],
mostra*n*do con el pesar la obra de su paga. Pues syn más a la dilació*n*
dar lugar, a dar a la hermana mía compañía ygual de ÿr acordó. E
2325   después de las cirimonias del tal auto con mucha honrra çelebradas,
la obra en el camino pensado puse. E quando el día asignado del

2314.   auctor] autor - A
2314.   voluiendo al propósito primero] boluiendo al propósito - B; y buelue al pro-
         pósito primero - Ms.
2315.   Pues después] después - A;   pues - B
2315.   hablar] fabla - A
2315.   nos] uos - A
2316.   y de] de - B; ya de - Ms.
2316-2317.   qual supliqué en] qual en - Ms.
2317.   diese] diesse - B
2318.   grand] gran - B
2318.   lo otorgó] acordó - B
2318.   que el tal] que tal - B
2318-2319.   conçertado] desconcertado - B
2319.   fuese] fue - B
2319.   quedada] yda - B
2319.   fuy] fue - B
2320.   discordes] desconcordes - A
2320.   y] a - B
2320.   fuesen] fuessen - B
2320.   en fyn] en el fin - B
2321.   desauenencia] desavinencia - Ms.
2321-2322.   supiesse] supiese - A
2322.   el dolor] del dolor - B
2322.   por el] por del - Ms.
2322.   partirme] departirme - A
2322.   no] non - A
2322-2323.   en nada quedar, mostrando con] ordenar con - B; en duda mostrando
         con - Ms.
2323.   a la dilación] a dilación - A
2324.   a dar a la] a la - B
2324.   compañía] conpanya - Ms.
2324.   de ÿr acordó] ÿr acordó - A; de ÿr acordé - B
2325.   cirimonias] cerimonias - B
2325.   auto] aucto - Ms.
2326.   pensado] començado - A
2326.   asignado] assignado - B
2326.   del] de - A

partir llegó, el rrey y toda la corte a salir comigo vinieron. Las cosas que en el despedimiento passaron, syn eno[f. i⁶r.]josa arenga dezir no se podrían, de cuya causa en el callar detenellas acuerdo.
2330 Pero en fyn, las lágrimas de la amada hermana mía y las mías para syempre nos despartieron. Pues como el rrey y los suyos a la çibdad se voluiesen, los míos y yo nuestro desconsolado camino seguimos. Y como la carga de los pensamientos en mí descargasse, entre muchas cosas pensadas, que hera buen acuerdo el tomado pensé, vyendo
2335 como desdichada ventura de las gentes estraño me hizo; y vi que hera bien entre las bestias saluajes viuir, comoquiera que en el sentir su condición y la mía diuersas fuesen. Pues como, después de muchos días aver caminado, con esta áspera y sola montaña topasse, vy que el asiento de tal viuienda de derecho me venía, y
2340 como en la disposición del logar aparejo hallase, esta casa entriste-

---

2327. la] su - A
2327. salir] sallir - Ms.
2327. comigo] conmigo - Ms.
2327. vinieron. Las] vinieron. E las - B
2328. despedimiento] despedir - B
2328. passaron] pasaron - A
2328. arenga] alarenga - A
2329. dezir] dizir - Ms.
2329. no] non - A
2329. podrían] podrán - A; podría - B
2329. de] por - A
2329. detenellas] detenerlas - A; tenellas - Ms.
2330. de la amada hermana mía] del amada mi hermana - A; de la hermana mía - B
2332. voluiesen] boluiessen - B; boluieron - Ms.
2333. como] com - Ms.
2333. los pensamientos] los muchos pensamientos - A
2333. descargasse] descargase - A; descargassen - Ms.
2334. pensadas, que hera] pasadas que hera - A; pensadas era - B
2334. vyendo] viyendo - Ms.
2335. como] que mi - B
2335. desdichada] dedichada - A
2335. estraño] estranyo - Ms.
2335. hizo] fizo - A
2336. viuir] beuir - B
2337. fuesen] fuessen - B
2338. con] en - A
2338. y sola] ynsola - A; y solitaria - B
2338. montaña] montanya - Ms.
2338-2339. topasse] pasé - A
2339. asiento de tal] assiento tal - B
2339-2340. viuienda de derecho me venía y como en la disposición del logar aparejo hallase] viuienda de derecho me venía y como en la disposición del logar aparejo fallase - A; hallasse, esta casa - B; vivienda de derecho me vinía y como en la disposición del lugar apareio hallase - Ms.
2340-2341. entristeçida] entrestecida - Ms.

171

çida en él fize, los edeficios de la qual e el matiz della de las obras de Luçenda se sacaron. [f. i⁶v.] Pues veys aquí, señor mío, los destroços que de las batallas de amor he rresceuido. Y sy enojoso te he sydo, que me perdones te suplico. Y sy mi habla a tu viaje
2345 tardança ha causado, havnque paga de hombre tan syn dicha no [querría] que rrescibieses, comiença a mandar, que por el obedescer podrás la voluntad juzgar; asý que tu partida de oy más ordena. Y mucho te encomiendo, como te tengo encargado, que de rrecontar mis plagas a mugeres sentidas hagas memoria.

2350 *Buelue el auctor la habla a las damas.*

Desta manera, virtuosas señoras, el cavallero Arnalte la cuenta de su trabajada vida me dio. E sy yo acá he sydo tan enojoso como él allá queda triste, mejor en contemplar sus males que en ponerlos por escripto librara. Pero por obedescer su mandado quise mi conos-
2355 cimiento desconoscer. Y quise más por las premias de su rruego

2341. en él fize] de hazer pensé - B; en él hize - Ms.
2341. los edeficios] los exercicios y hedeficios - A; los edificios - Ms.
2341. matiz] matiç - Ms.
2341. della] dellas - B
2342. se sacaron] sacaron - B
2342-2343. Pues veys aquí, señor mío, los destroços] Aquí esto donde porque non muero muero e donde nin el plazerme [f. i⁶v.] rrequiere nin yo le demando. Pues ved aquí señor mío, los destroços - A; Pues veys aquí, señor mío, los secretos - B
2343. rresceuido] rescebido - B
2344. sydo] seydo - B
2345. paga] plática - B
2345. no] non - A
2346. querría] quería - A; hole in Ms., reading not legible
2346. rrescibieses] recibiesses - B
2346. mandar] demandar - B
2346. el] lo - B
2346. obedescer] obedecer - B
2347. asý] assí - B
2348. tengo] tenga - Ms.
2349. hagas] ayas - A
2350. auctor] autor - A
2351. virtuosas señoras] señoras - A
2351-2352. la cuenta de su trabajada vida me dio] me dio la cuenta de su trabajosa vida - B
2352. yo acá] lo acá - A; yo aquá - Ms.
2352. sydo] seydo - B
2352. tan enojoso] enoioso - Ms.
2353. queda] quedó - A
2353. mejor] mijor - A
2353. en contemplar] contemplar - Ms.
2353-2354. ponerlos por escripto] por escripto ponellos - B
2354-2355. su mandato quise mi conoscimiento] quise mi conocimiento - B

que por el consejo de mis miedos [f. i⁷r.] rregirme. Pero vuestras merçedes no a las rrazones más a la yntención miren, pues por vuestro seruicio mi condenaçión quise, aviendo gana de algún passatiempo daros, y porque quando cansadas de oýr [y] fablar discretas rrazones estéys, a burlar de las mías vos rretrayáys. Y para que a mi costa los caualleros mançebos de la corte vuestras merçedes festejen, a cuya virtud mis faltas rremito.

2360

2356. por el consejo] por consejo - A
2356. rregirme] seguirme - B
2357. no] non - A
2357. miren] mire - A
2357. pues por] por quanto por - B
2358. condenaçión] condempnación - Ms.
2358. algún] algund - A
2358-2359. passatiempo] pasatiempo - A
2359. daros] darvos - A
2359. quando cansadas] cansadas quando - Ms.
2359. oýr y fablar discretas] oýr hablar discretas - B; oýr buenas - Ms.
2360. estéys, a] al - B
2360. vos] os - B
2360. Y para que a] a - B

NOTES

1. *Tractado de amores de Arnalte y Luçenda.* The manuscript does not contain the title, and A and B differ in their readings. Since the title has been generally accepted as *Tractado de amores de Arnalte y Lucenda,* I have included the composite reading in the critical edition. Diego de San Pedro, *Obras,* ed. Samuel Gili Gaya (Madrid: Espasa-Calpe, 1967), p. 1; and Diego de San Pedro, *Obras completas,* I, ed. Keith Whinnom (Madrid: Castalia, 1973), p. 87, both follow the composite reading as well.

2. *Sant Pedro.* The B reading has *Hureña* but should read *Urueña,* as Whinnom, (San Pedro, I, ed. Whinnom, pp. 22-23, note 36) pointed out and so emended the text in San Pedro, I, ed. Whinnom, p. 87. The same confusion of Ureña and Urueña appeared in the *Cárcel de amor,* as noted in the forthcoming critical edition (London: Tamesis), ll. 2138-2139. (All references to the *Cárcel* in this study refer to the critical edition.) The two names, Urueña and Ureña, were often confused and interchanged; but the correct reading is Hurueña, which was the original title of the counts. Urueña is located near Toro; and Ureña, which also belonged to the Girón family, was in the province of Salamanca. The relationship of Juan Téllez Girón and Diego de San Pedro has been discussed by Gili Gaya (San Pedro, ed. Gili Gaya, pp. XXIV-XXXV), Whinnom (San Pedro, I, ed. Whinnom, pp. 22-34), and again by Keith Whinnom, *Diego de San Pedro* (New York: Twayne, 1974), pp. 17-28.

7. *vieja falta.* Whinnom (San Pedro, I, ed. Whinnom, p. 87, note 2) suggested this referred to a previous work of San Pedro: that is, the *Pasión trovada.*

7. *comoquiera. Comoquiera* in Old Spanish meant 'aunque' and is thus used throughout the text.

11. *rrudeza.* Gili Gaya (San Pedro, ed. Gili Gaya, p. 2) printed *dureza.*

15-16. *por mis rrazones fazer al palacio.* Diego de San Pedro here affirmed that he was writing for a courtly audience.

20. *a.* In A's reading the subject and direct object are ambiguous. B includes the *a* to identify the accusative from the subject; the manuscript identifies the subject by altering the syntactical order and placing the subject before the verb. In the critical edition, I have maintained the syntactical order of A and B's reading but included the *a* to reduce ambiguity. Whinnom (San Pedro, I, ed. Whinnom, p. 88) also included the *a.*

23. *orden ordenadas.* The phrase is one of the many uses of acoustic devices that Diego de San Pedro incorporated into the *Arnalte y Lucenda* prose style. Keith Whinnom, «Diego de San Pedro's Stylistic Reform», *BHS,* 37 (1960), 1-15, discussed the use of acoustic figures in the prose works of Diego de San Pedro. The abundant use of the devices found in the early prose of San Pedro decreased significantly in the later *Cárcel de amor.* While it is not feasible to mark all the examples of *annominatio* or *derivatio* in these notes, the most salient examples will be pointed out.

26-27. *sepan que saben.* An example of acoustic repetition of *derivatio.* In this phrase, the author is explaining that many will criticize his work just to prove to others that they are knowledgeable of literary style and tastes.

30. *os.* Whinnom (San Pedro, I, ed. Whinnom, p. 88) emended the text to read *vos;* however, the change is not needed. In the *Arnalte y Lucenda,* the archetype establishes a preference for *os* over *vos:* of the eight usages of the second-person plural dative pronoun in the *Arnalte y Lucenda* prose, six are archetypally *os,* one

variant, with only one inclusion of *vos*. In the *Siete angustias*, there are fourteen usages of *os/vos:* three being archetypally *vos;* ten, *os;* and one, variant. Thus, the text establishes a preference for *os*. The archetype here noted follows the textual norm. The *Cárcel de amor* also experienced variance between *os/vos:* os being archetypal in all cases except for one undecisive reading (l. 1594). As Rafael Lapesa, *Historia de la lengua española* (Madrid: Gredos, 1980) §§ 94.1 and 115.3, pointed out, the late fifteenth century was the turning point for the preference of *os* over *vos*.

30. dél. The antecedent of *dél* is *el discreto juyzio de vuestras mercedes.*

32-33. más sotil fuera menos agradable. Whinnom (San Pedro, I, ed. Whinnom, p. 88, note 7) maintained that San Pedro possibly meant to write an epistolary novel narrated exclusively by letters.

35. corrido. According to the *Diccionario de Autoridades,* vol. II (1726; facsimile rpt. Madrid: Gredos, 1963), p. 612b, *corrido* «vale también burlar, avergonzar y confundir».

35. dolerme. The manuscript originally read *dorrerme,* but the *rr* was crossed out and corrected to *l*.

39. nueuas de mis nueuas. An example of acoustic *annominatio* in the *Arnalte y Lucenda.*

40-42. mi nonbre no les declare... que no della y de mí publicándome. Gili Gaya (San Pedro, ed. Gili Gaya, p. 3, note 12) deduced from these lines that the work circulated in manuscript without attribution to the author before it was printed in 1491. I agree, however, with Whinnom's interpretation (San Pedro, I, ed. Whinnom, p. 88, note 9) that it is not impossible that the prologue was written for the printed edition and that San Pedro is simply asking that if the ladies talk of the *tratado* to others who have not read it, that they do not reveal the author's name.

44. diese. Originally the manuscript read *dixese,* but the *x* was crossed out and thus corrected to read *diese.*

50. entre ella y mí. The use of the prepositional pronoun, *mí,* after *entre* was common in the fifteenth century and is thus used repeatedly in the *Arnalte y Lucenda.*

50. entrepuso. *Entreponer* was the Old Spanish form of *interponer* as Sebastián de Cobarruvias, *Tesoso de la lengua castellana o española* (1611; facsimile rpt. Madrid: Ediciones Turner, n.d.), p. 526a, confirms.

52. aquella tierra. Due to the lacuna in A, there are only two witnesses to the reading, both conflicting. Since in other instances, B tends to use plurals where the manuscript and A read singular (e.g., *llanto, llantos,* l. 135), I have selected the singular form, *tierra.*

55-56. Y como allý soledad sobrase. The beginning of the romance is reminiscent of Dante's *Divine Comedy:* the traveler lost in the wilderness. The *Cárcel de amor* also showed similarities to Dante's works, as discussed in the note to l. 38 in the forthcoming critical edition.

60. parte de mí apartado. Whinnom (San Pedro, I, ed. Whinnom, p. 89). emended the text to read *de mí bien apartado.* This phrase is also another example of *annominatio.*

62. tino. In Joan Corominas, *Diccionario crítico etimológico de la lengua castellana,* IV (Madrid: Gredos, 1954), pp. 452a-455a, *tino* was first documented during the second quarter of the fifteenth century and was defined as 'puntería'. The *Diccionario de Autoridades,* VI, p. 227a, defined *tino* as «hábito, ò facilidad de acertar à tiento con las cosas, de que antes se tenía noticia, y del orden en que estaban». The word also appeared in the *Cárcel de amor,* l. 92.

67. carrera. Cobarruvias, p. 310b, defined *carrera* as «en algunas partes de España, vale caminos, y assí dezimos caminos y carreras».

72. conplida. Foulché-Delbosc (Diego de San Pedro, *Arnalte y Lucenda,* ed. R. Foulché-Delbosc, *RH,* 25 (1911), p. 231) emended the B reading to *complido.*

72. vi. Manuscript correction: *hav* was originally written but crossed out and corrected to *vi.*

72. dende. Since two of the three readings are very similar, the archetype choice is between *dende* and *desde.* According to Corominas, II, p. 265b: «Dende.

'de allí' [*den, Alex.,* 186; *dende,* Nebr.; etc.; J. de Valdés, *Diál. de la l.,* 105.13, lo admite todavía en poesía ya no en prosa; Cej. IV, § 57], vulgarmente se confundió con *desde.*» Therefore, as Whinnom noted (San Pedro, I, ed. Whinnom, p. 90, note 14), *dende* may either be a vulgarism or a printing error for *desde;* however, since the meaning in both readings is 'desde', the variance of *desde* and *dende is* accidental. Thus, A's reading is followed in the critical edition.

76. oluidaua. The archetype technically would read *oluidada;* however, then there would be no finite verb in the sentence. Therefore, I have accepted the manuscript reading. Similarly, Whinnom (San Pedro, I, ed. Whinnom, p. 90) emended the text to read *olvidé.*

83. passatienpo. The *passatienpo/pensamiento* variant is also found in the *Arnalte y Lucenda* on l. 533. In the *Cárcel de amor* the same variant appears on l. 2264 of the critical edition.

86. aparato. Cobarruvias, p. 130a, defined the word *aparato* as «el ornato y sumptuosidad de un señor y de su casa; del nombre latino *apparatus*».

87. continencia. The *Diccionario de Autoridades,* II, p. 555a, defined *continencia* as follows: «Significa tambien mesúra, modestia, compostura y modo de portarse uno en las acciones de su persona.»

91. proueyó. Manuscript correction: the text originally read *conocio* but was crossed out and corrected to *prouio.* The variance of *proueyó/proueó* also appeared in the *Cárcel de amor,* l. 1546 of the critical edition.

94. enbaraçado. The *Diccionario de Autoridades,* III, p. 380b, defined the word as follows: «Impedir, detener, retardar», which by extension, in context, means 'desconcertado, turbado', as Whinnom (San Pedro, I, ed. Whinnom, p. 90, note 19) suggested.

108. el tienpo lo que deuiese fazer me dixiese. This is a popular saying in the *Arnalte y Lucenda* and also in *Celestina,* auto III, f. c⁵v., where Sempronio says «el tiempo me dira que faga» [Fernando de Rojas, *Comedia de Calisto y Melibea* (?) (1499?; rpt. New York: Hispanic Society of America, 1909 and 1970)]. F. Castro Guisasola, *Observaciones sobre las fuentes literarias de «La Celestina»* (Madrid: CSIC, 1973), p. 185, listed this and many other set-phrases found in both the *Arnalte* and *Celestina.* All quotations and references to *Celestina* will be taken from the 1499? edition reproduced in facsimile by the Hispanic Society of America.

109. fuemos. According to Ramón Menéndez Pidal, *Manual de gramática histórica española* (Madrid: Espasa-Calpe, S. A., 1977), § 120.5 and Lapesa, § 72.1, *fuemos* for *fuimos* was common in the fifteenth century, and Nebrija registered the analogical conjugation: *fue, fueste, fue, fuemos, fuestes, fueron.* The *Cárcel de amor* variants show that both forms *fue/fui, fueste/fuiste,* etc., were used interchangeably in the romance: e.g., ll. 311 and 1343. The same variation appears in the *Arnalte y Lucenda* again on ll. 482, 687, 1449, 1885, 1887, 1971, 2171, 2319.

111. ordenada orden. Another example of *annominatio* like that seen earlier on l. 23.

112. guarnecida. Whinnom (San Pedro, I, ed. Whinnom, p. 91) emended the text to read *guarnescido.*

115. entremeterse. Manuscript correction: the text originally read *entrenjuiese* but was corrected to read *entremeterse.*

119. se va. San Pedro includes the present tense in his narrative technique.

126. dello. Both B and the Ms. agree with the beginning of the reading, *la qual causa;* however, the second half of the phrase has no clear consensus: *dello, de lo qual,* or omitted. Being that the manuscript and A are similar, the choice is between *dello* or *de lo qual.* Since *lo qual* would be repetitious *(la qual causa de lo qual)* and the first part of the variant authorizes the manuscript's reading, not A's, I have selected the manuscript reading for the entire phrase in the critical edition.

127. a. Technically the archetype would read *noches aquella.* However, the manuscript reading seems more logical and clear in the context. Also, the A and B readings could represent a synaloepha of *a+aquella.* Synaloepha was not uncommon in San Pedro's texts: e.g., *dallí* for *de allí; desta* for *de esta; daquesta* for *de aquesta.* Whinnom (San Pedro, I, ed. Whinnom, p. 92) also emended the text to read *noches a aquella.*

130. tomar. Manuscript correction: «tornar [*a pasion* - crossed out]».

149. puesto que. *Puesto que* meant 'aunque' in Old Spanish and is thus used with the same meaning throughout the *Arnalte y Lucenda* and the *Cárcel de amor.*

155. con el trabajo suyo perdido el descanso mío. All texts concur in an opposite reading than that given in the critical edition. A, B, and the Ms. read *descanso... trabajo.* Yet, the context seems to invalidate the latter reading since the *descanso* is the Author's, as guest; and the *trabajo,* Arnalte's, as host. Whinnom (San Pedro, I, ed. San Pedro, p. 93) also suggested the rearrangement of the line.

157. aparejado. Foulché-Delbosc (San Pedro, ed. Foulché-Delbosc, p. 234) emended the B text to read *aparejado* when it actually printed *aperejado.*

164. mal las. Manuscript correction: the text originally read *malas* but was corrected to *mal las.*

200. tenida. The *tener/temer* variance is also found in the *Arnalte y Lucenda* on ll. 568, 788, 1375, 1972. The same option appears as well in the *Cárcel de amor,* ll. 372, 506, 719, 1316, 1401, 1408-1409, 1666, 2179 of the critical edition.

205. entrevalos. Cobarruvias, p. 526a, defined *entrevalo* as 'impedimento'.

210. desigual. The *Diccionario de Autoridades,* III, p. 186b, defined *desigual* as 'desmedido'.

217. es vida de nuestras muertes. Whinnom (San Pedro, I, ed. Whinnom, p. 94, note 26) observed: «B estampa *a los tristes da conortes,* verso tan distinto que tal vez indique una modificación posterior (parecida a la supresión de las *Siete angustias*) de un sentimiento más bien blasfemo.» Foulché-Delbosc (San Pedro, ed. Foulché-Delbosc, p. 235a) emended the B reading from *rristes* to *tristes.*

221. ensanchasse. A reading seems to be an error for the B reading, which has been selected for the critical edition. Gili Gaya (San Pedro, ed. Gili Gaya, p. 11) and Whinnom (San Pedro, I, ed. Whinnom, p. 95) also follow B.

224. no. With respect to A's use of *non* for *no,* Whinnom (San Pedro, I, ed. Whinnom, p. 95, note 27) observed: «aquí el metro demuestra que el ubicuo *non* de A *(non auía de ser)* tiene que ser del cajista y no del autor».

229. Es tal que sy su conçiencia. The manuscript has a marginal note: «Alma parce *que* urda.» The note is in a different hand than that of the text.

235. avnque ouiese batalla. Whinnom (San Pedro, I, ed. Whinnom, p. 95) emended the text to read *si no batalla.*

251. condena. Foulché-Delbosc (San Pedro, ed. Foulché-Delbosc, p. 235b) emended the B text from *condenna* to *condena.*

269. Allega. Foulché-Delbosc (San Pedro, ed. Foulché-Delbosc, p. 235b) emended the B reading from *allega* to *alegra.*

287. discreto. Whinnom (San Pedro, I, ed. Whinnom, p. 97, note 28) observed that the rhyme is defective and the author probably wrote *defeto* or *efeto* instead of *discreto.*

289. Mas avnque lo diga mal. Manuscript marginal note: «comparacion». The note is of the same hand as that of the text.

309. presunción. According to Whinnom (San Pedro, I, ed. Whinnom, p. 97, note 29), *presunción* is a possible Latinism meaning 'of noble or daring action'.

311. las obras del galardón. As Whinnom (San Pedro, I, ed. Whinnom, p. 97, note 30) pointed out, the line is ambiguous: «San Pedro quiere decir 'obras que merecen galardonarse' o 'la obra de galardonar a los que lo merecen'.»

314. sienpre. Foulché-Delbosc (San Pedro, ed. Foulché-Delbosc, p. 236b) emended the B text from *simpre* to *siempre.*

332. entretalla. According to the *Diccionario de Autoridades,* III, p. 522a, «Entretallar. Vale tambien cortar por en medio de una tela ò pieza lisa, algunos retacitos de ella, haciendo diferentes agujeros, como si fuesse un enrejado ò como se labran algunos encaxes ò tarjétas caladas, para que sobresalga la labór, y se vea el fondo. Es término de Bordadóres, que para aprovechar las bordadúras, cortan el fondo de la tela sobre que está hecho el bordado, y cosiendolas sobre otra tela ò fondo, sirven como si fuessen nuevas.» The term *entretalles* is found in the *Cárcel de amor,* l. 2007 of the critical edition.

333. verduga. Cobarruvias, p. 1001b, defined *verdugado* as «una saya a modo

de campana, toda de arriba abaxo guarnecida con unos ribetes que por ser redondos como los verdugos del árbol y por ventura de color verde dieron nombre al verdugado». As Whinnom (San Pedro, I, ed. Whinnom, p. 98, note 33) suggested, *verdugar* would then mean 'adornar con ribetes'.

334. yrá. The B text is missing the strophe and A and Ms. differ in their reading. However, by context, the singular subject seems most accurate. Whinnom (San Pedro, I, ed. Whinnom, p. 98) also printed *yrá*.

335. fin final. Another example of the *annominatio* figure.

336-337. cortes, quien corta con tales cortes. Another example of *annominatio*.

346. mostrada. The B text is missing the line and A and Ms. differ in their readings. By context, in order to maintain the parallelism of ll. 344-348, the past participle seems the best reading. Gili Gaya (San Pedro, ed. Gili Gaya, p. 15) and Whinnom (San Pedro, I, ed. Whinnom, p. 99) both emended the text to read *mostrada*.

352. desconcierta el concierto. Another example of *annominatio*.

357-358. porque quiere que la quiebra / siempre quiere lo que Él quiere. An example of the repetition of *querer* in *derivatio* and *parhomeon* technique.

373. que nadi. Manuscript correction: «[*duda* - crossed out] que nadi».

387. curial. Covarrubias, p. 388a defined the word as: «los que en ella [*la curia* or *la corte*] tratan las causas y despachan negocios, se llaman curiales». By extension, the word refers to that of the court.

390-391. haziéndome premias. *Premias* in Covarrubias, p. 880a, «es apretamiento *a premendo*. Apremiar es apretar [...]». Whinnom (San Pedro, I, ed. Whinnom, p. 100, note 37) gave the reconstruction of the phrase as «apremiándose a que le diesse mi promesa (?)».

400. faltas no faltan. Another example of the *annominatio* device.

405. sinrrazón. Corominas, III, p. 1021b, did not register the word *sinrazón* until the sixteenth century; however, the word appeared not only in the *Arnalte y Lucenda*, but in the *Cárcel de amor*, ll. 1178, 1677 of the critical edition, and in *Celestina*, 1499?, ff. f⁷v., l. 22; l⁶r., l. 28.

406. sepas, has de saber. Repetitions of *saber* also appear on ll. 409-410 *(saber lo que sabes)* and 412 *(saber lo que sabes)*. The *saber derivatio* was noted earlier on ll. 26-27.

407-408. nueuo de sus nueuas. Another example of *annominatio* similar to the usage already noted on l. 39. Whinnom (San Pedro, I, ed. Whinnom, p. 101, note 38) clarified the sentence as, «*hacer a alguien nuevo de algo*, comunicarle la noticia de algo».

410. ella. Manuscript correction: the manuscript originally read *ellas* but the *s* was crossed out.

410. señales. Whinnom (San Pedro, I, ed. Whinnom, p. 101) emended the text to read *te señalases*. There is no textual support for the change.

410. plática. Although Corominas, III, p. 866a, did not register *plática* until 1498, it is found in the *Arnalte y Lucenda* again on ll. 672 (B variant) and 2345 (B variant); and in the *Cárcel de amor* on ll. 72, 89, 383, 537, 1763, 1854, 2046 of the critical edition.

411. tesorero. *Tesorero* means 'keeper' and by extension implies 'informed, knowledgeable'.

414-415. sentý que sientes. Another example of acoustic repetition of *derivatio*.

415. que mi dezir. Manuscript correction: «que [*de* - crossed out] mj dezir».

418. Cadmo, fijo del rrey Agenor. Gili Gaya (San Pedro, ed. Gili Gaya, p. 18) and Whinnom (San Pedro, I, ed. Whinnom, p. 101) emended the text to read *Cadmo*, which is the correct spelling of the name of the son of king Agenor, Cadmus, who founded the city of Thebes. Along with many other sources, Ovid tells of the story of Cadmus in *Met.* III, ll. 1-140 and IV, ll. 561-603.

421-423. porque en mi boca... por herencia me quedó. Whinnom (San Pedro, I, ed. Whinnom, p. 101, note 41) suggested the following clarification: «porque vendría mal en mi boca la alabanza de aquel cuyo nombre heredé».

439. tenía su gran hermosura con estraño color matizada. José Luis Varela, «Revisión de la novela sentimental», *RFE*, 48 (1965), pp. 380-381, saw here the

179

possible influence of the iconographic tradition of the Magdelene. Whinnom (San Pedro, I, ed. Whinnom, p. 102, note 42) observed as well the Ovidian tradition from the *Ars amatoria,* III, 431-432: «funere saepe uiri uir quaeritur: ire solutis / crinibus et fletus non tenuisse decet».

441. tenía. I follow Whinnom's punctuation here.

456. deseos. Manuscript correction: *desseos* was originally written but the last *s* was crossed out and *-sos* added to the word to read *desseosos.*

459. fuesen. Manuscript correction: originally read *tofuesen* but the *to-* was crossed out.

466. auiso. A's reading *auiso desauiso* is another example of the *annominatio* figure.

469. secreto. Manuscript correction: originally read *segretos* but the final *s* was crossed off.

469. castigos. The *Diccionario de Autoridades,* III, p. 223b, defined castigos as «advertencia, aviso, amonestacion y enseñanza».

471. Carta de Arnalte a Luçenda. This letter (ll. 471-509) influenced the *Marco Aurelio* of Antonio de Guevara. The «Carta XVI, embiada por Marco Emperador a Macrina» in the *Marco Aurelio* reproduces entire passages of Arnalte's letter to Lucenda as found in the Burgos 1522 edition. The influence was discussed by Agustín Redondo, «Antonio de Guevara y Diego de San Pedro: Las *Cartas de amores* del *Marco Aurelio*», *BH,* 78 (1976), 226-239.

482. quando. Foulché-Delbosc (San Pedro, ed. Foulché-Delbosc, p. 240) emended the B text from *quando* to *quado.*

485. yo. Both B and Ms. include the subject pronoun *yo* but in different syntactical positions. Thus, the inclusion of *yo* is archetypal, but its placement is undecided. The B reading has been selected for the critical edition in agreement with Gili Gaya (San Pedro, ed. Gili Gaya, p. 21) and Whinnom (San Pedro, I, ed. Whinnom, p. 104), who also follow the B text.

485-486. fuerça para forçarme. Another example of *annominatio.*

487. antes. Manuscript correction: «[*si* - crossed out] antes».

489. quise no quererte. Another example of the repetition of *querer* like that seen earlier on ll. 357-358.

490. ya en. Although B and Ms. readings are technically archetypal, the A reading is contextually more accurate and appropriate. Gili Gaya (San Pedro, ed. Gili Gaya, p. 21) and Whinnom (San Pedro, I, ed. Whinnom, p. 104) also follow A.

490. tenía. Whinnom (San Pedro, I, ed. Whinnom, p. 104) emended the text to read *tenían.*

492. tuuiese. Manuscript correction: originally the text read *touiese,* like A and B, but the *t* was crossed out.

497. mira en quánto cargo me heres. This phrase also has an echo in the *Cárcel de amor,* ll. 350-351 of the critical edition: «mira en qué cargo eres a Leriano». The word *cargo* is also found with the same meaning of 'deuda' in *Celestina,* 1499?, auto v, f. e²v., where Celestina says: «o diablo a quien yo conjure: como conpliste tu palabra en todo lo que te pedi: en cargo te soy».

502. declare. Whinnom (San Pedro, I, ed. Whinnom, p. 104) emended the text to read *declares.* No early witness supports the reading. Additionally, *declaro... declare* is another example of acoustic repetition and *derivatio.*

502. confiança en. Manuscript correction: «confiança [*y* - crossed out] en».

505. entre tu agradecer. Gili Gaya (San Pedro, ed. Gili Gaya, p. 22) emended the text to read *entre agradescer.*

506. esperança desesperar. Another example of *annominatio.*

513. caso. *Caso* means 'acaso'.

526-527. viese, forçó la gana de recebir... pero la acogida. All witnesses differ in their reading, but in contiguous lines B and Ms. are archetypal. Therefore, the decision would seem to be between B and Ms. readings. For contextual clarity, the B reading has been selected for the critical edition. In the latter variant *(la),* Whinnom (San Pedro, I, ed. Whinnom, p. 104) also followed B.

529. tales nueuas de su negociación me truxese. The syntactical order is not clear here, but A and Ms. begin with *tales nueuas.* B and Ms. end with *me truxesse.*

Therefore, those two elements must be archetypal. That leaves only one possibility for the position of *de su negociación:* that of the Ms. reading.

531. consuelo. *Consuelo* is a possible neologism in the prose of San Pedro. Corominas, IV, p. 268a, registered the word ca. 1570. The word appears again in the *Arnalte y Lucenda:* on ll. 1198, 1362, for example. *Consuelo* is also found in the *Cárcel de amor,* ll. 178, 554, 579, 613, 1081, 1777, 2231 of the critical edition.

532. de pena. Manuscript correction: «de [*mi* - crossed out] pena».

533. passatiempos. B is the most logical reading in context. *Pensamientos* were mentioned in the previous line and referred to again in «con ellos». To repeat the same word again as an accusative destroys the logic of the sentence. Not only is *passatiempos* the most coherent reading, but in other cases of *passatiempo/pensamiento* variance (c.f., note to l. 83), the anchetype reads *passatiempo.* Whinnom (San Pedro, I, ed. Whinnom, p. 106) also printed *passatiempos.*

535. cuydados descuydo. Another example of *annominatio.*

536. Lucenda. A subject noun or pronoun is present in both B and Ms. readings; therefore, the inclusion of a subject must be archetypal. In agreement with Whinnom (San Pedro, I, ed. Whinnom, p. 106), the B text has been chosen for the critical edition.

538. crédito. According to the *Diccionario de Autoridades,* II, pp. 652b-653a, *crédito* «por extension significa seguridád, apoyo, abono, firmeza y comprobacion de alguna cosa». Corominas, I, p. 936a, listed the first register of the word as mid-sixteenth century, before 1568. Other uses of the word appear in the *Cárcel de amor,* ll. 405, 782, 1225, 1349, 2179, 2204.

538. a la hora. The phrase meant 'entonces, en seguida' in the language of the period.

540. secreto. Whinnom (San Pedro, I, ed. Whinnom, p. 106) emended the text to read *secreta.* However, no text supports the change.

544. Arnalte a Luçenda. This section (ll. 544-577) influenced Antonio de Guevara's *Marco Aurelio,* «Carta XVII, embiada por Marco Emperador a la sobredicha Macrina». Redondo, pp. 226-239, discussed the coincidence.

548. mira, las. Manuscript correction: «mira [*en* - crossed out] las».

556. acondicionada. Although Corominas, I, p. 879a, registered the word ca. 1504, *acondicionada* not only appeared in the *Arnalte y Lucenda* but in the *Cárcel de amor* as well: l. 1754 of the critical edition.

557. pide. Although the archetype technically is *piden,* the context requires a singular verb to agree with the subject, *lengua.*

558-559. en la condición diuersan. As Whinnom (San Pedro, I, ed. Whinnom, p. 106, note 54) observed, the verb *diuersar* is not registered in the dictionaries, but it meant, by extension from *diverso,* to 'diverge' or 'be diverse'.

566. hedefiçios. According to Covarrubias, p. 492b, *edificio* is «qualquiera fábrica». By extension, *edificio* meaning 'construction' or 'means of building' is found here in the *Arnalte y Lucenda* and in the *Cárcel de amor,* l. 105.

568. disuirtud. *Desvirtud* is also found in the *Cárcel de amor,* l. 809. While neither *desvirtud* or *invirtud* survived in modern Spanish, Diego de San Pedro provides documentation of the forms.

574. parescer. Whinnom (San Pedro, I, ed. Whinnom, p. 107) emended the text to read *padescer,* similar to the Ms. variant.

575. en mucho. Foulché-Delbosc (San Pedro, ed. Foulché-Delbosc, p. 242) emended the B text from *em mucho* to *en mucho.*

578. Responde Lucenda a Arnalte. This section (ll. 578-613) influenced Antonio de Guevara's *Marco Aurelio,* «Carta XVIII, embiada por Marco Emperador a Libia». Passages from the section are incorporated into the letter of Marco Aurelio. Redondo, pp. 226-239, discussed the borrowing. Also, the variants of the subtitle are repeated in the *Arnalte y Lucenda: Respuesta* for *Responde* (l. 1292) and *Responde...* without mention of the recipient (ll. 1089, 1193). The same variants occur in the *Cárcel de amor* as well: ll. 509 and 593 of the critical edition.

583-584. acuerdo desacordado. Another example of *annominatio.*

591. entretener. *Entretener* is a possible neologism in San Pedro's prose. Corominas, IV, p. 421b, listed the first register of the word as 1605, in the *Quijote.*

However, the word *entretener* is also found in the *Cárcel de amor*, ll. 1533 and 1663; as well as later in the *Arnalte y Lucenda,* l. 1130 (Ms. variant).

592. la qual conozco. Whinnom (San Pedro, I, ed. Whinnom, p. 108) emended the text to read *la cual que conosco,* like the Ms. reading.

609. ál. *Ál,* meaning 'otra cosa', deriving from the Latin *aliud,* was archaic in the Spanish language of the sixteenth century. Juan de Valdés, *Diálogo de la lengua,* ed. José F. Montesinos (Madrid: Espasa-Calpe, 1976), 101.17, considered it preferable to use *otra cosa* instead of *ál,* a preference found in the Ms. variant of the *Arnalte y Lucenda.* Corominas, I, p. 72b, stated that «aunque todavía lo [*ál*] emplean alguna vez Cervantes y Quevedo, se percibe un matiz irónico en el uso que hacen de este pronombre». *Ál* is also found in the *Arnalte y Lucenda* on ll. 898, 978, 1137; and in the *Cárcel de amor,* l. 850.

610. infintuosa. The *Diccionario de Autoridades,* IV, p. 266a, defined the word as «fingido, dissimulado. Es voz antiquada».

611. causarás. The *causar/acusar* variant is also found in the *Cárcel de amor,* ll. 490, 1100, 1326 of the critical edition.

612. tomar. Manuscript correction: originally the text read *torner* but was corrected to read *tomar.*

616. hallase. Foulché-Delbosc (San Pedro, ed. Foulché-Delbosc, p. 244) emended the B text from *falla* to *fallo.*

624, 628. fuese, creçer. Foulché-Delbosc (San Pedro, ed. Foulché-Delbosc, p. 244) emended the B readings to *fuesse* and *crecer.*

633-634. ¿para qué es temer la muerte... está la vida? These two lines are also found in the *Sermón* of Diego de San Pedro (San Pedro, I, ed. Whinnom, p. 179) and in the *Cancionero general,* 1511, f. 144r.

635. tiene. Whinnom (San Pedro, I, ed. Whinnom, p. 109) emended the text to read *tienen;* however, it is not unusual for a compound subject of related items to be collectively considered and accompanied by a singular verb.

640. rrecordar. In Old Spanish, *recordar* meant 'despertar' and it is found here with that meaning.

643. çiega. Manuscript correction: the text originally read *cierga* but the *r* was crossed out to read *ciega.*

649. hedeficio. Manuscript correction: originally the text read *hedeficios* but was corrected to read *hedeficio.*

652-654. tus ojos las escalas... esperas? These lines influenced Antonio de Guevara's *Marco Aurelio,* «Carta XVIII, embiada por Marco Emperador a Libia»: «mis ojos las escalas de mi fee en tan alto muro pusieron, que no menos çierta está la caída que dubdosa la subida». Redondo, pp. 226-239, discussed the borrowing.

653. antes. The same *antes/ante* variance also occurred in the *Arnalte y Lucenda* on ll. 870, 873, 1378, 1521; and in the *Cárcel de amor,* ll. 482, 722, 765. As the variants verify, *antes* and *ante* were interchangeable in Old Spanish.

653. tu sobida. Manuscript correction: «tu [*de* - crossed out] subida».

657. poco a poco te apocas. Another example of *annominatio* and *parhomeon.*

659. coraçón. Manuscript correction: originally the text read *coracion* but was corrected to read *coracon.*

659. alma. Foulché-Delbosc (San Pedro, ed. Foulché-Delbosc, p. 245) emended the text to read *alma alma.*

659. rrehusas. Manuscript correction: originally the text read *resusas* but was corrected to read *rehusas.*

662. él os. Manuscript correction: originally the text read *ellos* but was corrected to read *el os.*

662. os. The archetype is the second-person plural object pronoun since both A and Ms. use that form. The decision is between the *os* or *vos.* As mentioned earlier in the note to l. 30, *os* is the archetypal preference in the *Arnalte y Lucenda* and the *Cárcel de amor.* Therefore, *os* has been selected for the critical edition.

666. maciços. Manuscript correction: the word has been corrected and written over so obscurely that it can not be deciphered clearly, except for a few letters.

668. poco poder. Manuscript correction: «poco [*poco* - crossed out] poder».

669. principio. Foulché-Delbosc (San Pedro, ed. Foulché-Delbosc, p. 245) emended the B text from *princio* to *principio*.

669-670. desobedecerlo. Foulché-Delbosc (San Pedro, ed. Foulché-Delbosc, p. 245) emended the B reading from *desobecello* to *desobedecello*.

672. plaga. Manuscript correction: originally the text read *poder* but was corrected to *plaga*.

673. hazello. The use of *hazer* is archetypal; the conflict arises in the use of *lo* or *le*. Since the antecedent is an inanimate accusative, and in order to maintain the parallelism with the following clause, *lo* seems the best reading.

677-678. rremedio rremediar. Another example of *annominatio*.

680. sy. Technically the archetype is e *el*; however, the more coherent reading is that of A: e *sy el*, which connects the two conjugated verbs *se causare* and *llama*.

684. hallarás. Manuscript correction: originally the text read *lallaras* but was corrected to read *hallaras*.

696. mandado. The same *mandado/mando* variance occurs in the *Cárcel de amor*, 1. 797.

697. esforçé. The same variance of *esforçar/forçar* occurs in the *Cárcel de amor*, 1. 1554; and again in the *Arnalte y Lucenda*, 1. 1354.

698. Pues. Whinnom (San Pedro, I, ed. Whinnom, p. 112) emended the text to read *pues como*. In note 62, Whinnom adds: «ya que ninguno de los dos por sí solo da una frase inteligible, hace falta alguna enmienda. Gili Gaya interpreta el *pues* como conjunción equivalente a 'después que', pero San Pedro no suele emplear *pues* en tal sentido (aunque sí equivalga a veces a *después*, adverbio)». However, *pues* as a conjunction gives an archetypal, intelligible reading, and it is not impossible that San Pedro would use the word as such.

701. momear. The *-ear/-ar* variance is found again on 1. 720 of the *Arnalte y Lucenda*; and in the *Cárcel de amor*, 1. 1026. Menéndez Pidal discussed the *-ear/-ar* variance in § 125.2c. The *momos* were associated with tournaments and jousts and were part of the aristocractic court in Castile since the reign of John II. Eugenio Asensio, «De los momos cortesanos a los autos caballerescos de Gil Vicente», *Estudios portugueses* (1956), discussed the subject.

706. tela. The *Diccionario de Autoridades*, VI, p. 236b, defined *tela* as «se toma assimismo por el sitio cerrado, y dispuesto para fiestas, lides públicos, y otros espectáculos».

707. inuencionado. This refers to the dress or adornments with the 'invenciones': that is, the colors or symbols worn as described later in the text.

712. cimera. The *Diccionario de Autoridades*, II, p. 351a, defined *cimera* as follows: «La parte superior del morrión, que se solía adornar con plumas ù otras cosas que se ponian encíma.» The word also refers here to the decoration of the helmet.

713. valança. The *Diccionario de Autoridades*, I, p. 534a states the definition as: «los vasos ò platos cóncavos que penden de los extremos de los brazos del peso».

713. verde... negra. The colors symbolize hope and pain, respectively. Color symbolism was also used in the *Cárcel de amor*, ll. 98-168.

717. pesa mi pesar. Another example of *annominatio*.

725. acatamiento. Corominas, I, p. 728a, registered the first appearance of the word ca. 1495. Other uses of *acatamiento* occur in the *Arnalte y Lucenda*: e.g., ll. 1346 and 2303; and in the *Cárcel de amor*: ll. 345, 715, 1504, 1847 of the critical edition.

725. a aquella señor llegué. Gili Gaya (San Pedro, ed. Gili Gaya, p. 32) emended the text to read *allegué*.

731. dobles ni senzillos. These terms refer to the steps of a dance.

731. supiese. Whinnom (San Pedro, I, ed. Whinnom, p. 113) emended the text to read *supiese* and thus coincided with the Ms. reading.

733-734. saqué vnas matas... dezía la letra así. Gili Gaya (San Pedro, ed. Gili Gaya, p. 32) emended the text to read: *y ansí vnos motes de alegría en el manto bordados saqué; dezía la letra así*. Whinnom (San Pedro, I, ed. Whinnom, p. 113) emended the texto to: *y ansí unas marcas de alegría en el manto bordadas saqué;*

dezía la letra así. Whinnom, in note 73, observed: «ésta tiene que ser una frase hecha, que indique tales versos bordados; desde luego el poemita no tiene nada de alegre». There are set-phrases and proverbs with the word *matas* listed by Covarrubias, p. 793a; and, as Whinnom suggested for *marcas de alegría, matas de alegría* also could be an expression referring to the poetry, for *matas* does have a tradition of proverbial usage. The manuscript reading has been selected for the critical edition since it follows the archetypal syntactical order and represents a clear reading and connection between the three clauses; *Pero con el pinzel... saqué... donde dezía...*

737. quando. The same *quando/quanto* variance occurs again in the *Arnalte y Lucenda:* e.g., ll. 1030, 1078, 1102, 1107, 1154, 1175-1176, 1298; and in the *Cárcel de amor,* l. 305.

744. de la. Manuscript correction: originally the text read *della* but was corrected to *de la.*

749. eran. The B and Ms. readings agree in the form «*ser*+éstas». The decision is between the past or present tense of *ser.* Since other textual sections usually end in a past-tense expression, especially l. 470, «heran éstas», the Ms. variant seems to be the most consistent reading and, thus, has been included in the critical edition.

751. Lucenda. The variance of the exclamation *O* appears again in the *Arnalte y Lucenda* on ll. 1090, 2240.

754. soledad. *Soledad* meaning 'melancoly' is possibly a neologism in the prose of San Pedro. According to Corominas, IV, p. 269b, «en la ac. 'añoranza' es hermano del port. *saudade:* 2ª mitad del S. XVI». The word *soledad,* meaning 'añoranza', is also found in the *Cárcel de amor,* l. 1330.

761. adormeçe. Foulché-Delbosc (San Pedro, ed. Foulché-Delbosc, p. 248) emended the B text from *adormezce* to *adormece.*

763. quiero, pues no quieres. Another example of the acoustic repetition of *derivatio* similar to that seen earlier on ll. 357-358, 489.

770. seguirte. Whinnom (San Pedro, I, ed. Whinnom, p. 115) emended the text to read *guiarte.*

772. seruicios seruida. Another example of *annominatio.*

774. pena. Manuscript correction: originally the text read *culpa* but was corrected to *pena.*

777. sé bien que más. Foulché-Delbosc (San Pedro, ed. Foulché-Delbosc, p. 249) emended the B text from *sé más que* to *sé que más.*

778. Haz ferias. *Hazer ferias* would be equivalent to *feriar* as defined by Cobarruvias, p. 589b: «Feriar, es comprar y vender y trocar una cosa por otra.»

787. ninguna. Manuscript correction: originally the text read *alguna* but was corrected to *ninguna.*

790. rrespondía. Foulché-Delbosc (San Pedro, ed. Foulché-Delbosc, p. 249) emended the B text from *respnodía* to *respondía.*

793. puso. Whinnom (San Pedro, I, ed. Whinnom, p. 116) emended the text to read *pusiese.*

793. posada a rreposar. Another example of *annominatio.*

798. çertenidad. The *Diccionario de Autoridades,* II, p. 292b, defined *certenidad* as 'certeza'.

801. casa. Foulché-Delbosc (San Pedro, ed. Foulché-Delbosc, p. 249) emended the B text from *posa* to *posada.* Whinnom (San Pedro, I, ed. Whinnom, p. 116) emended the text to read *posada* in agreement with the Foulché-Delbosc transcription.

806. parte partes. Another example of *annominatio* like that seen earlier on l. 60.

807. entristeçerme. Foulché-Delbosc (San Pedro, ed. Foulché-Delbosc, p. 250) emended the B text from *entresitezcerme* to *entristecerme.*

817. otros muchos. The antecedent of *otros muchos* is *días.*

820. al son de su lágrimas mis ojos dançaban. These lines influenced Antonio de Guevara's *Marco Aurelio,* «Carta XIX, embiada por Marco Emperador a Piramón»: «al son de mis lágrimas dançauan tus ojos». Redondo, pp. 226-239 discussed the borrowing.

820. lágrimas mis. Manuscript correction: «lágrimas [*o*-crossed out] mis».

822. Belisa a Arnalte. This section (ll. 822-864) influenced Antonio de Guevara's *Marco Aurelio*, «Carta XIX embiada por Marco Emperador a Piramón». Redondo, pp. 226-239, discussed the borrowing.

827. podré. A conjugated verb is required by context, and the apparent subject is *yo;* thus the Ms. reading, *podré,* has been selected for the critical edition. Whinnom (San Pedro, I, ed. Whinnom, p. 117) emended the text to read *podría.*

831. hechos dezir. Manuscript correction: «hechos [*dizes* - crossed out] dizir».

832-833. la muerte... si tú quyeres. A has seemingly deleted part of the text. The Ms. reading has been selected for the critical edition. Whinnom (San Pedro, I, ed. Whinnom, p. 117) emended the text to read: *si tú quisieres la muerte, yo no querré la vida; e si tú quisieres pesar, que yo no querré la vida.*

836-843. Sy descansar quieres... lo hallaremos. These lines represent the use of epanaphora in the repetition of the phrase *sy quieres.*

839-840. quieres morir, sea de por medio la muerte; sy quieres que tú. Foulché-Delbosc (San Pedro, ed. Foulché-Delbosc, p. 251) emended the B reading to *quieres que tú.*

849-852. Cata que la Fortuna... desesperar debes. These lines are commonplace in medieval thought. Whinnom (San Pedro, I, ed. Whinnom, p. 118, note 183) traced the source to Boethius, *De Consolatione Philosophiae*, II, 1 and 2. The lines also form part of an epanaphora beginning on l. 846.

854. haga. Whinnom (San Pedro, I, ed. Whinnom, p. 118) emended the text to read *hagan,* but no text supports the emendation.

860. callas es. Manuscript correction: «callas [*no* - crossed out] es».

867. forçado que me fuerçe. Another example of *annominatio* like that seen earlier on ll. 485-486.

867-868. señales señalan claramente declararte. Additional examples of *annominatio.*

873. peresca. Gili Gaya (San Pedro, ed. Gili Gaya, p. 39) and Whinnom (San Pedro, I, ed. Whinnom, p. 119) emended the text to read *paresca.*

877. rremedio. The *remedio/medio* variance is found as well in the *Cárcel de amor*, l. 554.

878. ánima. The same *ánima/alma* variance is also found in the *Cárcel de amor*, ll. 486, 613, 665, 755, 1697, 1940.

879-880. minas minando. Another example of *annominatio.*

883. congoxas no te congoxes. Once again, the *annominatio* figure.

884-885. fuerça de su esfuerço. Another example of *annominatio* like that seen earlier on ll. 485-486, 867.

886. en tan hermosa cara. Gili Gaya (San Pedro, ed. Gili Gaya, p. 39) emended the text to read *en tu hermosura.*

887. tuyos. Foulché-Delbosc (San Pedro, ed. Foulché-Delbosc, p. 252) emended the B text to read *tuyos.*

892. amara elegidos. Manuscript correction: «amara [*para mj* - crossed out] elegados».

894-895. avías de aver. Another example of acoustic repetition of *derivatio.*

895. posesión. The same variance of *passión/posesión* is found in the *Cárcel de amor*, l. 237.

896. posada tan estrecho aposentamiento. Another example of *annominatio* like that seen earlier on l. 793.

901. cuidado te descuydes. Another example of *annominatio* like that seen earlier on l. 535.

901-902. trabaja más trabajarte. Another example of *annominatio.*

904. en el. Manuscript correction: «en [*l* - crossed out] el».

905. quebrado. The same *quebrar/quebrantar* variance also occurs in the *Arnalte y Lucenda* on ll. 1500, 1866; and in the *Cárcel de amor*, l. 1268.

906. males de mi mal. Another example of *annominatio.*

911. la esperiencia. Manuscript correction: «la [*esperança* - crossed out] esperiencia». Whinnom (San Pedro, I, ed. Whinnom, p. 120) emended the text to read *esperiencia,* thus agreeing with the archetype.

912. agonías. Since all readings are bimembered, the use of two elements must

be archetypal; however, all three readings differ on the second element of the compound direct object. The Ms. reading has been selected for the critical edition for it maintains the *parhomoen* of *a,* which both A and Ms. contain, and follows the archetypal syntactical order beginning with *ansias.* Gili Gaya (San Pedro, ed. Gili Gaya, p. 40) emended the text to read: *quántas ansias.* Whinnom (San Pedro, I, ed. Whinnom, p. 120) emended the text to read: *cuántas angustias, cuántas ansias, cuántas congoxas.*

918. lo desseaua. Manuscript correction: «lo [*pensaua* - crossed out] desseaua».

919. descubrirlo. Manuscript correction: the text originally read *descrubirlo* but was corrected to *descubirlo.* Whinnom (San Pedro, I, ed. Whinnom, p. 120) emended the text to read: *descubrirlo lo rehuía.*

920. guardan. Manuscript correction: originally the text read *guaardan* but was corrected to *guardan.*

922. descobrirme. Manuscript correction: originally the text read *descobirirme* but was corrected to read *descobrirme.*

925. llamarlo que. Manuscript correction: «llamarlo [*l* - crossed out] que».

926. estrañaua. According to the *Diccionario de Autoridades,* III, p. 698a, *estrañar* «se toma por reprehender, escarmentar, castigar».

926-927. vençedor, vencido de la voluntad. Another example of *annominatio* and *parhomoen.*

927. oluidasse, porque. Whinnom (San Pedro, I, ed. Whinnom, p. 121) emended the text to read: *olvidase, sino porque.*

960. vees. Although the readings all differ, only A contains the *agora,* so it has not been included in the critical edition. The only elements common to all witnesses are *como* and *vees.*

960. viese. The use of *ver* is archetypal since it is found in A and B. However, the verbal mood is unclear. Whinnom (San Pedro, I, ed. Whinnom, p. 122) emended the text to read *viese,* and in context, a past tense seems most appropriate. Whinnom's emendation has been accepted in the critical edition.

962. tan. The *tan/tanto* variance is also found in the *Arnalte y Lucenda* on ll. 1044 and 1112. The *Cárcel de amor,* l. 1068, contains the same variant as well.

962. cercana. Manuscript correction: originally the text read *cerrcana* but was corrected to read *cercana.*

962. tu. The archetype would technically read «es tu posada y la de Lucenda son que» which includes two unconnected conjugated verbs. Since the subject is plural (*tu posada* and *la de Lucenda*), the singular *es* has been deleted.

965. paresçer. Whinnom (San Pedro, I, ed. Whinnom, p. 122) emended the text to read *padescer.*

969. que yo saber. Manuscript correction: «que [*y* - crossed out] saber».

977. quexa en quexarte. Another example of *annominatio.*

978. duele me duele. Another instance of acoustic repetition of *derivatio.*

982-983. vna causa los causa. Another example of *annominatio.*

985. cuydado me descuydo. Another example of *annominatio* like that seen earlier on ll. 535, 901.

992. sy mi consejo tanto. Gili Gaya (San Pedro, ed. Gili Gaya, p. 44) emended the text to *si tanto.*

995. fuerça de tu esfuerço. Another example of *annominatio* similar to that seen earlier on ll. 485-486, 867, 884-885.

998. ynfamia se ynfama. Another example of *annominatio.*

998-999. Con tu seso... te liberta. Another example of epanaphora.

999-1000. desamor a los engaños de amar. Another example of *annominatio.*

1000. rrigas. *Rigas* comes from the subjuntive of *regir* and is the etymological form not infrequent in Old Spanish.

1000. ni que del. Gili Gaya (San Pedro, ed. Gili Gaya, p. 45) emended the text to *nin del.*

1006-1007. que a ti detengas. Technically the archetype is *que de si;* however, in context, the reading is not logical. Whinnom (San Pedro, I, ed. Whinnom, p. 124) suggested the emendation *que a ti detengas,* which agrees in part the with the Ms.

reading. Since Whinnom's reading makes the sentence clearer, it has been accepted in the critical edition.

1013-1014. consejo aconsejarte. Another example of *annominatio*.

1023. rrecelo de çelos. Another example of *annominatio*.

1024. mi intención. Whinnom (San Pedro, I, ed. Whinnom, p. 124) emended the text to read *su intención*. However, no witness supports the change.

1024. hazello. Since the clause is introduced by *por,* a conjugated verb is not appropriate to the context. The B reading seems best here.

1027. pensar, desde. Whinnom (San Pedro, I, ed. Whinnom, p. 124) emended the text to read *pensar así*.

1041. vna siesta. Manuscript correction: «vna [*habla le hizo en tal mane-ra* - crossed out] siesta».

1049. culpa de mi desuergüença desculpa. Another example of *annominatio*.

1051. manera que. In context, a subordinate conjunction is needed. Since the Ms. is the only text to supply the conjunction, its reading has been selected for the critical edition. Gili Gaya (San Pedro, ed. Gili Gaya, p. 47) and Whinnom (San Pedro, I, ed. Whinnom, p. 125) emended the text to read *causa de que*.

1063. me. The *me* is needed for clarity and for parallelism between the two clauses: «me rrefrena... me aguija». Whinnom (San Pedro, I, ed. Whinnom, p. 125) followed the B text as well.

1073. le. Whinnom (San Pedro, I, ed. Whinnom, p. 126) emended the text to read *lo,* thus agreeing with the Ms. reading.

1076-1077. porque tu. Manuscript correction: «porque [*po* - crossed out] tu».

1078. padescer pero quanto. Whinnom (San Pedro, I, ed. Whinnom, p. 126) emended the text to read *padescer porque cuando*.

1081. perezca. All readings differ; however, the B reading seems most appropriate in context: faith should not be lost or allowed to perish. Whinnom (San Pedro, I, ed. Whinnom, p. 126) agreed with the B reading.

1090. temas, como temes. Another example of acoustic repetition of *derivatio*.

1100. quiere yo quiero. Another example of acoustic repetition of *derivatio* similar to that seen earlier on ll. 357-358, 489, 763.

1104. para ty. Manuscript correction: the text originally read *para mj* but was corrected to *para tj*.

1108. dezían. Whinnom (San Pedro, I, ed. Whinnom, p. 127) emended the text to read *dezía*.

1109. lloros lloro. Another example of *annominatio*.

1110. pienso... piensa. Another example of acoustic repetition of *derivatio*.

1112. yo. The presence of *yo* is archetypal since it is found in B and Ms.; however, its position is undecided. The B reading has been selected for the critical edition in agreement with Whinnom's text which also follows the B witness (San Pedro, I, ed. Whinnom, p. 127).

1115. pesar me pesa. Another example of *annominatio* like that seen earlier on l. 717.

1122. corta rrazón. Although technically the archetype reads *corta de rrazón,* clarity of syntax and parallelism suggests the most appropriate reading to be *corta razón*. Both A and Ms. maintain a parallelism of *corta rrazón... larga porfía, corta de razón... larga de porfía,* respectively. Thus, the A text has been selected for the critical edition for reasons of conciseness (avoidance of the repetition of *de*) and balance.

1128. conoscidas conosciese. Another example of *annominatio*.

1132. fallecen. Gili Gaya (San Pedro, ed. Gili Gaya, p. 50) emended the text to *faltan*.

1133. desordenada orden. Another example of *annominatio* like that seen earlier on ll. 23, 111.

1134-1136. suele por la mayor parte... servicio niega. All three witnesses differ in their readings. However, two include the word *oluido* and two include the infinitives *ser* and *dar*. The decision then remains regarding the position of *ser* and *dar*. The Ms. reading has been selected for the critical edition.

1135. manera. Whinnom (San Pedro, I, ed. Whinnom, p. 128) emended the text to read *maña*.

1135-1136. muchas vezes... seruicio niega. Whinnom (San Pedro, I, ed. Whinnom, p. 128, note 96) suggested that the source of these lines is Ovid, *Ars amatoria*, II, 351+: «da requiem: requietus ager bene credita reddit, / terraque caelestes arida sorbet aquas: / Phyllidae Demophoon praesens moderatius ussit, / exarsit uelis acrius illa datis; / Penelopen absens sollers torquebat Ulixes».

1137. ál mostrase. Whinnom (San Pedro, I, ed. Whinnom, p. 128) emended the text to read: *tan desamorada se mostrase*.

1163. te. The archetype technically reads *tú*, but *te* is the more appropriate reading. *Yo*, not *tú*, is the subject of *suplico*.

1164. hazellos. The use of *hazer* is archetypal since it occurs in A and Ms. The direct object pronoun is questionable: *lo* or *los*. Since the accusative is referring to *ruegos*, *los* seems the appropriate reading.

1165. tu seruicio. All readings disagree; however, the Ms. reading seems best in context. Whinnom (San Pedro, I, ed. Whinnom, p. 129) also emended the text to read *tu seruicio*. Additionally, this usage of *seruicio* adopts the medieval feudal language of vassalage to express the love relationship. This type of vocabulary was common in the courtly love literature.

1166. sea. Both B and Ms. use *ser* in the phrase; and A and Ms. use the verb in post-position. Therefore, the Ms. seems to best represent both archetypal elements.

1167. pueda. Whinnom (San Pedro, I, ed. Whinnom, p. 129) emended the text to read *puede*.

1171. y. Foulché-Delbosc (San Pedro, ed. Foulché-Delbosc, p. 261) emended the B text to read *y de*.

1171. mi muerte. Manuscript correction: «mi [*m* - crossed out] muerte».

1172. obran tus obras. Another example of *annominatio*.

1173-1178. ni él... tan grande. Additional examples of epanaphora.

1176-1177. quiere quiso. Another example of acoustic repetition of *derivatio* like that seen earlier on ll. 357-358, 489, 763, 1100.

1177. vi por. Gili Gaya (San Pedro, ed. Gili Gaya, p. 52) emended the text to *por*.

1180. quiero que quiebras. Another example of *parhomoen* in the *Arnalte y Lucenda* prose.

1180. Podráste, sy. Manuscript correction: «podraste [*este* - crossed out] si».

1182. no encojes. Manuscript correction: «no [*escoges* - crossed out] encojes».

1185. y a mí. Gili Gaya (San Pedro, ed. Gili Gaya, p. 53) emended the text to *y mí*.

1187. acuerdo de tu voluntad desacuerda. Another example of *annominatio* like that seen earlier on ll. 583-584.

1195. quieres quiero. Another example of acoustic repetition like that seen earlier on ll. 357-358, 489, 763, 1100, 1176-1177.

1198. pasado. The same variant *pasado/pesado* also appeared in the *Cárcel de amor*, l. 489 of the critical edition.

1199. fuerça forçada. Another example of *annominatio* like that seen earlier on ll. 485-486, 867, 884-885, 995.

1200. culpa, tú me desculpa. Another example of *annominatio* like that seen earlier on l. 1049.

1206-1207. es regla... son estimadas. Whinnom (San Pedro, I, ed. Whinnom, p. 131, note 102) traced these lines to Ovid, *Amores*, III, 4, 17: «'nitimur in vetitum semper cupimusque negata', sentencia conocidísima por los *florilegia*».

1220. de lo. Manuscript correction: originally the text read *dello* but was corrected to read *de lo*.

1221. arrepentida. Although the archetype is technically *arrepentido*, the adjective seemingly refers to Lucenda and, therefore, must be feminine. Whinnom (San Pedro, I, ed. Whinnom, p. 131) also emended the text to read *arrepentida*.

1121. me aya. Whinnom (San Pedro, I, ed. Whinnom, p. 131) emended the text to read *me vea*.

1221. desdezir. According to Corominas, II, p. 115a, *desdecir* was first registered ca. 1495. The word also appears in the *Arnalte y Lucenda* on l. 1634; and in the *Cárcel de amor,* ll. 862, 884, 1156.

1223. lo qual fazer. Gili Gaya (San Pedro, ed. Gili Gaya, p. 54) emended the text to read *la qual fazer.*

1223. vista lo veas. Another example of acoustic repetition of *derivatio.*

1226. mi. All three witnesses have different readings; however, the Ms. reading seems most appropriate in context. Whinnom (San Pedro, I, ed. Whinnom, p. 132) emended the text to *mi* as well.

1227. dicha. 'Fortuna, destino.'

1232. senblantes tenplados. Manuscript correction: «semblantes [*d* - crossed out] templados».

1235. Cata. The same *catar/mirar* variance occurs on l. 2248; and in the *Cárcel de amor,* ll. 587, 934, 1226.

1236-1237. fazen justicia. According to Covarrubias, p. 725a, *fazer justicia* means 'executar': that is to say, to 'kill' or 'destroy'.

1237-1238. a mí toca. Whinnom (San Pedro, I, ed. Whinnom, p. 132) emended the text to read *a mí me toca.*

1245-1247. Agora tu pena... de que dolerte. Another example of epanaphora.

1251. creý. Manuscript correction: originally the text read *creyda* but was corrected to *crey.*

1258-1259. hazérmelo hazer. Another example of acoustic repetition of *derivatio.*

1266. negocio. The same *negocio/negociación* variance is found in the *Cárcel de amor,* l. 406.

1267-1268. cargo de mis cuydados no descargado. Another example of *annominatio.*

1268-1269. conosció que por conoscer. Another example of acoustic repetition of *derivatio* like that seen earlier on l. 1128.

1272. deliberación. The meaning of *deliberación* is that of 'liberación' in context. The word *deliberar* is used in both meanings of 'libertar' and 'reflexionar' throughout the *Arnalte y Lucenda* and the *Cárcel de amor;* and in the context of 'libertar', it is often interchangeable with *delibrar* or *librar:* e.g., the variants of *delibrar/deliberar/librar* in the *Cárcel de amor,* ll. 180, 290, 956, 968, 992, 1200. According to Corominas, II, p. 122a, «el vocablo [*deliberar*] debe distinguirse cuidadosamente del antiguo *delibrar* 'librar, libertar' [...]. Aunque en Berceo, *Signos,* 32c. ("esto es deliberado" 'es cosa decidida, definitiva'), se acerca bastante a *deliberar* 'resolver', el vocablo de los SS. XII-XIV es derivado de *librar* [...]; mientras que *deliberar* 're-flexionar', [...] es latinismo introducido en el S. XV [...]. Es verdad que en el S. XV el vocablo viejo y el nuevo se confundieron en parte, de donde los ejs. arriba citados de *delibrar* en la ac. latinizante, y algunos que se pueden hallar de *deliberar* en el sentido de 'libertar' [...]».

1273. acordado plazer se acordauan. Another example of *annominatio* like that seen earlier on ll. 583-584, 1187.

1280. descolor coloraua. Another example of *annominatio.*

1281-1282. contemplarlas podiera. Whinnom (San Pedro, I, ed. Whinnom, p. 134) emended the text to read *recontarlas podrá.*

1284-1285. desesperança. Although the archetype technically is *de esperança,* contextually the text needs to read *desesperança.* The letter did not bring Arnalte hope, but despair. Whinnom (San Pedro, I, ed. Whinnom, p. 134) also followed the B reading.

1290. pensé. All readings differ; but both A and Ms. use a preterite tense which, then, must be archetypal. Since the Ms. reading is archetypal in verb tense and syntactical order, its reading has been chosen for the critical edition.

1292. Respuesta de Arnalte a Luçenda. The structure noun + *de* is the archetypal syntax; and both A and Ms. use a form of *responder.* Thus, the Ms. seems the most appropriate reading since it incorporates the two archetypal traits.

1294. me entristecí. Manuscript correction: «me [*es* - crossed out] entresteci».

1295. rremedio. Foulché-Delbosc (San Pedro, ed. Foulché-Delbosc, p. 265) emended the B text from *romedio* to *remedio.*

1297. rremedias. Whinnom (San Pedro, I, ed. Whinnom, p. 134) emended the text to *remedia.*

1300. Luçenda. Manuscript correction: originally the text read *luçenda* and was corrected to read *lucenda.*

1301. pero. All readings differ and none seems to be appropriate in context. The most logical reading seems to be *pero,* an emended A variant. Whinnom (San Pedro, I, ed. Whinnom, p. 134) emended the text to read *pero* as well.

1302. dirías. Manuscript correction: originally the text read *dizrias* but was corrected to *dirias.*

1302-1303. dirías lo que dizes, pero no farías lo que fazes. Additional examples of acoustic repetition of *derivatio.* The *hazer derivatio* was seen earlier on ll. 1258-1259.

1305-1306. nonbre, e tú te arreas de la obra. *Nombre* refers to the 'name of deceiver'; and *obra,* the 'act of deception'.

1308-1309. misterios ordenan. Whinnom (San Pedro, I, ed. Whinnom, p. 135) emended the text to read *misterios encubrirlas ordenan.*

1314. que tú. Manuscript correction: «que [*de* - crossed out] tu».

1318. mejor. Manuscript correction: originally the text read *meoior* but was corrected to *meior.*

1321. entiendo. Foulché-Delbosc (San Pedro, ed. Foulché-Delbosc, p. 266) emended the B reading from *entendio* to *entiendo.*

1322. postrimero. The same *postrimero/postrero* variance is found in the *Arnalte y Lucenda* on ll. 2064, 2128. In all cases, the archetypal pattern established is *postrimero* as a noun and *postrero* as a adjective. The usage differed in the *Cárcel de amor* where the use of *postrimero* and *postrero* had a strict division of function: *postrimero* was only used as an adjective and always in pre-position to the noun: ll. 543, 601-602, 663, 672, 889, 1036, 1762, 1823. *Postrero* was only used as a noun in the *Cárcel:* ll. 1008, 1532; and one case of *postrero/postrimero,* l. 2023, was variant.

1324-1325. y tu desagradescimiento. Manuscript correction: «y [*mj* - crossed out] desagradescimiento».

1326. desseo. Manuscript correction: originally the text read *desseoso de* but was corrected to *desseo.*

1335-1336. la rremediadora... medianera sea. Another example of *annominatio* like that seen earlier on ll. 677-678.

1350. la. Whinnom (San Pedro, I, ed. Whinnom, p. 136) emended the text to *al.*

1354. estuuiese. Foulché-Delbosc (San Pedro, ed. Foulché-Delbosc, p. 267) emended the B reading from *estuuese* to *estuuiesse.*

1356. encontinente. According to the *Diccionario de Autoridades,* II, p. 555b, *encontinente* meant «sin dilación, al instante».

1357. la. Although the archetype technically is *lo,* the direct object refers to Belisa, whom Lucenda admitted and from whom Lucenda accepted the letter. Thus, the pronoun should be *la.* Whinnom (San Pedro, I, ed. Whinnom, p. 136) also followed B's reading.

1371-1375. allý las angustias... ni más desseaua. Another example of epanaphora.

1375. tenía. Whinnom (San Pedro, I, ed. Whinnom, p. 137) emended the text to *temía,* thus agreeing with the Ms. reading.

1385. la qual... merescida. *La qual* refers to *pena,* and *merescida* refers to *merced* or *pena* meaning *compasión.*

1387. acreçentar. Manuscript correction: originally the text read *acrecensar* but was corrected to *acrecentar.*

1388-1389. enamorados de amar. Another example of *annominatio* like that seen earlier in ll. 999-1000.

1393. quieren. Foulché-Delbosc (San Pedro, ed. Foulché-Delbosc, p. 268) emended the B reading from *quiren* to *quieren.*

1397. dolías, más mi dolor me dolía. Another example of *derivatio* and *annominatio.*

1407-1408. sinjustiçia. 'Injusticia', formed perhaps by analogy with *sinrazón.*

1421. culpa que me das desculparme. Another example of *annominatio* like that seen earlier on ll. 1049, 1200.

1428. desconcierto que conçertar. Another example of *annominatio* like that seen earlier on l. 352.

1432-1433. Quién que creerte tenía no creer me hiziera. All witnesses read differently, but both B and Ms. use *creerte;* and the Ms., slightly emended, seems the most appropriate reading: «Would that I had not made myself believe that I believed you» — that is, believed your love. Whinnom (San Pedro, I, ed. Whinnom, p. 139) emended the text to read: *¡quién el querer que me tenías no creer me fiziera!*

1434. fallan. The B variant *fallar fallan* is another example of *annominatio.*

1443. ymportunada y a ty de importuno. Another example of *annominatio.*

1452-1454. Sy señorear el vniuerso... juzgar. Whinnom (San Pedro, I, ed. Whinnom, p. 140, note 119) suggested a possible emendation: *cuál escogiera, los que mucho aman lo pueden juzgar.*

1465. fiestas. According to the *Diccionario de Autoridades,* III, p. 747b, *fiesta* «se toma regularmente por los agasájos ù obséquios que se hacen para complacer ù atraher la voluntad a alguno».

1467. nubloso. Manuscript correction: originally the text read *muy boloso* but was corrected to read *nuboloso.*

1478. por ello pasé. I follow Whinnom's punctuation here, taking *por ello pasé* to mean 'no me importó'.

1482. en aquello... lo quiero. As Whinnom (San Pedro, I, ed. Whinnom, p. 141, note 124) observed, the author meant to say that he did take note of the situation.

1483. de grandes. Gili Gaya (San Pedro, ed. Gili Gaya, p. 65) emended the text to read *grandes de.*

1485. desde él la ciudad. Both B and Ms. agree in the reading «desde... ciudad» except for the *allí/él* variance. The Ms. reading has been followed in the critical edition.

1485. mirando. Whinnom (San Pedro, I, ed. Whinnom, p. 141) emended the text to read *mirava.*

1488. sobre lo. Manuscript correction: «sobre [*el* - crossed out] lo».

1492. porque. *Porque* needs be archetypal since the *por* of A cannot support the conjugated verb which follows.

1492. faza. 'Hacia'.

1498. y ni. Since the *tal tal* variant of A is not archetypal, the *que ni* which accompanies the A reading is no longer consistent with the context. The Ms. reading seems to link the clauses more coherently.

1505. señales. 'Agüeros'.

1505. asueltas. 'Resueltas, descifradas'.

1510. Arnalte. *Lucenda* is technically archetypal, but it makes no sense in context. Arnalte, in anguish, is beating himself, not Lucenda.

1513. sometidos tienen. Manuscript correction: «sometidos [*so* - crossed out] tienen».

1514. mía e. Manuscript correction: «mía [*mj* - crossed out] y».

1516. vna muger. Manuscript correction: «vna [*d* - crossed out] muger».

1520. satisfecho. As Whinnom (San Pedro, I, ed. Whinnom, p. 142, note 130) observed, it is not certain how Arnalte satisfied the messenger.

1526. catiba de su catiuo. Another example of *annominatio.*

1527. que esto viue porque viuo. The verse is confusing; the possible antecedent could be the *lo negro.* Also, the repetition of the verb *vivir* is another example of the acoustic *derivatio.*

1535. tus. Foulché-Delbosc (San Pedro, ed. Foulché-Delbosc, p. 272) emended the B reading *tu* to *tus.*

1548. que avnque. Whinnom (San Pedro, I, ed. Whinnom, p. 144) emended the text to read *aunque.*

1560. porque asý como. Gili Gaya (San Pedro, ed. Gili Gaya, p. 68) emended the text to read *porque como* .

1561. en tu. Gili Gaya (San Pedro, ed. Gili Gaya, p. 68) emended the text to read *en el tu.*

1567-1569. Por eso las armas que... lo haré. The passage is echoed in the *Cárcel de amor*, ll. 824-825: «Las armas escoge de la manera que querrás, y el canpo yo de parte del rey lo hago seguro.» The letters of challenge in both romances are similar to formulary letters of challenge written in the fifteenth and sixteenth centuries. See, for example, Erasmo Buceta, «Cartel de desafío enviado por D. Diego López de Haro al Adelantado de Murcia, Pedro Fajardo, 1480», *RH*, 81 (1933), 456-474; *Lletres de batalla*, 3 vols., ed. Martín de Riquer (Barcelona: Editorial Barcino, 1963-1968); Alfonso de Cartagena, *Doctrina y instrucción de la arte de cauallería* (Burgos: Juan de Burgos, 1497); and Mosén Diego de Valera, *Tratado de los rieptos é desafíos*, in *Epístolas* [...] *á diversas personas*, ed. José Antonio de Balenchana (Madrid: Sociedad de bibliófilos españoles, vol. 16, 1878), pp. 243-303.

1567. escojer escoje. Another example of *derivatio*.

1569. lo. Manuscript correction: originally the text read *ho* but was corrected to *lo*.

1573-1574. vençedor que vençió. Another example of *annominatio* like that seen earlier on l. 926.

1584. en plaça. 'En público'.

1585. satisfecho. Foulché-Delbosc (San Pedro, ed. Foulché-Delbosc, p. 274) emended the B reading *satisfeche* to *satisfecho*.

1597. serás. Gili Gaya (San Pedro, ed. Gili Gaya, p. 70) and Whinnom (San Pedro, I, ed. Whinnom, p. 145) emended the the text to *será*.

1600-1607. yo escojo las armas... las armas dichas. The lines are repeated in the *Cárcel de amor*, ll. 857-862: «Las armas que a mí son de señalar sean a la bryda —segund nuestra costunbre—; nosotros, armados de todas pieças; los cauallos con cubiertas y cuello y testera; lanças yguales y sendas espadas, sin ninguna otra arma de las vsadas, con las quales, defendiendo lo dicho, te mataré o haré desdezir o echaré del canpo sobrello.» The letters in both romances are similar to formulary letters of challenge written in the fifteenth and sixteenth centuries. See the note to ll. 1567-1569.

1601. brida. Corominas, I, p. 519a, registered the word *bryda*, ca. 1460, and defined it as follows: «de una forma germánica emparentada con el ingl. *bridle*, ags. *brîdel* íd.».

1601. costumbre. Manuscript correction: originally the text read *costunpre* but was corrected to *costunbre*.

1603. dos espadas. The variant of A, *sendas espadas*, coincides with the *Cárcel de amor* reading.

1603. caballos con cubiertas y cuello y testera. These lines contain another example of *parhomoen*. The list cites the parts of the armor that protected the body, neck, and head of the horse.

1605. ynjusticia. The archetype technically is *justicia*, but the context requires the reading *ynjusticia*. According to Elierso, Arnalte does not have a just cause, rather an unjust one. Also, the variant *injusticia/justicia* appears in the *Cárcel de amor*, l. 1087.

1610. fízele. The B variant, *fízile*, is a Latinate verb form found also in the *Cárcel de amor*, ll. 1343, 1663. Foulché-Delbosc (San Pedro, ed. Foulché-Delbosc, p. 274) emended the B reading to *fizele* .

1621. puntero. The *Diccionario de Autoridades*, V, p. 433b, defined *puntero* as «se aplica à la persona que hace bien la puntería con alguna arma».

1623-1625. Y asý... a las espadas. These lines are echoed in the *Cárcel de amor*, ll. 877-878, in the description of the duel between Persio and Leriano: «y quebradas las lanças en los primeros encuentros, echaron mano a las espadas».

1626-1627. miraban de mirar. Another example of the acoustic *derivatio*.

1627-1628. en mucha manera cansados; y como los corajes creciesen. Another example of *parhomoen*.

1629-1630. y porque la prolixidad... por estenso dezir. The *abbreviatio* figure of *occupatio*, as used here, is rare in the *Arnalte y Lucenda* but is found frequently in the *Cárcel de amor*, as noted in the critical edition and in Whinnom, «Diego de San Pedro's Stylistic Reform», 1-15.

1637. haziendo. Whinnom (San Pedro, I, ed. Whinnom, p. 147) emended the text to read *haziéndome*.

1653. demandarte solía. Manuscript correction: originally the text read *demandartes ya* but was corrected to *demandarte solía*.

1654. pude. Manuscript correction: originally the text read *puede* but was corrected to read *pude*.

1659. muchas mataste a su matador. Another example of *parhomoen* and *annominatio*.

1664. tormento me atormentan. Another example of *annominatio*.

1665. nuebo se rrenueban. Another example of *annominatio* like that seen earlier on ll. 39, 407-408.

1667. descanso para esta cansada vida. Another example of *annominatio*.

1668. sola. Manuscript correction: originally the text read *sosa* but was corrected to *sola*.

1678. amor pensar. Manuscript correction: originally the text read «amor [*ceg* - crossed out] pensar».

1684-1685. amores de la vida desamorado. Another example of *annominatio* like that seen earlier on ll. 999-1000, 1388-1389.

1685. acuerdo acordares. Another example of *annominatio* like that seen earlier on ll. 583-584, 1187, 1273.

1695. su acuerdo y el mío de vn acuerdo. Another example of acoustic repetition like that seen earlier on ll. 583-584, 1187, 1273, 1685.

1696-1697. descuidada de su cuydado. Another example of *annominatio* like that seen earlier on ll. 535, 901, 985.

1700. absolución. 'Resolución'. See note to l. 1505. Regarding *absoluer,* the *Diccionario de Autoridades,* I, p. 26a, stated «antiguamente se usó de esta voz por resolver, ù determinar alguna cosa, declararla ò manifestarla».

1701. a la hora. See note to l. 538.

1707. açelerado. 'Violento, rápido'.

1714. supiere. Whinnom (San Pedro, I, ed. Whinnom, p. 149) emended the text to *supiera*.

1714-1715. de la muerte. Manuscript correction: «de la [*m* - crossed out] muerte».

1718. bienes del bien. Another example of *annominatio*.

1719. esperanças el esperança. Another example of acoustic repetition like that seen earlier on l. 506.

1720. de. The *de* makes the syntax clearer and links *yo* and *Nuestra Señora.* Whinnom (San Pedro, I, ed. Whinnom, p. 149) emended the A text to read *yo a Nuestra Señora.*

1722. dolor se doliese. Another example of *annominatio* like that seen earlier on l. 1397.

1723. liberase. Gili Gaya (San Pedro, ed. Gili Gaya, p. 75) emended the text to *liberara.*

1727. Ynvocación a Nuestra Señora. With this line begin the *Siete angustias de Nuestra Señora.* The non-romance witnesses are entitled *Las siete angustias de Nuestra Señora,* and in the romance the transition from prose to poetry is indicated by the subtitle «Invocación a Nuestra Señora», which I include in the critical edition. Gili Gaya (San Pedro, ed. Gili Gaya, p. 75) and Whinnom (San Pedro, I, ed. Whinnom, p. 150) also included the subtitle. Gili Gaya emended the subtitle to read *Invocación de Nuestra Señora.*

1746-1747. oluidar las tristes mías... graues tuyas. These lines are borrowed from the *Pasión trobada* of Diego de San Pedro (San Pedro, III, eds. Whinnom and Severin, p. 125, strophe 41): «que pensando su Passión, / la muy grande mía olvido». The borrowings from the *Pasión* are discussed by Whinnom (San Pedro, I, ed. Whinnom, p. 42; *Diego de San Pedro,* pp. 56-59; San Pedro, III, eds. Whinnom and Severin, pp. 37-41; «The Religious Poems of Diego de San Pedro: Their Relationship and Their Dating», *HR,* 28 (1960), 1-15; and «The First Printing of San Pedro's *Passión trobada*», *HR,* 30 (1962), 149-151.

1761. tormento. Correction in BM: originally the text read *gozo* but was corrected in the same hand to *tormento*.

1780-1786. O, ymagen... lleno de luz. Another example of epanaphora. The poetry of the *Siete angustias* heavily relies on the epanaphora figure and not all of the instances will be noted; only the most salient examples will be pointed out.

1790. Dize Nuestra Señora a Symeón. The subheading is here included since in most other cases the headings are archetypal.

1832. pérdida perdí. Another example of *annominatio*.

1854-1858. Sacando con rrabia esquiba... a la lumbre de tus ojos. These lines are borrowed from the *Pasión trobada* (San Pedro, III, eds. Whinnom and Severin, p. 189, strophe 182): «sacando con ravia esquiva / sus cabellos a manojos, / diziendo: Madre captiva, / anda si quieres ver viva / a la lumbre de tus ojos». See note to ll. 1746-1747 for bibliographical references on the subject of *Pasión* and *Siete angustias* borrowings.

1859-1868. y débeste priesa dar... en que tú te rremirauas. These lines are borrowed from the *Pasión trobada* (San Pedro, III, eds. Whinnom and Severin, p. 190, strophe 183): «y deves te priessa dar, / la mayor que tú podrás, / que si imos de vagar, / según yo lo vi tratar, / nunca vivo lo verás. / Haz tus pies apressurados; / corre, pues tanto lo amavas, / porque no halles quebrados / aquellos ojos sagrados / en que tú te remiravas». See note to ll. 1746-1747 for bibliographical references on the subject of *Pasión* and *Siete angustias* borrowings.

1861. ymos. Whinnom (San Pedro, I, ed. Whinnom, p. 155) emended the text to *vamos*, like edition BL.

1885-1889. Fuiste con dolor cubierta... del cansacio que llebabas. These lines are borrowed from the *Pasión trobada* (San Pedro, III, eds. Whinnom and Severin, p. 191, strophe 186): «la cual iva descubierta, / la cual su cara resgava, / la cual iva biva muerta / de frío sudor cubierta / del cansancio que levava». See note to ll. 1746-1747 for bibliographical references on the subject of *Pasión* and *Siete angustias* borrowings.

1890-1894. y con ansias que passauas... desta manera dezías. These lines are also borrowed from the *Pasión trobada* (San Pedro, III, eds. Whinnom and Severin, p. 192, strophe 188): «Y con ansia que levava / de sus cabellos asía; / a menudo desmayava, / y a las gentes que topava / lo que se sigue dezía.» See note to ll. 1746-1747 for bibliographical references on the subject of *Pasión* and *Siete angustias* borrowings.

1895-1904. Amigas, las que paristes... a vn hijo que yo tenía. These lines are borrowed from the *Pasión trobada* (San Pedro, III, eds. Whinnom and Severin, p. 192, strophe 189): «Amigas, las que paristes, / ved mi cuita desigual; / las que maridos perdistes, / las que amastes y quesistes, / llorad comigo mi mal. / Mirad si mi mal es fuerte; / mirad qué dicha es la mía; / mirad mi captiva suerte, / que le están dando la muerte / a un hijo que yo tenía.» See note to ll. 1746-1747 for bibliographical references on the subject of *Pasión* and *Siete angustias* borrowings. Whinnom (San Pedro, I, ed. Whinnom, p. 156-7, note 148), also suggested a possible reminiscence of Matthew 24, 19; Mark 13, 17; and Luke 21, 23: «Vae autem praegnantibus»; or Luke 23, 29: «Beatae steriles».

1900-1902. mirad si mi mal... mirad qué catiua suerte. Another example of epanaphora.

1902. qué. Each reading is supported by texts from each branch; however, the BA, BM, BP reading seems more consistent with the context and maintains the parallelism with the previous line *qué dicha.*

1905-1914. El qual mi consuelo hera... ni fallado tan hermoso. These lines are borrowed from the *Pasión trobada* (San Pedro, III, eds. Whinnom and Severin, pp. 192-193, strophe 190): «el cual mi consuelo era, / el cual era mi salud, / el cual sin dolor pariera, / Él, amigas, bien pudiera / dar virtud a la virtud. / En Él tenía marido, / hijo y hermano y esposo; / de todos era querido; / nunca hombre fue nascido / ni hallado tan hermoso». See the note to ll. 1746-1747 for bibliographical references on the subject of *Pasión* and *Siete angustias* borrowings. Also, this strophe begins with a four-membered example of epanaphora.

1911. y. The use of the *y* balances the line and is supported by the majority of the texts. Moreover, the *Pasión trobada* also authorizes the *y* reading. Thus, *y* has been chosen for the critical edition.

1936-1945. Vos nunca a nadie enojastes... con tan grande crueldad? Although the strophe is only found in one branch of the *Siete angustias* stemma, it is also supported by the *Pasión trobada* text, and has therefore been included in the critical edition. The *Pasión trobada* (San Pedro, III, eds. Whinnom and Severin, p. 198, strophe 204) reads: «Vos nunca a nadi enojastes, / hijo mío, mi Señor; / siempre la virtud amastes; / siempre, hijo, predicastes / doctrinas de grand valor. / Siempre, hijo, fue hallada / en vuestra boca verdad; / pues ¿por qué es assí tractada / vuestra carne delicada / con tan cruda crüeldad?» See the note to ll. 1746-1747 for bibliographical references on the subject of *Pasión* and *Siete angustias* borrowings.

1946-1955. ¡O ymagen a quien solién... porque nunca asý os mirara! These lines are borrowed from the *Pasión trobada* (San Pedro, III, eds. Whinnom and Severin, p. 197, strophe 200): «¡O fación en quien solién / los ángeles adorar! / ¡O mi muerte, agora ven! / ¡O mi salud y mi bien! / ¿quién te pudo tal parar? / ¡O cuánto bien me viniera, / o qué tan bien yo librara / que, antes que assí te viera, / d'este mundo yo saliera / porque tal no te mirara!» See note to ll. 1746-1747 for bibliographical references on the subject of *Pasión* and *Siete angustias* borrowings.

1953-1954. que deste mundo... tal os viera. Although the two families disagree as to the order of the two lines, the *Pasión trobada* agrees with the BA, BL, BP reading which has been thus selected for the critical edition.

1963-1965. Fijo mío... quexaré mis males. These lines are borrowed from the *Pasión trobada* (San Pedro, III, eds. Whinnom and Severin, p. 202, strophe 212): «¿Adónde iré, qué haré, / hijo, bien de los mortales? / ¿A quién me querellaré? / ¿Con quién me consolaré? / ¿A quién quexaré mis males?» See the note to ll. 1746-1747 for bibliographical references on the subject of *Pasión* and *Siete angustias* borrowings.

1985. yos. This reading, representing a synaloepha of *yo+os,* has been included in the critical edition since the choice between *os* and *vos* is archetypally undecided in this case. As mentioned earlier in the note to line 30, the *Arnalte y Lucenda* text generally prefers the *os* form, and for that reason, the *os* reading has been selected for the critical edition.

1991. tomaste. Correction in BM: originally the text read *tomastes* but was corrected to *tomaste* in the same hand.

1994-1996. el qual muriendo... al qual, Señora, dezías. Another example of epanaphora.

2002-2006. O rrostro... ser escopido. Another example of epanaphora.

2014-2021. o cuerpo lleno de guerra... cómo estáys escarneçidos. Another example of epanaphora.

2021. escarneçidos. Manuscript correction: the text originally read *descarnecidos* but was corrected to *escarnecidos.*

2048. las calles. A form of *calle* is archetypal, and the plural has been selected for the critical edition. Whinnom (San Pedro, I, ed. Whinnom, p. 160) also emended the text to read *las calles.*

2078-2087. O Madalena cuitada... ¿con quién nos consolaremos? Although only one family of the *Siete angustias* stemma contains the strophe, it has been included in the critical edition. In other cases of strophe lacuna, the *Pasión trobada* text authorized the inclusion of verses: e.g., ll. 1936-1945. Thus, a precedent for inclusion has been set.

2174. quiebren. The verb *quebrar* seems more appropriate to *coraçones* than does *llorar.*

2193. fuerças fuertes. Another example of *annominatio* like that seen earlier on ll. 485-486, 867, 884-885, 995, 1199.

2198. por el. *Por,* rather than *porque,* has been selected for the critical edition since there is no conjugated verb to complete an adverbial clause. Only noun clauses follow and, thus, require *por.*

2199. y. The *y* has been included in the critical edition to connect the two noun clauses and maintain the parallelism with the following line: «y es muy justo en castigar».

195

2222. syn dudar. Manuscript correction: «sin [*dolor* - crossed out] dudar».

2228. acorte. Manuscript correction: originally the text read *acorte* but was corrected to *corte*.

2242-2243. desacordado acuerdo desacuerdes. Another example of *annominatio* like that seen earlier in ll. 583-584, 1187, 1273, 1685, 1695.

2243-2244. No quieras... ni quieras. In these lines the Ms. reading has been chosen for the critical edition since it is most coherent: that is, it explicitly includes the verb for each of the clauses (*no quieras... ni quieras...*).

2245. disfamia a tu fama. Another example of *annominatio* like that seen earlier in l. 998.

2251-2254. Bien sabes tú... me fizo sola. Another example of epanaphora.

2260-2261. Cata que... sentimiento no tienen. Another example of epanaphora in the *Arnalte y Lucenda* prose.

2262. hechos ya hechos. Another example of *annominatio*.

2262. hazer piensas. Manuscript correction: «azer [*quieres* - crossed out] piensas».

2263-2264. esfuerço en los peligros se esfuerça. Another example of *annominatio* like that seen earlier in ll. 485-486, 867, 884-885, 995, 1199, 2193.

2266. sostenellos. Manuscript correction: originally the text read *softenellos* but was corrected to *sostenellos*.

2269. las herias. 'Cambios, trueques'. See note to l. 778.

2270. consueles. Manuscript correction: cons[*olaras* - crossed out]ueles».

2275-2276. En peligro tu honrra. Manuscript correction: «honra [*a* - crossed out] en peligro».

2283. partes parte. Another example of *annominatio* like that seen earlier on ll. 60 and 806.

2290. señora. Gili Gaya (San Pedro, ed. Gili Gaya, p. 94) emended the text to *mi señora*.

2293. acrecientan. According to context, the subject is *ansias*, which requieres a third-person plural verb: *acrecientan*. Gili Gaya (San Pedro, ed. Gili Gaya, p. 94) and Whinnom (San Pedro, I, ed. Whinnom, p. 168) also followed the B text.

2297. tenga. Whinnom (San Pedro, I, ed. Whinnom, p. 168) emended the text to *tengan*.

2298. leal bondad. Whinnom (San Pedro, I, ed. Whinnom, p. 168) emended the text to *lealtad*.

2301. que en soledad. Gili Gaya (San Pedro, ed. Gili Gaya, p. 94) emended the text to *que la en soledad*.

2301. dexar. Whinnom (San Pedro, I, ed. Whinnom, p. 168) emended the text to *dexado*.

2303. asý tu. Whinnom (San Pedro, I, ed. Whinnom, p. 168) emended the text to read *así en tu,* similar to the Ms. reading.

2318-2319. conçierto conçertado. Another example of *annominatio* like that seen earlier on ll. 352 and 1428.

2321. ya mi. Manuscript correction: «ya [*de* - crossed out] mi».

2322. por el partirme. Gili Gaya (San Pedro, ed. Gili Gaya, p. 95) emended the text to *por departirme*.

2322-2323. tenía, no quiso en nada quedar, mostrando. Gili Gaya (San Pedro, p. 95) printed: *tenía, non quiso quedar, mostrando*. Whinnom (San Pedro, I, ed. Whinnom, p. 169) emended the text to read: *tenía olvidando, no quiso ordenarme quedar, mostrando*.

2323. obra de su paga. Whinnom (San Pedro, I, ed. Whinnom, p. 169) emended the text to read *paga de su obra*.

2324. a dar a. Whinnom (San Pedro, I, ed. Whinnom, p. 169) emended the text to *dar a*.

2324. de yr acordó. Whinnom (San Pedro, I, ed. Whinnom, p. 169) emended the text to *acordó*.

2327-2329. Las cosas... en el callar detenellas acuerdo. This is another example of the infrequent use of *abbreviatio* in the *Tractado de amores de Arnalte y Lucenda*. See also the note to ll. 1629-1630.

2333. carga de los pensamientos de mí descargasse. Another example of *annominatio* like that seen earlier on ll. 1267-1268.

2337. diuersas. Manuscript correction: originally the text read *difuersas* but was corrected to *diuersas*.

2342-2343. Pues veys aquí... destroços. The A variant *muero muero* is another example of *derivatio*.

2344-2345. viaje tardança. Manuscript correction: «viaje [*a puesto* - crossed out] tardança».

2346. querría. The *quería/querría* variance was common in San Pedro's prose works. In the *Cárcel de amor* it occurs on ll. 485, 486, 494, 601, 725, 997, 1062, and 1299. Whinnom (San Pedro, II, ed. Whinnom, p. 100, note 87) did not consider *quería/querría* a substantive variant: «como en muchos otros textos de la época por la frecuente confusión ortográfica de *r* y *rr*. En este mismo texto se encuentran *guera, coren, arepentir,* etc.». However, while the deviation between *r* and *rr* spellings in such words as *guera* for *guerra* causes no semantic confusion, the change in *quería* and *querría* does; therefore, it can not be a mere accidental variant. In context here, the conditional is more appropriate since the action has not occurred: Arnalte would not want the Author to receive such compensation. Gili Gaya (San Pedro, ed. Gili Gaya, p. 96) and Whinnom (San Pedro, I, ed. Whinnom, p. 170) both followed the B reading.

2349. a mugeres. Gili Gaya (San Pedro, ed. Gili Gaya, p. 96) emended the text to read *a las mugeres*.

2351. virtuosas señoras. The same variance occurred in the *Cárcel de amor,* l. 15.

2354. librara. According to the *Diccionario de Autoridades,* IV, p. 398b, *librar* meant «despachar, expedir ù dar algun orden». In the fifteenth and sixteenth centuries, the *-ra* form of the verb (i.e., amara) was equivalent to the plusquamperfect tense, according to Lapesa, § 97.5. Such usage was frequent in the *Cárcel de amor* and *Arnalte y Lucenda.* Thus, here *librara* meant 'hubiera librado' or 'hubiera despachado'.

2354-2355. conoscimiento desconoscer. Another example of *annominatio* similar to that seen before on ll. 1128, 1268-1269.

2357. más a la. Manuscript correction: «mas [*la* - crossed out] a la».

2359. cansadas. Manuscript correction: originally the text read *candadas* but was corrected to read *cansadas*.

2360. burlar. Manuscript correction: originally the text read *burlas* but was corrected to *burlar*.

197

BIBLIOGRAPHY

Early Witnesses of the *Arnalte y Lucenda*

San Pedro, Diego de. *Johan de San Pedro a las damas de la Reyna nuestra señora.* n.d.: MS. 22021, Biblioteca Nacional de Madrid.

— *Tractado de amores de Arnalte y Luçenda.* Burgos: Fadrique Aleman, 1491.

— *Arnalte y Lucenda.* ¶ *Tratado de Arnalte y Lucenda por elegante y muy gentil estilo / hecho por Diego de Sant Pedro. y endereçado a las damas de la muy alta catolica y muy esclarescida reyna doña Ysabel. En el qual hallaran cartas y razonamientos de amores de mucho primor y gentileza segun que por el veran.* Burgos: Alonso de Melgar, 1522.

— *Tractado de Arnalte y Lucenda.* Sevilla: 1525.

— *Tractado de Arnalte y Lucenda, por elegante y muy gentil estilo hecho por Diego de San Pedro, y enderezado a las damas de la muy alta, catholica, y muy esclarecida Reyna Doña Ysabel. En el qual hallaran cartas y razonamientos de amores de mucho primor y gentileza, segun por el veran.* Burgos: 1527.

Early Witnesses of the *Siete angustias*

San Pedro, Diego de. *Las siete angustias de Nuestra Señora.* In *Cancionero de Pero Guillén de Segovia.* Ca. eighteenth-century transcription: MS. 4114, Biblioteca Nacional de Madrid, ff. 559r.-573r.

— — In *Coplas de Vita Christi. de la Cena con la pasion. y de la Veronica con la resurreccion de nuestro redentor. E las siete angustias e siete gozos de nuestra señora. con otras obras mucho provechosas.* Zaragoza: Paulo Hurus de Constancia Aleman, 1492.

— — Zaragoza: Paulo Hurus, 1495?

— — Sevilla: Jacobo Cronberger, ca. 1511-1515.

— — Medina del Campo: Pedro Tovans, 1534.

— — n.p.: n.p., 1540?

Modern Editions

San Pedro, Diego de. *Tractado de amores de Arnalte y Lucenda.* Ed. A. G. de Amezúa. Madrid: 1952.

— *Arnalte y Lucenda.* Ed. R. Foulché-Delbosc. *RH,* 25 (1911), 229-282.

— — — New York, Paris: 1911.

— *Tractado de amores de Arnalte y Lucenda.* In *Obras.* Ed. Samuel Gili Gaya. Madrid: 1950, 1958, 1967.

— *Tractado de amores de Arnalte y Lucenda.* In *Cárcel de amor.* Ed. Jaime Uyá. Barcelona: 1969.

— *Cárcel de amor, Arnalte e Lucenda, Sermón, Poesías, Desprecio de la Fortuna, Questión de amor.* Ed. Arturo Souto. México: 1971.
— *Obras completas, I, Tractado de amores de Arnalte y Lucenda, Sermón.* Ed. Keith Whinnom. Madrid: 1973.

Early Translations

French

San Pedro, Diego de. *L'amant mal traicte de samye.* Trans. Nicolas d'Herberay. Paris: Denis Janot, 1539. Later editions: Paris 1540?, 1541; Toulouse 1545; Lyon 1555; Gand 1556; Paris 1556 and 1561.
— *Petit traité de Arnalte et Lucenda.* Trans. Nicolas d'Herberay. Paris: Jeanne de Marnef, 1546. Later editions: Paris 1548; Lyon 1550; Paris 1551?

French and Italian

San Pedro, Diego de. *Petit traité d'Arnalte et Lucenda. Picciol trattato d'Arnalte e di Lucenda, intitolato L'Amante mal trattato dalla sua amorosa.* Trans. Nicolas d'Herberay and Bartolomeo Maraffi. Lyon: Eustace Barricat, 1553. Later editions: Lyon 1555; Paris 1556; Lyon 1570; Lyon 1578; Paris 1581; Lyon 1583.

Italian

San Pedro, Diego de. *Dall'Amante Maltrattato di Girolamo Brusoni. Libri Otto. All'Illustrissimo, ed Eccellentissimo Sig. Il Signor Don Gaspare Di Teves, e Gusman...* Venezia: Francesco Storti, 1654.

English

San Pedro, Diego de. *A Certayn treatye moste wyttely deuysed, orygynally wrytten in the Spaynysshe, lately Traducted in to Frenche entytled Lamant mal traicte de samye.* Trans. John Clerke. London: Robert Wyer, 1543.
— *The pretie and wittie Historie of Arnalt & Lucenda: with certen Rules and Dialogues set foorth for the learner of th'Italian tong.* Trans. Claudius Hollyband. London: Thomas Purfoote, 1575. Later edition: London 1591.
— *The Italian Schoole-maister. Contayning Rules for the perfect pronouncing of th'italian tongue: With familiar speeches: And certaine Phrases taken out of the best Italian Authors. And a fine Tuscan historie called Arnalt & Lucenda. A verie easie way to learne th'italian tongue.* Trans. Claudius Hollyband. London: Thomas Purfoote, 1583. Later editions: London 1597 and 1608.
— *A Small Treatise betwixt Arnalte and Lucenda. Entituled The Euill-intreated Louer, or The Melancholy Knight. Originally written in the Greeke Tongue, by an unknowne Author.* Verse Trans. Leonard Lawrence. London: J. Okes, 1639.
— *Arnaldo, or, The Injur'd Lover.* Trans. Thomas Sydserf. London: Thomas Dring, 1660.

Flemish

San Pedro, Diego de. [Manuscript translation.] Trans. Gilles Boileau de Buillon. MS. Plantin Museum, Antwerp.

Bibliography on Diego de San Pedro

Armas, Frederick A. de. «Algunas observaciones sobre *La cárcel de amor*». *Revista de Estudios Hispánicos*, 8 (1974), 393-411. Also in *Duquesne Hispanic Review*, 10 (1971), 107-127.

Bermejo Hurtado, Haydeé and Dinko Cvitanovic. «El sentido de la aventura espiritual en la *Cárcel de amor*». *RFE*, 49 (1966), 289-300.

Bertoni, G. «Nota su Mario Equicola bibliofilo e cortigiano». *Giornale Storico della Letteratura Italiana*, 66 (1915), 281-283.

Borinski, Ludwig. «Diego de San Pedro und die euphuistische Erzählung». *Anglia*, 89 (1971), 224-239.

Bradin, Eleanor Clair. «Balanced Phrasing in Diego de San Pedro's *Cárcel de amor*». M. A. thesis. Univ. of Florida 1971.

Buceta, Erasmo. «Algunas relaciones de la *Menina e moça* con la literatura española, especialmente con las novelas de Diego de San Pedro». *Revista de Biblioteca, Archivo, y Museo del Ayuntamiento de Madrid*, 10 (1933), 291-307.

Caravaggi, Giovanni. «Un manuscrit espagnol inédit et un cas curieux de tradition textuelle.» *Marche Romane*, 23, nos. 2-4, and 24, nos. 1-2 (1973-74: *Six Littératures romanes*), 157-168.

Castro, Adolfo de. «Teatro antiguo español. Diego de San Pedro». *Album del Bardo. Colección de artículos*. Madrid: Boix Mayor y Cía, 1850, pp. 283-290.

Ciocchini, Hector. «Hipótesis de un realismo mítico-alegórico en algunos catálogos de amantes (Juan Rodríguez del Padrón, Garci-Sánchez de Badajoz, Diego de San Pedro, Cervantes)». *RFE*, 50 (1967), 299-306.

Chorpenning, Joseph F. «Leriano's Consumption of Laureola's Letters in the *Cárcel de amor*». *MLN*, 95 (1980), 442-445.

— «Rhetoric and Feminism in the *Cárcel de amor*». *BHS*, 54 (1977), 1-8.

Cotarelo y Mori, E. «Nuevos y curiosos datos biográficos del famoso trovador y novelista Diego de San Pedro». *BRAE*, 14 (1927), 305-326.

Crane, William G. «Lord Berners' Translation of Diego de San Pedro's *Cárcel de amor*». *PMLA*, 49 (1934), 1032-1035.

— *Wit and Rhetoric in the Renaissance. The Formal Basis of Elizabethan Prose Style*. New York: Columbia University Press, 1937.

Damiani, Bruno M. «The Didactic Intention of the *Cárcel de amor*». *Hispanófila*, no. 56 (1976), 29-43.

Dunn, Peter. «Narrator as Character in the *Cárcel de amor*». *MLN*, 94 (1979), 188-199.

Earle, Peter G. «Love Concepts in the *La cárcel de amor* and *La Celestina*». *Hispania*, 39 (1956), 92-96.

Fazzari, Clara. *Diego de San Pedro. 'Tractado de amores de Arnalte e Lucenda' nella traduzione inglese di John Clerk*. Firenze: Leo S. Olschki, 1974.

Flightner, James A. «The Popularity of the *Cárcel de amor*». *Hispania*, 47 (1964), 475-478.

Foulché-Delbosc, R. «*Arnalte y Lucenda*». *RH*, 25 (1911), 220-229.

Gatti, José F. *Contribución al estudio de la 'Cárcel de amor' (La apología de Leriano)*. Buenos Aires: n.p., 1955.

Gerli, E. Michael. «Leriano's Libation: Notes on the *Cancionero* Lyric, *Ars Moriendi*, and the Probable Debt to Boccaccio». *MLN*, 96 (1981), 414-420.

Giannini, A. «La *Cárcel de amor* y el *Cortegiano* de B. Castiglione». *RH*, 46 (1919), 547-568.

Hoffmeister, Gerhart. «Diego de San Pedro und Hans Ludwig von Kufstein: über eine frühbarocke Bearbeitung der spanischen Liebesgeschichte *Cárcel de amor*». *Arcadia*, 6 (1971), 139-150.

Iglesia Ferreirós, Aquilino. «La crisis de la noción de fidelidad en la obra de Diego de San Pedro». *Anuario de la Historia del Derecho Español*, 39 (1969), 707-724.

Johnson, Judith Carolyn. «A Concordance of Diego de San Pedro's *Cárcel de amor*». M. A. thesis. University of Georgia 1973.

Koszul, A. «La première traduction d'*Arnalte et Lucenda* et les débuts de la nouvelle sentimentale en Angleterre». *Études littéraires. Mélanges 1945*. Paris: Les Belles-Lettres, 1946, pp. 151-167.

Krause, Anna. «Apunte bibliográfico sobre Diego de San Pedro». *RFE*, 36 (1952), 126-130.

— «El *tractado* novelístico de Diego de San Pedro». *BH*, 54 (1952), 245-275.

Langbehn-Rohland, Regula. *Zur Interpretation der Romane des Diego de San Pedro*. Heidelberg: Studia Romanica, Carl Winter Universitätsverlag, 1970.

López Estrada, Francisco. «Tres notas al *Abencerraje*». *RHM*, 31 (1965), 264-272.

Márquez Villanueva, Francisco. «*Cárcel de amor*, novela política». *RO*, 14 (1966), 185-200. Also in *Relecciones de literatura medieval*. Sevilla: Universidad de Sevilla, 1977, pp. 75-94.

— «Historia cultural e historia literaria: El caso de *Cárcel de amor*». *The Analysis of Hispanic Texts: Current Trends in Methodology (Second York College Colloquium)*. Eds., Lisa E. Davis and Isabel Terán. New York: Bilingual Press, 1976, pp. 144-157.

Pérez Gómez, Antonio. «La *Passión trobada* de Diego de San Pedro». *Revista de Literatura*, 1 (1952), 147-161.

Pérez del Valle, María Andrea. «La estructura del narrador en *Cárcel de Amor*». M. A. thesis. University of Puerto Rico 1975.

Redondo, Agustín. «Antonio de Guevara y Diego de San Pedro: Las *Cartas de amores* del *Marco Aurelio*». *BH*, 78 (1976), 226-239.

Rey, Alfonso. «La primera persona narrativa en Diego de San Pedro». *BHS*, 58 (1981), 95-102.

Reyes, Alfonso. «La *Cárcel de amor* de Diego de San Pedro, novela perfecta». *Obras completas*. I. México: 1955, pp. 49-60. First published in *Cuestiones estéticas*. Paris: n.d. [1911?].

Richthofen, E. von: «Petrarca, Dante y Andreas Capellanus: Fuentes inadvertidas de la *Cárcel de amor*». *RCEH*, 1 (1976-77), 30-38.

Samonà, Carmelo. «Diego de San Pedro: dall'*Arnalte e Lucenda* alla *Cárcel de amor*». *Studi in onore di Pietro Silva*. Firenze: Felice le Monnier, a cura della Facoltà di Magistero dell'Università di Roma, 1957, pp. 261-277.

Selig, Karl-Ludwig. «A Flemish Translation of *Arnalte y Lucenda*». *RBPH*, 37 (1959), 715-716.

Serrano Poncela, S. «Dos 'Werther' del Renacimiento español». *Asomante*, 5 (1949), 87-103.

Severin, Dorothy S. «The Earliest Version of Diego de San Pedro's *La Passión trobada*». *RF*, 81 (1969), 176-192.

— «*La passión trobada* de Diego de San Pedro, y sus relaciones con el drama medieval de la Pasión». *AEM*, 1 (1964), 451-470.

— «Structure and Thematic Repetitions in Diego de San Pedro's *Cárcel de Amor* and *Arnalte y Lucenda*». *HR*, 45 (1977), 165-169.

Van Beysterveldt, Anthony. «La nueva teoría del amor en las novelas de Diego de San Pedro». *CHA*, no. 349 (1979), 70-83.

Waley, Pamela. «*Cárcel de amor* and *Grisel y Mirabella*: A Question of Priority». *BHS*, 50 (1973), 340-356.

— «Love and Honour in the *Novelas sentimentales* of Diego de San Pedro and Juan de Flores». *BHS,* 43 (1966), 253-275.

Wardropper, Bruce W. «Allegory and the Role of *El autor* in the *Cárcel de amor». PhQ,* 31 (1952), 29-44.

— «Entre la alegoría y la realidad: el papel de 'el autor' en la *Cárcel de amor». Historia y crítica de la literatura española.* I. Ed. Alan Deyermond. Barcelona: Editorial Crítica, 1980, pp. 381-385. [Spanish translation of article cited above]

— «El mundo sentimental de la *Cárcel de amor». RFE,* 37 (1953), 168-193.

Williams, M. N. «A Study of the Syntax of Diego de San Pedro in *Cárcel de Amor».* M. A. thesis. University of Iowa 1929.

Whinnom, Keith. *Diego de San Pedro.* New York: Twayne, 1974.

— «Diego de San Pedro's Stylistic Reform». *BHS,* 37 (1960), 1-15.

— «The First Printing of San Pedro's *Passión trobada». HR,* 30 (1962), 149-151.

— «Lucrezia Borgia and a Lost Edition of Diego de San Pedro's *Arnalte y Lucenda». Annali dell'Istituto Universitario Orientale di Napoli, Sezione Romanza,* 13 (1971), 143-151.

— «The Mysterious Marina Manuel (Prologue, *Cárcel de Amor)». Studia Iberica: Festschrift für Hans Flasche.* Eds., Karl-Hermann Körner and Klaus Rühl. Berne: Francke, 1973, pp. 689-695.

— «Nicolás Núñez's Continuation of the *Cárcel de Amor* (Burgos, 1496)». *Studies in Spanish Literature of the Golden Age Presented to Edward M. Wilson.* Ed. R. O. Jones. London: Tamesis, 1973, pp. 357-366.

— «The Problem of the 'Best Seller' in Spanish Golden-Age Literature». *BHS,* 57 (1980), 189-198.

— «The Religious Poems of Diego de San Pedro: Their Relationship and their Dating». *HR,* 28 (1960), 1-15.

— «La renovación estilística de Diego de San Pedro». *Historia y crítica de la literatura española.* I. Ed. Alan Deyermond. Barcelona: Editorial Crítica, 1980, pp. 386-389. [Abridged Spanish translation of «Diego de San Pedro's Stylistic Reform»].

— «Two San Pedro's». *BHS,* 42 (1965), 255-258.

— «Was Diego de San Pedro a *Converso?* A Re-examination of Cotarelo's Documentary Evidence». *BHS,* 34 (1957), 187-200.

Whinnom, Keith, and James S. Cummins. «An Approximate Date for the Death of Diego de San Pedro». *BHS,* 36 (1959), 226-229.

Bibliography on the Sentimental and Epistolary Novel

Barbadillo, María Teresa. *La prosa del siglo XV.* Madrid: La Muralla, 1973.

Bohígas Balaguer, P. «La novela caballeresca, sentimental y de aventuras». *Historia general de la literatura hispánica.* II. Ed. G. Díaz Plaja. Barcelona: Editorial Barna (Vergara), 1951.

Bourland, C. B. «Boccaccio and the *Decameron* in Castilian and Catalan Literature». *RH,* 12 (1905), 1-232.

Cronau, Emily L. «Narrative and Lyric Motifs in the Fifteenth-Century Spanish Sentimental Novel». Diss. Ohio State, 1972.

Cvitanovic, Dinko. *La novela sentimental española.* Madrid: Prensa Española, 1973.

— «La reducción de lo alegórico y el valor de la obra de Flores». *RFE,* 55 (1972), 35-49.

Day, Robert. *Told in Letters.* Ann Arbor: The University of Michigan Press, 1966.

Deyermond, A. D. «El hombre salvaje en la novela sentimental». *Filología*, 10 (1964), 97-111.

Domínguez Bordona, J. «La prosa castellana en el siglo xv». *Historia general de la literatura hispánica*. II. Ed. G. Díaz Plaja. Barcelona: Editorial Barna (Vergara), 1951.

Durán, Armando. *Estructura y técnicas de la novela sentimental y caballeresca*. Madrid: Gredos, 1973.

Fernández, Juan. «Edición y estudio de *Tratado notable de amor*, novela inédita de don Juan de Cardona». Diss. Chapel Hill, 1977.

Gillet, Joseph E. *Propalladia and Other Works of Bartolomé de Torres Naharro*. Philadelphia: University of Pennsylvania Press, 1961.

Hall, Anne Drury. «Epistle, Meditation, and Sir Thomas Browne's *Religio Medici*». *PMLA*, 94 (1979), 234-246.

Hughes, Helen Sard. «English Epistolary Fiction before *Pamela*». *The Manly Anniversary Studies in Language and Literature*. Chicago: University of Chicago Press, 1923, pp. 156-169.

Impey, Olga Tudorica. «Ovid, Alfonso X, and Juan Rodríguez del Padrón: Two Castilian Translations of the *Heroides* and the Beginnings of Spanish Sentimental Prose». *BHS*, 57 (1980), 283-297.

Kany, Charles E. *The Beginnings of the Epistolary Novel in France, Italy and Spain*. Berkeley: The University of California Publications in Modern Philology, 1937.

Krause, Anna. «La novela sentimental: 1440-1513». Diss. University of Chicago, 1928. *Abstracts of Theses. Humanistic Series*, 6 (1927-28), 317-322.

Lida, María Rosa. «Juan Rodríguez de Padrón: Vida y obras». *NRFH*, 6 (1952), 313-351.

— «Juan Rodríguez del Padrón: Influencia». *NRFH*, 8 (1954), 1-38.

Menéndez y Pelayo, Marcelino. *Orígenes de la novela*. 4 vols. Madrid: NBAE, Librería Editorial de Bailly/Bailliére é Hijos, 1905-1910.

Pabst, Walter. *La novela corta en la teoría y en la creación literaria*. Madrid: Gredos, 1972.

Pacheco, Arseni, ed. *Novel·letes sentimentals dels segles XIV i XV*. Barcelona: Edicions 62, 1970.

Perry, Ruth. «Women, Letters, and the Origins of English Fiction: A Study of the Early Epistolary Novel». Diss. University of California (Santa Cruz), 1974.

Place, Edwin B. *Manual elemental de novelística española*. Madrid: Victoriano Suárez, 1926.

Post, Chandler. *Medieval Spanish Allegory*. Cambridge: Harvard Press, 1915.

Reynier, G. *Le Roman sentimental avant l'Astrée*. Paris: Librairie Armand Colin, 1908.

Rotunda, Dominic P. «The Italian Novelle and their Relation to Literature of Kindred Type in Spanish up to 1615». Diss. University of California (Berkeley), 1928.

Samonà, Carmelo. *Studi sul romanzo sentimentale e cortese nella letteratura spagnola del Quattrocento*. Roma: Facoltà di Magistero dell'Università di Roma, Seminario di letteratura spagnola, 1960.

— «Per una interpretazione del *Siervo libre de amor*». *Studi Ispanici*, I (1962), 187-203.

Savage, Howard J. «Italian Influence in English Prose Fiction». *PMLA*, 32 (1917), 1-21.

Schevill, Rudolph. *Ovid and the Renaissance in Spain*. Berkeley: The University of California Publications in Modern Philology, 1913.

Singer, G. *The Epistolary Novel. Its Origin, Development, Decline, and Residual Influence*. Philadelphia: 1933.

Varela, José Luis. «La novela sentimental y el idealismo cortesano». *La transfiguración literaria*. Madrid: Editorial Prensa Española, 1970, pp. 1-51.
— «Revisión de la novela sentimental». *RFE*, 48 (1965), 351-382.

GENERAL BIBLIOGRAPHY

Alonso, Amado. *De la pronunciación medieval a la moderna en español.* 2 vols. Madrid: Gredos, 1969.

Asensio, Eugenio. «De los momos cortesanos a los autos caballerescos de Gil Vicente». *Estudios portugueses,* 1956.

Bald, R. C. «Editorial Problems — A Preliminary Survey». *Art and Error: Modern Textual Editing.* Eds., Ronald Gottesman and Scott Bennett. Bloomington: Indiana University Press, 1970.

Buceta, Erasmo. «Cartel de desafío enviado por D. Diego López de Haro al Adelantado de Murcia, Pedro Fajardo, 1480». *RH,* 81 (1933), 456-474.

Cartagena, Alfonso de. *Doctrina y instrucion de la arte de cauallería.* Burgos: Juan de Burgos, 1497.

Castro Guisasola, F. *Observaciones sobre las fuentes literarias de «La Celestina».* Madrid: CSIC, 1973.

Corominas, Joan. *Diccionario crítico etimológico de la lengua castellana.* 4 vols. Madrid: Gredos, 1954-57.

Covarrubias, Sebastián de. *Tesoro de la lengua castellana o española.* 1611; facsimile rpt. Madrid: Ediciones Turner, n.d.

Diccionario de Autoridades. 6 vols. 1726; facsimile rpt. Madrid: Gredos, 1963.

Greg, W. W. *The Calculus of Variants: An Essay on Textual Criticism.* Oxford: Clarendon Press, 1927.

— «The Rationale of Copy-Text». *Art and Error: Modern Textual Editing.* Eds. Ronald Gottesman and Scott Bennett. Bloomington: Indiana University Press, 1970, pp. 17-36.

Lapesa, Rafael. *Historia de la lengua española.* Madrid: Gredos, 1980.

Maas, Paul. *Textual Criticism.* Trans. Barbara Flower. 1st German edition 1927; Oxford: Clarendon Press, 1958.

Menéndez Pidal, Ramón. *Manual de gramática histórica española.* 15th ed.; Madrid: Espasa-Calpe, 1977.

Priscianus. *Opera minora.* Ed. Friedericus Lindemannus. Lugduni Batavorum: apud S. et J. Luchtmansios, 1828.

Rico, Francisco. *Nebrija frente a los bárbaros.* Salamanca: Universidad de Salamanca, 1978.

Riquer, Martín de, ed. *Lletres de batalla.* 3 vols. Barcelona: Editorial Barcino, 1963-1968.

Rojas, Fernando de. *Comedia de Calisto y Melibea* (?). Burgos?: F. Basilea?, 1499?

Valdés, Juan de. *Diálogo de la lengua.* Ed. José F. Montesinos. Madrid: Espasa-Calpe, 1976.

Valera, Diego de. *Epístolas de Mosen Diego de Valera enbiadas en diversos tiempos é á diversas personas.* Ed. José Antonio de Balenchana. Madrid: Sociedad de bibliófilos españoles, 1878.

Whinnom, Keith, ed. *Dos opúsculos isabelinos: La coronación de la señora Gracisla (BN MS. 22020) y Nicolás Núñez, Cárcel de amor.* Exeter: Exeter University Printing, 1979.